Ullstein Sachbuch

Ullstein Sachbuch
Ullstein Buch Nr. 34209
im Verlag Ullstein GmbH,
Frankfurt/M – Berlin – Wien
Mit Illustrationen von
Karin Fritschi (Hamburg)

Ungekürzte Ausgabe (1982)

Umschlagentwurf:
Hansbernd Lindemann
Photo:
Rüdiger Nehberg
Alle Rechte vorbehalten
Mit freundlicher Genehmigung der
Ernst Kabel Verlag GmbH, Hamburg
© 1981 Ernst Kabel Verlag GmbH,
Hamburg
Printed in Germany 1984
Druck und Verarbeitung:
Clausen & Bosse, Leck
ISBN 3 548 34209 4

April 1984

CIP-Kurztitelaufnahme
der Deutschen Bibliothek

Nehberg, Rüdiger:
Die Kunst zu überleben – Survival /
Rüdiger Nehberg.
Mitarb.: Mechthild Horn. –
Ungekürzte Ausg. –
Frankfurt/M; Berlin; Wien:
Ullstein, 1984.
   (Ullstein-Buch; Nr. 34209:
   Ullstein-Sachbuch)
   ISBN 3-548-34209-4

NE: GT

Rüdiger Nehberg

Die Kunst zu überleben – Survival

Mitarbeit:
Mechthild Horn

Ullstein Sachbuch

»Ein Konditor, der Rattenfleisch ißt, Spinnen, Engerlinge und solch widerliches Zeug verzehrt – pfui, mit dem möchte ich nichts zu haben, geschweige denn, Kuchen aus seiner gutgehenden Konditorei kaufen! Sind das nicht kranke Gedanken, wenn sich der Mann ein solch ausgefallenes Hobby...«

BUNTE 6/76,
Leserbrief

»Ein besonders harter Typ ist der Hamburger Konditormeister Rüdiger Nehberg, ein Mittvierziger. Um gegen alle Fährnisse auf seinen Extrem-Reisen gewappnet zu sein, quält sich der Tortenmacher das ganze Jahr mit schauerlichen Exerzitien. Er planscht bei Minustemperaturen in Eislöchern, schnorchelt à la Old Flatterhand für jeden Gegner unsichtbar mittels Röhrchen im Schlamm, futtert schon aus Standesbewußtsein jeden ertappten Mehlwurm und erlebt »unbeschreibliche Gefühle«, wenn ihm eine seiner Riesenschlangen die Halsschlagader bis zur Bewußtlosigkeit abdrückt...«

Tips+Tricks, rororo,
von Michael Cannain
und Gisela Himmelseher

Ein wirklich unmöglicher Mensch!

Rüdiger Nehberg
über Rüdiger Nehberg

Ladies first:
>   Mechthild Horn
>   Margrit Ludwig

und nun alphabetisch:
>   Jürgen P. Hellfritz
>   Joachim Jessen
>   Karlheinz Kern
>   Peter Lechhart
>   Detlef Lerch
>   Majid Nassar

fürs Redigieren des Manuskripts
und die konstruktive Kritik
sage ich Euch herzlichen Dank!

Rüdiger Nehberg
Januar 1981

Inhalt

Viele Ratschläge passen in mehrere Sachgebiete.
Suchst Du etwas Spezielles, schlag bitte auch in
der Bibliographie nach.

Vorwort
1. Überleben — 12

Beispiele aus der Praxis
2. Flugzeugabsturz in den Anden — 18
3. Gefrierfleisch — 21
4. Im Gefängnis vergessen — 24
5. Scott + Amundsen – Duell am Südpol — 25

Überlebenstraining
Grundsätzliches
6. Mut – Tollkühnheit – Angst — 30
7. Schußwaffen — 31
8. Überlebenstraining — 34
9. Sonstiges Training — 39
10. Knoten — 40
11. Schießen — 42
12. Erste bis letzte Hilfe — 46
13. Körperpflege — 54
14. Autogenes Training — 56
15. Etwas Materialkunde — 61
16. Etwas Ernährungskunde — 65
17. Der Überlebensgürtel — 68
18. Notgroschen — 71
19. Notamulette — 72
20. Notvorrat zu Hause — 73
21. Sprachliste — 74

Spezielles

22. Informationssammlung — 77
23. Partnersuche — 78
24. Verträge — 84
25. Das Testament — 88
26. Die Witwenanleitung — 89
27. Ausrüstungsliste — 90
28. Waffenbeschaffung — 95
29. Body-Check, Impfungen — 96

Unterwegs

30. Zu Fuß — 97
31. Als Tramp — 98
32. Alleinreisende Frauen — 102
33. Per Fahrrad — 109
34. Per Auto — 112
35. Packen — 114
36. Schmuggel — 115
37. Der Grenzübertritt — 117

Praxis 1: Die 5 Urlandschaften

38. Meer — 120
39. Berge — 127
40. Regenwald — 135
41. Arktis — 143
42. Wüste — 150

Praxis 2: Fertigkeiten

43. Camps — 162
44. Alarmanlagen — 167
45. Gefahren durch Tiere — 168
46. Suchaktion/Notsignale — 178
47. Orientierung — 180
48. Etwas Wetterkunde — 186

49. Überwindung von Hindernissen	189
50. Feuer	192
51. Wasser	199
52. Provisorische Waffen in der Natur	201
53. Not-Kleidung	205
54. Vegetarische Notnahrung/Genießbarkeitstests	205
55. Tierische Not-Nahrung	207
56. Fallenbau	209
57. Fischfang	215
58. Köderbeschaffung	219
59. Jagdtricks	222
60. Schlachten	229
61. Behelfsgefäße	231
62. Kochen	232
63. Konservierung	235

Praxis 3: Menschen

64. Urrecht in der Wildnis	238
65. Menschen	240
66. Ur-Instinkte	241
67. Un-Demokratien	246
68. Armut und Provokation	248
69. Belästigung	250
70. Verkehrsunfälle	251
71. Diebstahl	252
72. Bewaffnete Überfälle	253
73. Piraten	256
74. Rebellen	261
75. Vergewaltigung	262
76. Sexualität und Folgen	263
77. Heirat im Ausland	268
78. Die kleine Fälschung	270
79. Hausdurchsuchung	272
80. Verhaftung	274

81. Bestechung 276
82. Konsulate 277
83. Genfer Konvention 279
84. Verhör 281
85. Alibi 285
86. Gefängnis 286
87. Gefangenschaft 289
88. Folter 290
89. Zwangserziehung und Gehirnwäsche 297
90. Behelfswaffen und Ausbruchgeräte im Gefängnis 299
91. Gift 302
92. Flucht 308

Andere Länder, andere Sitten
93. Andere Länder, andere Sitten 325

Anhang
94. Bibliographie 331
95. Ausrüster 333

Vorwort

1. Überleben

Das Unglück lauert überall. Ob man im Flugzeug sitzt oder mit beiden Füßen auf der Erde steht, ob man mutterseelenallein durch die Wildnis stromert oder zwischen Tausenden von Müttern und Seelen durch die Großstadt geströmt wird.

Gerade Ballungspunkte der Zivilisation bieten mannigfaltige Möglichkeiten zu verunglücken: die Straße, der Haushalt, der Arbeitsplatz.

Trotz vielfältiger moderner Rettungsmethoden sollte man sich jederzeit und allerorts selbst zu helfen wissen und nicht alles dem »Staat« überlassen. Wie schnell Retter überfordert sein können, bewies der norddeutsche Winter im Januar 1979. Ungekannte Schneemassen erstickten fast jegliche Versorgung. Oder denken wir an die Hamburger Hochwasserkatastrophe 1962, als das Wasser sich über die Deiche ergoß, sie streckenweise fortspülte und »Land unter« verkündet wurde.

Notstand. Naturkatastrophen. Großunglücke. Einzelmißgeschicke. Unerwartete Situationswechsel, die wir oft kaum vermeiden können, die plötzlich über uns hereinbrechen und mit denen wir fertig werden müssen.

Oder all jene Risiken, die wir eingehen, wenn wir uns bewußt in Gefahr begeben: der Schwimmer, der Taucher, der Kletterer, der Segler, der Abenteurer schlechthin. Ob freiwillig oder von Berufs wegen, wie Polizisten, Soldaten, Rettungsdienste. Man hat sich etwas in den Kopf gesetzt oder einen dienstlichen Auftrag erhalten, einen Befehl, und den will man ausführen. Vielleicht hat man das schon oft gemacht. Es ist auch immer gutgegangen. Sonst wäre man nicht mehr am Leben. Aber Gewohnheit macht stumpf, und die daraus resultierende Lässigkeit ist eine der Hauptursachen für Unfälle, nicht nur bei Abenteurern und Reisen.

»Ich fahre nicht mehr ins Ausland«, hört man oft. »Du kannst horchen wohin du willst. Überall Putsch und Krieg. Die Menschen werden immer unberechenbarer.« Das mag sein. Das sogenannte Nord-Süd-Gefälle zwischen arm und reich, die Bevölkerungsexplosion, die Energieprobleme – darin stecken unendliche Zündstoffe.

Wenn man aber weiß, daß die Menschheit unberechenbar ist, so hat das für den Surviver wenigstens das große Plus: Er kann die Unberechenbarkeit als verbindliche Gegebenheit in seine Pläne einbeziehen. Er kann mit ihr kalkulieren, er kann mit ihr rechnen. Und so wie Minus mal Minus Plus ergibt, könnte man einen Bösewicht gegen den anderen ausspielen – oder etwas tiefer in die große Überlebens-Trickkiste greifen – und man wäre der sich freuende Dritte, der Überlebende.

Survival-Kunststückchen hängen oft an seidenen Fäden, dort, wo sie niemand mehr erwartet. Und auf dieser Überraschung beruhen ihre Erfolge.

»Wer sich in Gefahr begibt, kommt darin um.« Auch daran ist viel Wahres. Jede Glücksphase geht unweigerlich einmal zu Ende, wenn man außer seinem Optimismus nichts zu bieten hat, um Abenteuer durchzustehen.

Vor allem bei bewußt eingegangenen Abenteuern sollte man sich vorher über all die möglichen Gefahren im klaren sein: »Gefahr erkannt, Gefahr gebannt.« »Vorbeugen ist besser als Heilen.« Das alles sind profunde Weisheiten, die etwas für sich haben. Aber andererseits kann man noch so gut planen – ohne Glück kann's trotzdem schiefgehen. Es gibt Ereignisse, gegen die man machtlos ist.

In vielen Situationen der Bedrohung wird man zunächst instinktiv das Richtige tun. Aber viele Instinkte sind uns abhanden gekommen – zumindest sind sie verkümmert. Das sind ganz normale Zivilisationsentwicklungen oder -schädigungen. Wer seit eh und je sein Gemüse beim Händler gekauft hat, wird kaum wissen, wie man es selbst züchten kann. Der, dessen »Hausarzt« gleich um die Ecke wohnt, wird sich keine Gedanken darüber machen, ob man sich auch selbst helfen könnte.

Der Mediziner überschüttet uns mit Tabletten und operiert »Überflüssiges« weg. Er verpaßt uns Brillen, Hörgeräte, Gebisse und Einlagen. Und so tapsen wir durchs Leben, ruinieren darüber hinaus die Leber mit Alkohol, die Lunge mit Nikotin und halten das Herz mit Kaffee in

Trab und Takt. Wir tun das, obwohl wir wissen, wie ungesund das eine oder andere in großen Mengen ist. Wir tun es, obwohl wir andererseits wie jedes Lebewesen – von der kleinen Bakterie über die Pflanze bis zum Wal – eine kaum auslöschbare Kraft in uns haben, einen biologisch fest einprogrammierten Willen zur Erhaltung der Art. Den Willen zum Überleben.

Survival.

Survival ist englisch und heißt eigentlich nur ›Überleben‹. Im heutigen Sprachgebrauch und Sinne dieses Buches aber heißt es mehr: Die **Kunst des Überlebens**.

Ohne den Wert unserer reduzierten und veränderten Instinkte schmälern zu wollen, ist die Palette des darüber hinaus Erlernbaren weitaus größer. Es ist geradezu eine Wissenschaft, ein Sport, ein ständiges Rätseln, je nachdem wie man's betrachtet, und es kann spannender als viele Krimis sein. Denn hier wirst du selbst gefordert. Du selbst mußt das Problem lösen und nicht der Kommissar. Du selbst mußt pfiffig sein und nicht der Drehbuch-Autor. Du selbst mußt dich heraustricksen oder herausboxen. Ein wirklich faszinierendes Betätigungsfeld!

Wissen, gepaart mit Geistesgegenwart und Disziplin, wird dir ständig neue Improvisationen bescheren. Du wirst Erfolgserlebnisse haben, die dich beflügeln, Neues auszuknobeln.

Irgendwann wirst du dann ein gutes Basiswissen haben. Aber nie werden du oder ich perfekt sein. Dafür ist Survival ein zu vielseitiges Fach. Wenn du einen Blick ins Inhaltsverzeichnis wirfst und bedenkst, daß es über fast alle Einzelkapitel diverse Bücher gibt, kannst du das Gesamtspektrum des Survival ahnen. Letztlich gehört jeder Trick, der uns im Leben Vorteile verschafft, in dieses Metier.

So erhebt auch mein Buch keinerlei Anspruch auf Vollständigkeit. Ein solches Buch kann es gar nicht geben. Es soll dir lediglich eine bessere Voraussetzung für *dein* Abenteuer bescheren. Wenn du es ausschließlich in den Bergen suchst, wirst du dir spezielles Branchenwissen beschaffen, durch Literatur und Praxis. Du wirst dich spezialisieren, und es wird dir egal sein, wie der Verdurstende in der Wüste zu Wasser kommt. Und diesen wiederum wird es kaum interessieren, wenn du drei Tage an einem lockeren Haken in schneesturmumtoster Steilwand hängst.

Aber die meisten Regeln des Survival gelten überall. Möge sich jeder nach seinem Gusto herauspicken, was ihn am meisten interessiert.

Ich kann dir hier nur sagen, was ich selbst für meine eigenen Reisen und Expeditionen an Informationen und Fertigkeiten zusammengetragen habe. Es ist das Ergebnis jahrelangen Sammelns der Erfahrungen anderer, der Experten wie »einfacher« Menschen, durch Teilnahme an Kursen, Einzelunterrichten und der praktischen Erfahrungen selbsterlebter Abenteuer.

Es ist eine Zusammenstellung der Tricks und Fähigkeiten, die ich für mich persönlich als erlernenswert empfand, die man beliebig erweitern kann oder die sich schwerpunktmäßig verlagern lassen.

In meinen bisher veröffentlichten Abenteuer-Reisebüchern hatte ich das vorbereitende Überlebenstraining manchmal kurz angesprochen oder einige Gags zum besten gegeben. Nie hätte ich gedacht, gerade dazu so viele Zuschriften und Anfragen zu erhalten, die mir offenbarten, daß hier solch eine Informationslücke klafft.

Aber ich habe auch nicht vergessen, auf welch ratlose Gesichter ich stieß, als ich selbst erstmals nach diesbezüglicher Literatur in Buchhandlungen Ausschau hielt.

»Survival? Überleben? Was ist das denn?« Unglaublich ratlose und große Augen sahen mich an. So schön es war, in die verschiedensten Kulleraugen zu schauen, versuchte ich dann zu erklären: »Das sind Tricks, aus ungewöhnlichen Notsituationen das Beste zu machen.«

Nach vielen Fehlversuchen empfahl man mir immerhin ein Gymnastik-Heftchen. Reiner Kinderkram. Aber es brachte mich auf die Idee, eine Broschüre über Karate zu kaufen, eine weitere über Schießen, Menschenführung, Pilze, Zaubertricks ...

Schließlich hatte ich einige Kilo Papier beisammen. In den 60er Jahren kamen auch die ersten speziellen Survival-Bücher auf den Markt. Darunter war vor allem eins, das aus der Schweiz kam: *Der Totale Widerstand*. Heute wird es in seiner Urform nicht mehr geliefert, weil es von Terroristen als Lehrbuch verwendet wurde. Aber ich habe es damals verschlungen und vieles darin gefunden, das mir auf meinen Reisen geholfen hat.

Jedenfalls gab mir das Wissen um Survival psychisch viel Kraft. Ich habe das Meer, den Urwald, das Mittelgebirge und die Wüste kennengelernt.

Für Regionen, die mich nicht so reizen – Hochgebirge und Arktis –, habe ich sachkundige Freunde, deren Rat ich in dieses Buch mit aufgenommen habe. Das sind die Bergführer Peter Lechhart und Wolfgang Brög. Sie waren für viele Disziplinen meine Trainingspartner, Begleiter und sind mir so zu Freunden geworden.

Themen, zu denen sich eine Frau überzeugender äußern kann, hat Mechthild Horn verfaßt. Du findest sie im Kapitel 32 »Alleinreisende Frauen«.

Mechthild wurde 1953 in Solingen geboren. 1971 begann sie in Köln mit dem Studium der Volkswirtschaftslehre.

Als sie 1974 für einige Monate im Rahmen eines Studentenaustausches in die USA kam, begann ihr Fernweh. Sie durchstromerte die Staaten.

1975 lernte sie – als Praktikantin an einer Bank – Israel kennen. 1976 machte sie ihr Examen in Köln und gleich danach ging es los: Über anderthalb Jahre trampte und trickste, joggte und jobbte sie durch die Welt: Europa, Asien (incl. UdSSR) und Amerika von Alaska bis Feuerland.

Nicht alles in diesem Buch liest sich angenehm. Manches wirkt hart und schockierend, überspannt, zu extrem, zu speziell. Du wirst dich aber gern daran erinnern, wenn du selbst in die betreffende Klemme geraten bist. Dann wirst du jeden Ekel und einige Skrupel vergessen. Denn dann geht es um dein nacktes Leben. Du befindest dich in einer Notwehr-Lage, sei es der Natur oder irgendwelchen unberechenbaren Menschen gegenüber. Du willst nur noch überleben. Egal wie.

Aber vielleicht lehrt es dich auch Toleranz dem Fremdartigen gegenüber, Anpassung, Hilfsbereitschaft und somit Völkerverständigung. Ich wünsche es dir und mir.

Beispiele aus der Praxis

2. Flugzeugabsturz in den Anden

»Hier Charter 571 auf dem Weg von Mendoza* nach Santiago de Chile. Wir befinden uns jetzt genau über Curicó.** Bitte kommen.«

»Hier Air Port Santiago. Verstanden. Nehmt Kurs Nord in die Luftstraße »Amber 3«. Geht wieder runter auf 3000 Meter. Bitte kommen!«

»Hier Charter 571. Weisung verstanden. Nehmen Kurs Nord und gehen runter auf 3000. Ende.«

Die Fairchild FH-227 Turboprop der uruguayischen Luftwaffe – im Cockpit der Kommandant, Oberst Julio Ferradas, 39, und sein Co-Pilot, Oberstleutnant Dante Lagurara – dreht ab nach Nord, verläßt die Höhe von 5400 Metern und taucht bei 5100 Metern in die dichte Wolkendecke ein.

Oktober 1972. 45 Passagiere, 5 Besatzungsmitglieder.

Doch die Standort-Bestimmung ist falsch. Nach Meinung der Navigatoren haben sie den Planchón-Paß und damit die Anden-Kette überflogen und so den schwierigsten Teil der Reise hinter sich gebracht.

Maschinen der großen internationalen Gesellschaften können das Gebirge in über 10000 Meter Höhe jederzeit und an jeder Stelle überqueren. Sie sind nicht vom Wetter abhängig und nicht an Paß-Überquerungen gebunden.

Anders die Fairchild. Ihre Maximal-Steigfähigkeit liegt bei nur 6850 Metern.

Sie muß über einen der vier Pässe schlüpfen.

Als der Pilot sich über Curicó wähnt, ist er gerade erst über dem Paß. Wie es zu dieser Fehlberechnung kommt, bleibt rätselhaft. Verspäteter Abflug, bei der Positionsbestimmung nicht mitgerechnet, starker Gegenwind – man weiß es nicht.

Wo die Fairchild langsam in die Wolken taucht, ist nicht die Luftstraße »Amber 3«. Wo sie Kurs Nord nimmt, türmen sich die wolken- und

---

* Argentinien
** Chile

schneeumtosten Fünftausender der Kordilleren. Als die Wolken für Sekunden aufreißen und den Blick freigeben, sehen die entsetzten Männer am Steuerknüppel einen Berg, auf den sie zurasen.

Sie reagieren blitzschnell: Vollgas und hochziehen!! Aber es ist zu spät.

In 4300 Meter Höhe streift der rechte Flügel den Berg. Die Maschine prallt an den Hang, rutscht auf 3600 Meter runter. Was übrig bleibt, ist ein Flugzeug-Torso und 28 Überlebende.

Die Toten liegen weit verstreut im Schnee. Die Luft ist dünn. Sie macht den Überlebenden jede Bewegung zur Qual. Man wartet auf Hilfe. Ein Radio-Techniker kann das Radio reparieren. So können sie hören, daß sie überall gesucht werden. Das ist ihnen ein großer Trost.

Ein weiterer Passagier, Innenarchitekt, kann das Innere des Flugzeugrumpfes so weit herrichten, daß man die nächtliche Kälte übersteht.

Aber es vergeht Tag auf Tag und Nacht auf Nacht.

Schwerverletzte sterben, und noch immer ist keins der Suchflugzeuge in Sicht.

Den Überlebenden wird klar, daß die Fairchild sich total verflogen haben muß und die Retter an der falschen Stelle suchen.

Nach acht Tagen vernehmen sie die niederschmetternde Nachricht, daß die Suche aufgegeben wird. Man gibt eventuell Überlebenden keine Chance mehr.

Und damit beginnt die Geschichte eines Überlebenskampfes, der seinesgleichen sucht.

Die Überlebenden sind sich darüber im klaren, daß man zur Selbsthilfe schreiten muß. Aber das Wetter, die Schneeverwehungen und der Hunger setzen dem Vorhaben Grenzen.

Die Nahrung, die man an Bord findet, reicht nur für wenige Tage. Das meiste davon sind Naschereien, die die Mitglieder der Rugby-Mannschaft »The Old Christians« aus Montevideo sich mitgenommen hatten. Achtzehn der 45 Passagiere gehörten dem Club an. Er war auf dem Wege nach Santiago, um dort ein Freundschaftsspiel auszutragen.

Schließlich ist der letzte Bissen verschlungen. Quälender Hunger und

Panik machen sich breit. Sie durchwühlen den Schnee, entdecken Flechten und kochen sie zu einer Suppe. Aber das hält nicht vor.

Nach langen Gesprächen entschließen sich die 17 noch Lebenden, ihre einzige Überlebenschance zu nutzen: Sie wollen das Fleisch der toten Passagiere verzehren. Nur einer kann sich nicht überwinden: Rugby-Spieler Numa Turcati. Er verhungert. Die Leichen sind von Schnee und Eis gut konserviert. Man beginnt mit denjenigen Toten, die niemand kennt, die niemandem nahestehen.

In fünf Tagen ist der erste verzehrt. Wer das Fleisch roh nicht zu schlucken vermag, schneidet es in Streifen und läßt es in der Mittagssonne auf dem Aluminium des Flugzeuges trocknen.

Nach zwei Monaten erlaubt die Witterung den Studenten Canessa und Parrado den Marsch ins Tal. Sie sind es, die die beste Kondition haben.

Zehn Tage sind sie unterwegs, als sie auf einen Hirten stoßen. Der Hirte löst Alarm aus. Die Bergung beginnt.

Nach siebzig Tagen in der Eiswüste der Anden können sechzehn Personen lebend geborgen werden. Maßlose Freude und tiefe Trauer bei den Angehörigen. Sondergottesdienste und Ansprachen. Doch dann stellt sich heraus, wodurch sie überlebt haben. Den Rettern bieten sich grauenhafte Szenen. Einer von ihnen: »Ich sah eine Frauenhand aus dem Schnee ragen, die Nägel rot lackiert, der Arm sauber abgenagt.«

Die öffentliche Meinung schwankt zwischen Mitgefühl und Abscheu. Völkerkundler werden bemüht, Kannibalismus-Geschichten aus anderen Teilen der Welt zum Vergleich heranzuziehen. Zoologen referieren in Zeitungen über Kannibalismus bei Tieren.

Einer der Überlebenden stellt fest: »Diese Art Kannibalismus ist vergleichbar mit Organverpflanzungen.«

Einhellig sind alle Betroffenen der Meinung, daß neben dem Fleisch und den Flechtensuppen vor allem Gebete und der Teamgeist der Rugby-Sportler zur Überwindung der Katastrophe beigetragen haben.

Allmählich wächst Gras über die Sache. Physisch haben die Beteiligten die Strapazen gut überwunden. Aber psychisch haben einige der Beteiligten noch lange zu kämpfen. So zieht sich einer von ihnen gänzlich aus der Öffentlichkeit zurück, ein anderer, Roberto Canessa, »kann keine Grill-Hähnchen mehr sehen«.

Francisco Delgado wiegt 30 kg mehr, weil er immer Hunger hat. Nando Parrado wird nachts in den Träumen von seiner Schwester, die auch bei dem Unglück umkam, gefragt: »Nando, hier spricht deine Schwester. Erkennst du mich nicht am Geschmack?«

Aber sehr bald äußert sich auch der Vatikan und erleichtert vielen Betroffenen die Entscheidung.

Pater Gino Concetti: »Weder unter theologischen noch ethischen Aspekten kann der Vorwurf des Kannibalismus erhoben werden. Die Achtung vor dem Leichnam muß zurückstehen, wenn es um die äußerste Notwendigkeit einer Hilfe ums Überleben geht. Das gilt umso mehr, als der menschliche Leib zur Auflösung bestimmt ist.«

3. Gefrierfleisch

Wenn Notfälle Jahre, Monate oder Tage dauern, hat man häufig Zeit genug, über eine Lösung nachzudenken. Der einzig denkbare Ausweg kristallisiert sich allmählich heraus. Die Umstände offerieren ihn geradezu. Wie bei dem eben berichteten Beispiel. Aber es gibt auch Situationen, da ist die Frist zum Überleben kürzer. Da zeigt es sich, ob man die Nerven behält oder ob man resigniert. Ob man reagieren und improvisieren kann oder ob man nur mit Unglücken fertig wird, die einem »geläufig« sind: der Verkehrsunfall, der Brand, aber auch z. B. im Krieg der bevorstehende Bombenangriff.

Der fünfunddreißigjährige Engländer Thomas Welt kam in eine nicht alltägliche Lage. Er war als Lagerarbeiter in einem Lebensmittelgroßhandel tätig. Kurz vor vier Uhr nachmittags waren bei seiner Firma zwei LKW mit tiefgefrorenen Heidelbeeren aus Polen eingetroffen, gepackt in Kartons zu 12½ Kilo.

Sie mußten sofort in die Tiefkühlhalle umgeladen werden. Dann war Feierabend. An diesem Tag arbeiteten Welt und seine Kollegen besonders schnell, denn um 5 p. m. sollte ein interessantes Fußballspiel übertragen werden.

Die letzten beiden Kartons schnappte sich Thomas Welt auf einmal und stapelte sie an ihren Platz. Gewöhnlich trug jeder immer nur einen Karton. In diesem Moment machte es wums – und die schwere Frostertür wurde von außen verschlossen.

Welt war gefangen. Augenblicklich sprang er zur Tür, schlug und trat dagegen. Aber der Lärm der abfahrenden LKWs, die Hochstimmung der Kollegen in Erwartung der Fernsehübertragung und die zwanzig Zentimeter dicke Hartschaum-Isolierung der Halle würgten seine Schreie und das Klopfen ab.

Temperatur: minus 20 Grad Celsius.

Zwanzig Grad kalte Luft, die von zwei Gebläsen in den letzten Winkel des Raumes getrieben wurde. Zum Glück brannte eine schwache Notlampe. Ein Türgriff, der das Öffnen der Tür von innen ermöglicht hätte, existierte nicht. Ein Schalter zum Abstellen der Kühlung ebenfalls nicht. Die Wände des Raumes waren mit solidem Aluminiumblech ausgeschlagen. Werkzeug war nicht vorhanden. Thomas Welt konnte sich nach fünf Minuten ausrechnen, daß er nun allein war. Das Firmentor hatte sich geschlossen. Er hatte zwar eine gefütterte Jacke und Handschuhe an. Aber ansonsten nur eine lange Hose, eine Mütze mit Ohrenklappen, ein Paar Stiefel, Strümpfe, eine Unterhose, ein Unterhemd. Es war 5.15 Uhr nachmittags. Vor sechs Uhr morgens würde ihn hier niemand entdecken. Thomas war Junggeselle. Und heute abend hatte er sich nicht verabredet wegen der Fußball-Übertragung. Es war ihm klar, daß er die dreizehn Stunden im Froster nicht überleben würde, wenn er nicht unverzüglich handelte. Irgendwie mußte er die Kühlung außer Betrieb setzen und das Gebläse blockieren. Das mußte geschehen, ehe die Kälte beginnen konnte, ihn zu lähmen. Noch hatte er Wärme-Reserven. Die galt es zu nutzen. Die Halle war fünf Meter hoch. Die Zuleitungen verliefen an der Decke.

Welt schnappte sich Karton um Karton, baute eine Art Pyramide unter das Gebläse und stieg hinauf. Mit Hilfe gefrorener Rehrücken versuchte er, die Ventilatoren zu zerschlagen. Aber sie waren durch starke

Schutzgitter gesichert. Hier oben, wo normalerweise niemand hingelangte, war vom Froster-Hersteller an Schutzvorrichtungen gedacht worden. Und unten zu ebener Erde fehlte selbst ein Türgriff.

»Okay. Das mit dem Rehrücken haut nicht hin. Vielleicht kann ich die Zuleitung zerstören«, dachte sich Welt.

Es gelang ihm, einige der Zuleitungshalterungen abzuschlagen. Sowohl die elektrischen wie die der Kühlflüssigkeit. Mit dem Rehrücken als Hebel sprengte er sie: Kurzschluß. Die Ventilatoren standen still. Ein unangenehm riechendes Gas strömte aus dem Kupferrohr. Thomas Welt knickte das Rohr spitzwinklig ab und unterbrach das weitere Ausströmen.

Die kleine Funzel brannte weiter. Offensichtlich hing sie an einem anderen Stromkreis. Vielleicht war dieser Umstand Thomas Glück. Auf jeden Fall erleichterte sie ihm seine weiteren Selbsthilfe-Bemühungen.

Der scharfe Wind war ausgeschaltet und neue Kaltluft strömte nicht nach. Aber dennoch sank die Temperatur von minus zwanzig Grad bis morgens nur auf minus 17 Grad ab. Dafür sorgten die gute Isolation der Halle und die Unmengen gefrorener Ware, die voller Kältereserven steckten.

Doch diese Erkenntnis bedeutete für Welt kein Problem. Er wollte seine Körpertemperatur halten, eine Auskühlung vermeiden. So machte er sich daran, Kartons aufzureißen und die Pappe zu einem dickwandigen Zelt zu stapeln. Pappe isoliert gut. Sie würde ihn vorm Erfrieren bewahren. Aber kaum saß er zehn Minuten, da wurde ihm klar, daß er so die Nacht auf keinen Fall durchstehen würde.

Bis eben, als er noch wie ein Wilder Kartons geschleppt und aufgerissen hatte, hatte er keine Kälte gespürt. Fast war es ihm warm gewesen. Aber nun, erst einmal zur Ruhe gekommen, spürte er den Frost durch alle Ritzen in den Körper kriechen. »Wie Nadeln stach es mir durch die Schuhe, die Knopflöcher, den Kragen. Ich hatte Angst, daß mein Schweiß frieren würde und ich morgen früh so steif wie die Rehrücken sein würde!« sagte er später.

»Da hatte ich den rettenden Einfall! Ich kroch sofort aus meinem Papp-

zelt und begann erneut damit, Kartons zu schleppen. Ich demontierte meine Pyramide und baute sie an anderer Stelle neu auf. Das mochte etwa eine Stunde gedauert haben. Eine Stunde von noch zehn. Kaum mochte ich auf meine Uhr schauen.«
Was ihn in seiner Arbeit bestärkte war die Tatsache, daß ihn noch immer nicht fror. Also fuhr er fort.
»Hatte ich die zweihundert Kartons rechts aufgetürmt, baute ich sie sogleich wieder ab und schleppte sie nach links.«
Als morgens um sechs Uhr die schwere Tür geöffnet wurde, glaubten die Kollegen, ihren Augen nicht mehr trauen zu können: mehr kriechend als gehend schleppte Thomas Welt einen Karton durch die Halle. Daß sich die Tür geöffnet hatte, hatte er gar nicht mehr mitbekommen. Aber er war gerettet.

4. Im Gefängnis vergessen

Einen eindrucksvollen – wenn auch unfreiwilligen – Beweis lieferte 1978 der achtzehnjährige Österreicher Andreas Mihavecz aus Bregenz. Wegen eines Verkehrsdelikts war er vorübergehend in einer Kleinstadt ins Gefängnis gesteckt worden. Es lag im Hof der Polizeiwache, solide gebaut und ohne optische oder akustische Signalanlagen. Am nächsten Morgen sollte er nach Hause geschickt werden.
Jeder der drei diensthabenden Beamten nahm an, einer seiner Kollegen hätte den jungen Mann bereits entlassen. Und niemand kümmerte sich mehr darum.
Mihavecz versuchte, mit Schreien und Lärmen auf sich aufmerksam zu machen. Vergeblich. Die Zelle war zu solide gebaut. Zum Glück hatte der junge Mann eine robuste Natur. Das half ihm grundsätzlich schon einmal zu überleben. Zum anderen kam eine instinktiv richtige Reaktion dazu: Nachdem alles Schreien nichts geholfen hatte, gewann eine gewisse Apathie Oberhand. So verbrachte er die meiste Zeit ruhig auf der Pritsche. Und Ruhe bedeutet Reduzierung von Verdunstung und

Nahrungsbedürfnis. »Der Durst und die Aussichtslosigkeit waren das Schlimmste«, erzählte er nach seiner Rettung. »Das einzige Wasser waren einige Tropfen Feuchtigkeit an der Wand, die ich aufleckte. Ich habe geschrien und geweint, gebetet und Blutrache geschworen.«
Völlig entkräftet und rein zufällig war er nach achtzehn Tagen gefunden worden.
Die Ärzte proklamierten diesen Fall als ein medizinisches Wunder. Die Polizisten wurden gerichtlich schuldig gesprochen.

5. Scott & Amundsen – Duell am Südpol

Ein weiteres Beispiel aus dem Bereich der Kälte ist der Wettlauf des Briten Scott und des Norwegers Amundsen in den Jahren 1911/12 zum Südpol. Es unterscheidet sich insofern von den vorigen, daß die zwei Expeditionsteams nicht unvorbereitet in das Abenteuer gestoßen wurden. Sie konnten es bis ins Detail im voraus planen.
Das tat jeder auf seine Weise. Dabei war Scott im Vorteil. Im Jahre 1906 hatte er bereits einen fehlgeschlagenen Versuch unternommen. Achthundert Kilometer vorm Südpol mußte er seinerzeit umkehren. Er kannte also die Landschaft und das Klima. Er konnte bei seinem zweiten Versuch das besser machen, was ihm beim ersten Anlauf zum Verhängnis geworden war:

        Der falsche Umgang mit den Schlittenhunden,
        die Unerfahrenheit mit den (gerade durch
        Fridtjof Nansen bekannt gewordenen) Skiern,
        zu wenig Nahrung
        und einseitige Nahrung (Vitaminmangel).

Amundsen hingegen hatte seine Erfahrungen »nur« in der Hardanger-Vidda und in Nordkanada gesammelt. Er

        beherrschte den Ski-Langlauf mit Perfektion,
        kannte alle Survival-Tricks der Eskimos,
        war geübt im Umgang mit Schlittenhunden,

profitierte von Fridtjof Nansens Erfahrungsschatz und dessen eismeererprobtem Schiff »Fram«.

Der Wettlauf der beiden Rivalen begann im Oktober/November 1911. Amundsen hatte zwölf Tage Vorsprung, als er am 20. Oktober vom Liegeplatz seines Schiffes aus startete.

Aber nicht dieser Umstand entschied seinen Sieg. Er profitierte von den Fehlern, die Scott trotz seiner Erfahrung machte. So bestand Amundsens Mannschaft aus nur achtzehn Top-Leuten, Scotts Gruppe hingegen aus fünfundsechzig Männern. Das sind fast viermal so viel. Das bedeutet auch vierfache Ausrüstung und vierfache Anfälligkeit.

Während Scott sein Hunderudel von hinten her mit Geschrei und Peitschen antrieb, hatte Amundsen eigens als »Leittier« für sein Rudel den besten Skilangläufer Norwegens angeheuert. Der eilte den Hunden vorweg. Nur dann entwickeln Huskies ihre volle Kraft. Amundsen trug auch anderen Hundegewohnheiten Rechnung. So ließ er die Tiere mal spurten, dann wieder traben oder pausieren.

Scott hingegen haßte die Hunde. Er kam mit ihnen nicht zurecht. Deshalb versuchte er sein Glück zunächst mit drei Motorschlitten. Sie waren damals gerade erfunden und versprachen, eine Sensation zu werden. Zwei versagten technisch. Einer stürzte ins Wasser.

Für diesen Fall hatte Scott neunzehn Island-Ponys an Bord. Die kleinen Pferdchen sind zwar robust, waren aber dem extrem klirrigen Südpolklima nicht gewachsen. Sie versanken im Schnee, verletzten und verausgabten sich. Die Schlitten, die sie zogen, waren hauptsächlich mit ihrem Futter beladen. Für Nutzlast war wenig Spielraum.

Die Pferde mußten bald getötet werden.

Der vorletzte Ausweg waren die Hunde. Ihnen erging es nicht besser. Einer nach dem anderen wurde getötet und an die überlebenden Hunde verfüttert. Schließlich mußten die Männer ihre Lasten selbst ziehen. Die Skier waren ihnen dabei mehr hinderlich als dienlich. Sie wurden auf dem Schlitten gezogen.

Während Amundsen seine Proviantlager für den Rückweg deutlich und je drei Meilen querab von der Marschrichtung markierte, kennzeichnete

Scott seine Reserven mit nur einem Wimpel. Die Trägermannschaft kehrte um.

Als Scott schließlich mit einem Restteam von vier Mann am 17. 1. 1912 den Südpol erreichte, erblickte er dort die norwegische Fahne Amundsens mit ein paar freundlichen Zeilen. Datiert 15. 12. 1911.

Scott war zu spät gekommen. Genau vier Wochen. Seit Menschen die Erde bevölkern, war noch nie jemand am Südpol gewesen. Und nun stießen zwei Trupps mit wenigen Tagen Differenz hier zusammen. Die tiefe Enttäuschung Scotts war verständlich. Auch der physische Knacks, den seine Gruppe infolgedessen davontrug. Deprimiert trat die Gruppe den Rückweg an. Nahrung und Brennstoff gingen zur Neige. Die Körperkräfte ebenfalls. Einer der Begleiter wählte den Freitod durch Erfrieren, die übrigen drei Mann starben an Erschöpfung und Kälte – nur 18,5 Kilometer von ihrem größten Lebensmitteldepot entfernt.

Überlebenstraining

Grundsätzliches

6. Mut – Tollkühnheit – Angst

Was wir und unsere Partner haben sollten, ist Mut. Mut zur Entscheidung, Mut zum Handeln, Mut zur Selbstkritik. Schnelle und sichere Entschlußkraft beweisen geistige Wendigkeit, Geistesgegenwart. Sie wird immer wieder nötig sein.

Zögerer, Zauderer, Angsthasen, Mimosen und Zittergrasler sind die Bremser einer Wildnisläufer-Gruppe, die Mutigen bringen den Trupp voran, die Tollkühnen reißen ihn ins Unglück, meistens.

Die Tollkühnen sind körperlich meist topfite Typen. Sie haben einen übersteigerten Geltungsdrang, der die Reisegruppe in kritischen Momenten rausreißen oder vernichten kann. Tollkühne sollten ihren Trieb lieber im Alleingang abreagieren und wichtige Entscheidungen den etwas Besonneneren, den Mutigen überlassen.

Tollkühnheit ist meines Erachtens nur angebracht, wenn sie die Alternative zum sicheren Tod darstellt.

Wer eine abenteuerliche Reise plant, möchte etwas erleben. Er sucht einen Ausgleich zu seinem relativ ruhigen Alltag. Er möchte sich testen, behaupten, seine Leistungsgrenzen kennenlernen. Der Gründe gibt es viele.

Oder aber er reist ohne Erwartungen und wird trotzdem mit einer brenzligen Situation konfrontiert. Stürzt sie ohne Ankündigung über ihn herein, reagiert er in irgendeiner Form: Gegenwehr, Angriff, Flucht, Resignation.

Bleibt ihm aber viel Zeit zum Nachdenken, überfällt ihn möglicherweise Angst.

Ein Leben ohne Angst gibt es nicht. Angst ist die gesunde Reaktion des Körpers, der um sein Leben fürchtet, der sich erhalten will, der überleben will. In jedem Lebewesen steckt dieser Überlebenstrieb.

Ohne das automatische Alarmsignal Angst würde man die unsinnigsten Dinge riskieren. Man würde sich unnötig in Gefahren begeben und darin umkommen. Angst bewahrt einen davor, Angst erzeugt Vorsicht.

Reisepartner, die vorgeben, keine Angst zu haben, lügen. Man darf sie ruhig als Wichtigtuer einstufen. Sie sind ebenso mit Vorsicht zu genießen wie die ganz Zaghaften. Natürlich ängstigt sich jeder vor etwas anderem. Der eine schon vor der Maus, der andere erst vor der Folter. Gewohnheit kann Angst in bestimmten Bereichen abbauen, sie aber nie ganz ausschalten. Spätestens im Moment des bevorstehenden Todes ist sie treu zur Stelle. Unnötige Angst, hervorgerufen durch ein zu schwaches vegetatives Nervensystem oder durch Erziehung (»wenn du deine Suppe nicht ißt, kommt der böse Mann«, »wenn du vor der Ehe Liebe machst, kommst du in die Hölle«), ist ein ständiges Handicap.
Der heutige harte Daseinskampf – nicht etwa nur auf Reisen – erfordert, daß wir uns zur kritischen Wachsamkeit erziehen und ständig auf der Hut sein müssen.

7. Schußwaffen

Mit Schußwaffen ist es so wie mit Katzen:
Man liebt sie oder man haßt sie. Selten stößt man auf Mittelgefühle. Entsprechend ist die Reaktion auf die Frage: »Nehmen wir Waffen mit oder nicht?« Ich will versuchen, dieses Problem emotionslos mit mathematischer Nüchternheit zu lösen. Auch wenn es eine Gleichung mit unendlich vielen Unbekannten ist.
Wer seine Reise so ausrichtet, daß er u. a. von der Jagd leben will, der wird ein Gewehr mitnehmen. Das ist keine Frage. Wer aber in Gebiete will, die bekannt dafür sind, daß dort jeder Mann bewaffnet und dem Raub nicht abgeneigt ist, der muß sich mit anderen Überlegungen tragen. Nimmt er keine Schußwaffe mit, hat er bei einem Überfall keine Chancen der Gegenwehr. Er vermindert jedoch durch seine offensichtliche Wehrlosigkeit die Provokation zum Überfall, die von jedem bewaffneten Fremden ausgeht, der ungefragt fremdes Stammesgebiet durchreist. Eine gewisse Fairneß, nicht auf Unbewaffnete zu feuern, existiert weltweit. Nur – sie ist nicht kalkulierbar, wird nie garantiert.

Zumindest wird der Fremde ausgeraubt, aber er bleibt mit etwas Glück am Leben.

Da fremde Menschenleben, die nicht unter den Schutz des Gastrechts fallen, in solchen Gebieten wenig Wert besitzen, ist die Wahrscheinlichkeit groß, auch bei Raub ermordet zu werden. Der am Leben gelassene Beraubte kann hinterher noch Schwierigkeiten verursachen.

Und das kann man mit einer simplen Kugel verhindern. Zudem hebt jeder Tote das Image des Töters. Warum also zögern? Geht man hingegen bewaffnet, so kann gerade die Waffe zum tödlichen Überfall reizen. Denn in Gegenden, wo jeder eine Waffe trägt, ist ein neuzuerwerbendes Gewehr von unvorstellbarem Reiz, mehrt es doch Ansehen und Reichtum des Besitzers unter seinesgleichen. In Äthiopien gibt es Stämme, denen man nachsagt, daß sogar Söhne ihre Väter für ein Gewehr ermorden würden.

Da man aber in der Regel auch schon wegen eines simplen Seiles oder einer Tasse Zucker überfallen wird, sollte man auch in Erwägung ziehen, wenigstens eine versteckbare Waffe mitzunehmen: *Sprich Revolver.*

Hätte ich meine Reisen auf dem Blauen Nil ohne Gewehre gemacht, wäre ich sicher tot. Der Angreifer warnt nicht. Er schießt gleich. Das berichte nicht nur ich, sondern alle, die sich auf dem Blauen Nil versucht haben, sofern sie's noch berichten konnten. Denn viele wurden erschossen. Alle aus dem Hinterhalt. Auch Unbewaffnete, wenn ich u. a. an die beiden Amerikaner denke, deren tragisches Ende ich in meinem Buch »Drei Mann, ein Boot, zum Rudolfsee« zu schildern versucht habe.

In der Danakil-Wüste, wo Gewehre ebenfalls Fetisch Nr. 1 sind, haben wir vielleicht überlebt, weil unsere Waffen verlorengingen und wir unbewaffnet waren. Die argusäugigen Angreifer erkennen das von weitem, haben es also nicht nötig, präventiv zu schießen und geben einem mitunter eine Chance, weil sie sich überlegen fühlen. Auch dort, in der Danakil-Wüste, hebt jeder Tote das Ansehen des Töters, aber als Gegenkraft wirkt mitunter die traditionelle Gastfreundschaft islamischer Länder.

Zu den Indianern Südamerikas sind wir völlig unbewaffnet gegangen, und ich glaube heute noch, daß diese Entscheidung gut war. Man könnte in vielen Situationen einen gegenwärtigen Angriff abwehren, hätte dann aber – ebenso oft – wenig Chancen, in friedliche Zonen zu entkommen. Vor allem, wenn man zu Fuß ist, zu Maultier, zu Kanu auf endlosen Flußschlingen.

Die Vorteile des Pro und Contra sind schwer abzuschätzen. Man muß diese Frage von Fall zu Fall neu entscheiden. Generelle Lösungen gibt es offenbar nicht.

In räuberischen Gebieten würde ich nach wie vor eine Waffe mitnehmen: Zum Blauen Nil Gewehr und Revolver. In die Danakil-Wüste nur Revolver. Alle Waffen würde ich versteckthalten.

Den Revolver, als letzte Zuflucht, sollte man unter der Achsel tragen und *nie* zeigen, also auch nicht beim Waschen, auch nicht den Führern.

Reservepatronen habe ich immer lose in der Tasche, und zwar in einer bestimmten, damit ich sie auch im Schlaf finde. In feuchten Gebieten mache ich sie mit Zaponlack wasserdicht. Empfindliche Punkte: Patronenhals und Zündkopf.

Da ich die Entscheidung niemandem abnehmen kann, bleiben noch die Fragen: Revolver oder Pistole? Halbautomat oder Repetiergewehr?

Die Frage Revolver (Revolver hat eine Trommel, Pistole ein Magazin) oder Pistole ist eigenartigerweise das heißdiskutierteste Thema unserer Polizei, wenn es heißt, die alten Pistolen müßten umgerüstet werden. In Fach- und Waffenzeitschriften wird darüber seitenlang diskutiert. In den USA dagegen ist dieses gar kein Thema. Bei mir auch nicht: *Revolver* – ohne Vorbehalt. Vorteile: Ziehen – Schießen. Garantiertes Funktionieren (weil der Mechanismus robust ist). Nachteil: nur sechs Schuß, langsameres Nachladen. Gegenargument: Wenn die ersten sechs Schuß nicht getroffen haben, ist der Schütze selbst schuld (dann nutzen ihm weitere Schüsse auch nicht).

Pistole: ziehen, *entsichern, Kugel in Lauf*, schießen. Bei Reisen durch Busch und Wasser große Gefahr der *Funktionshemmung*, da zu sensibler Mechanismus (Sand, Rost).

Selbst wenn man die Kugel schon stets im Lauf hat (was aus Sicherheits-

gründen nicht anzuraten ist), bleiben noch der Zeitverlust des Entsicherns und das Risiko der Ladehemmung. Vorteil: schnelleres Nachladen per Magazin.
Von solchen Überlegungen getragen, habe ich dennoch das Repetiergewehr dem Halbautomaten vorgezogen. Das Repetiergewehr ist unvergleichlich langsamer als der Halbautomat – aber es funktioniert auch noch im dicksten Dreck.
Hat sich ein Reiseteam für eine bestimmte Waffe entschieden, sollte es sich auch auf das gleiche Modell einigen. Man kann sich dann mit Munition aushelfen, und fallen mehr als zwei Waffen aus, so läßt sich eine mit den Teilen der anderen reparieren. Und im Notfall weiß jeder damit umzugehen. Es sind die entscheidenden Sekunden. Wer Waffen mitnimmt, sollte auch das Universal-Öl »Ballistol« nicht vergessen. Darüber hinaus vertreibt es nämlich gewisse Mücken und kann als Desinfektionsmittel verwendet werden. Wer kein Waffenfett hat, nimmt Ohrenschmalz oder Knochenmark.

8. Überlebenstraining

Parallel zu allen laufenden Reisevorbereitungen ist das Überlebenstraining unerläßlich.
Es steigert nicht nur deine Sicherheit, sondern auch deine Gesundheit. Zu Hause und unterwegs. Jetzt und bis ins hohe Alter. Außerdem erhöht es die Vorfreude und verlängert somit gewissermaßen deinen Urlaub.
Zum Überlebenstraining gehören weitgehend alle Dinge dieses Buches. Aber in diesem Kapitel meine ich speziell die körperliche Ertüchtigung und das Üben einiger Fertigkeiten.
Jedes Reiseziel erfordert Abweichungen im Training. Wer auf einen Sechstausender kraxeln will, wird sich mit der dünnen Luft auseinanderzusetzen haben. Wer in die Wüste möchte, kann sich in der Sauna oder im Backofen seines Bäckers trainieren.

Ein Freund von mir hat sich und seine Ausrüstung in Tiefkühlfrostern bei minus 40 Grad Celsius getestet für einen Arktis-Trip.
Vor allem sollte man eine gewisse sportliche Fitness anstreben. Dauerläufe, möglichst im sauerstoffreichen Wald, bieten sich als ideal an. Wer's nie gemacht hat, fängt klein an. Allmählich steigert er sich auf zehn Kilometer, zunächst in der Turnhose, dann mit Garderobe und letztlich mit zwanzig Pfund Gepäck. Der Rucksack muß dabei so fest am Körper liegen, daß er den Laufrhythmus nicht stört. Er muß zu einer Einheit mit dem Körper werden, der nur die Aufgabe hat, die Belastung für die Muskeln und den Organismus zu steigern.
Denke beim fortgeschrittenen Training daran, daß du für einen Ernstfall übst. Nimm deshalb nicht nur bequeme Wege, sondern lauf auch querfeldein. Über Stock, Stein und Zaun, durch Pfützen, Dreck und Flüsse, bei Tag und Nacht, bei Wärme und Kälte. Wenn der Rucksack scheuert, weil du ihn nicht richtig aufgebunden hast, versuche, das zu ertragen. Auch, wenn die Haut durchwetzt. Im Ernstfall mußt du das auch erdulden können. Und du kannst es mit Sicherheit, wenn du es sogar beim friedlichen Training durchhältst. Gern darfst du deinen Rucksack absichtlich schlecht packen oder zur weiteren Erschwerung ein Steinchen in den Turnschuh legen. Nur auf Blasen zu laufen ist noch schöner.
Lege Spurts ein! Wenn dein Herz das zuläßt, lauf bis zur totalen Erschöpfung. Das muß nicht heißen: zwanzig Kilometer, sondern einfach schneller. Man kann sich auch auf tausend Metern totlaufen.
Wenn du dein Ziel erreicht hast, spring ins kalte Wasser. Ist es zugefroren, hacke dir ein Loch hinein. Die kurze Abkühlung vom glühenden Schwitzen hat Sauna-Effekt. Seit ich das mache, habe ich nie wieder eine Erkältung gehabt.
Klettere zur Abwechslung auf einen Baum. Natürlich auf einen mit glattem Stamm. Wenn du zu erschöpft bist, mache dir als Hilfsmittel eine Schlinge (Abb. S. 36). Von oben seilst du dich ab. Natürlich kannst du auch hinunterklettern. Aber dies ist eine gute Gelegenheit, das Abseilen zu üben. Ein Seil hast du im Rucksack. Wie man abseilt, sollte man sich am besten zeigen lassen. Es steht auch im Kapitel 39, Berge.

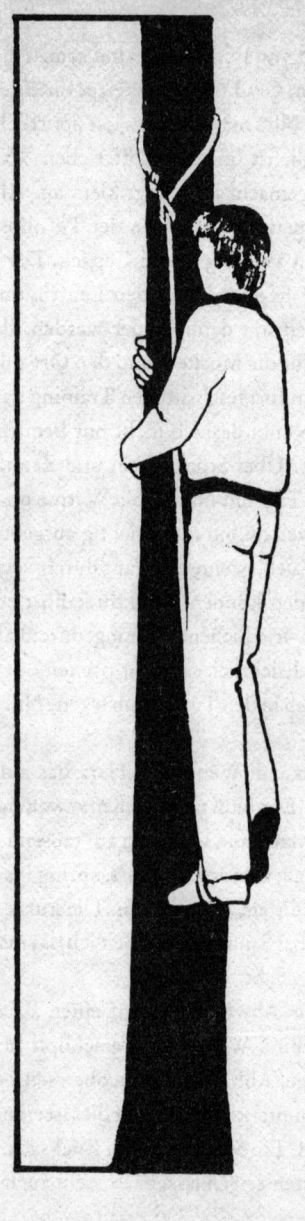

Kommst du an einer Sandkuhle vorbei, an einem Sumpfloch oder Wasser, so tauche gern mal unter, ohne oben erkennbare Spuren zu hinterlassen, und atme durch den Schlauch, den du im Überlebensgürtel (siehe Kapitel 17) hast. Sonst nimmst du ein Schilfrohr, einen ausgehöhlten Holunder-Ast, ein Bambusrohr.

Nach dem Bad machst du dir ein Feuerchen. Das ist der gemütliche Abschluß. Schleckere ein paar Hände voll Entengrütze und knabbere – als Nachtisch – etwas Ahornrinde. Du wirst glücklich sein. Raucher möchten auf die Zigarette nicht verzichten? Dann drehen sie sich eine aus getrockneten Waldmeisterblättern oder Gras, eingewickelt in ein großes trockenes Laubbaum-Blatt.

Das heute groß in Mode gekommene Dauerlaufen – Jogging – kommt deinem Training sehr nahe. Ich – für mich – halte es allerdings für übertrieben und gefährlich, täglich solchen »Strapazen« zu frönen, und kann es nicht empfehlen. Du bekommst zu starke Muskeln und ein gewaltiges Herz. Das sogenannte Sportlerherz. Wo willst du diesen Riesenklumpen lassen, wenn du älter wirst und deine Leistungen reduzieren mußt? Deshalb würde ich persönlich nie Hochleistungssport betreiben, deshalb versuche ich nicht, meine Leistungen ständig zu erhöhen.

An einem anderen Trainingstag nimmst du dir einen Berg vor. Möglichst mit einem Partner. Wenn es nur ein Fünf-Meter-Fels ist, ist das für Flachland-Tiroler schon besser als nichts. Man wird vertraut mit den Kletter-Schwierigkeiten. Oder man nimmt einen Baum, eine Hauswand.

Ein anderes Mal übernachtest du draußen. Du scharrst ein Loch, polsterst es mit Laub, baust dir ein Dach aus Rinde, Zweigen oder Blättern (s. Kapitel 43 – Camps) und übst das Fallenstellen (s. Kapitel 56 – Fallenbau). Nicht, um wirklich Tiere zu fangen, sondern, um es mal praktisch gemacht zu haben. Du schnitzt dir eine Notwaffe (s. Kapitel 52 – Provisorische Waffen in der Natur), wenn du Schnur dabei hast, bastelst du eine Alarmanlage (s. Kapitel 44 – Alarmanlagen), machst ein Feuerchen und grillst dir eine Handvoll Würmer.

Überhaupt lernst du in der Praxis, Pflanzen auf Genießbarkeit zu testen

(s. Kapitel 54 – Vegetarische Notnahrung/Genießbarkeitstests) und Ekel zu überwinden, indem du den Wurm, die Spinne, die Wasserflöhe, die Maden zur Abwechslung lebend schluckst. Als ich meine erste überfahrene Wanderratte von der Straße gekratzt, gegrillt und verzehrt, als ich ein Kaninchen, das bereits in Verwesung übergegangen war, seziert und ohne Zögern zwanzig lebende Spinnen geschluckt hatte, hielt ich mich für »ekelfest«.

Ich dachte, Ekel zu überwinden, ist eine reine Verstandessache und für mich kein weiteres Problem. Das mag auch zutreffen für Situationen, die man *bewußt* meistern will. Anders ist es bei unerwarteter Konfrontation, wie ich sie einmal erlebte. Ich war bei einer meiner Reisen in Südeuropa bei einer Familie zum Mittag eingeladen. Die ganze große Sippe saß im Garten am langen Tisch und ließ sich das Mittagessen gut schmecken.

Ich hatte den Ehrenplatz neben der Oma. Sie war die Älteste und daher Geehrteste.

Plötzlich verschluckte sich Oma. Sie mußte so stark husten, daß ihr das Gebiß rausfiel. Es fiel direkt auf meinen fast leeren Teller. Alle hielten ein paar Sekunden im Essen inne. Bis jedem klar war, daß es Oma schon peinlich genug war, und ein jeder widmete sich wie besessen wieder seinem Teller. Bis auf mich. Ich starrte natürlich wie gebannt auf das Gebiß, das mir da so unverhofft zulächelte. Es lag mit der Gaumenseite nach oben. Auf der Gebißplatte kringelte sich ein Löffel voller Würmer. Lauter Würmer, die zwischen Omas Kiefer und Gebiß munter dahingelebt hatten.

Oma hatte das Gewürm nicht gesehen. Dafür waren ihre Augen nicht mehr gut genug. Ehe ich mich versah, hatte sie's wieder eingesetzt. Nebst »Mitbewohnern«. Da versagten meine Magennerven. Kaum konnte ich einen Busch erreichen, wo mir mein gesamtes Essen aus dem Gesicht fiel. Auch Ekelüberwindung ist also relativ.

Marschiere mit voller Ausrüstung, übe Orientieren (s. Kapitel 47, Orientierung) und Schießen (s. Kapitel 11, Schießen). Denke bei Langmärschen schon tagsüber ans Abendbrot. Nimm die tote Katze von der Straße mit und den trockenen Feuer-Ast, der da im Winde wippt. Aber koche ihr Fleisch gut, Fleischfresser können Trichinen haben. Das Fell ergibt einen guten Überzug für deinen Fuß in der Nacht.

So und ähnlich realitätsbezogen stell dir dein eigenes, individuelles Trainingsprogramm zusammen. Wenn du dieses Buch durchgelesen hast, wirst du noch viele neue Möglichkeiten entdeckt haben. Vielleicht treffen wir uns eines Tages irgendwo auf der Landstraße, wo du gerade einen flachgefahrenen Igel vom Asphalt kratzt, ihn häutest, grillst und vom Stachelpelz einen Kamm, eine Halskette oder einen Boxhandschuh bastelst. Ich werde vor Neid erblassen.

9. Sonstiges Training

Wen Survival fasziniert, der hat auch im Alltag mannigfaltige Möglichkeiten des Übens im kleinsten Rahmen:

> Er kauft nichts an der Wohnungstür.
>
> Er sitzt weder vorn noch hinten in der Eisenbahn, weil diese Zonen bei Zusammenstößen die gefährdetsten sind.
>
> Er gafft bei Verkehrsunfällen nicht untätig und versperrt den Helfern den Weg, sondern hilft helfen.
>
> Er fährt mit seinem Wagen in den Rush-hours nicht durch die verstopften Hauptstraßen, sondern schleust sich durch Nebenstraßen.
>
> Er kauft den Schneeschieber nicht erst, wenn's geschneit hat, und die neuen Schnürsenkel, wenn die alten gerissen sind.
>
> Er weiß, wo die Taschenlampe liegt, wenn der Strom ausfällt.
>
> Er hat seine Kinder ehrlich und verständlich aufgeklärt.
>
> Sein Haus hat eine deutlich sichtbare Hausnummer für Unfallwagen und Feuerwehr.

Aber er löst auch gern Denkaufgaben, schaut sich gute Krimis an, liest

entsprechende Bücher, belegt Sprachenkurse, einen Kochlehrgang, lernt Fotografieren, Erste Hilfe, Zaubern ...
Dieses ist nur ein Teil der Gesamtpalette.
Zum Überleben gehört alles: ein breites Wissen, gepaart mit Vernunft und Reaktionsvermögen.

10. Knoten

Zum Beispiel das Knotenknüpfen. Knoten sind eine Wissenschaft für sich. Seeleute und Bergsteiger können sich für sie fanatisch begeistern. Man kann sie mit Recht als die reinsten Knoten-Fetischisten bezeichnen. Es gibt wahre Doktorarbeiten unter den Knoten und herrlich praktische, die man täglich braucht. Alle haben sie eines gemeinsam: Sie müssen sich nach der Belastung wieder leicht öffnen lassen, wichtigstes Kennzeichen jedes Knoten. Alles andere Gewurschtel nennt man – je nach Verfasser – Misthaufen oder Kunstwerk – nicht aber Knoten. Schon seit Jahrzehnten wurde kein neuer Knoten mehr erfunden. Die Knoten-Wissenschaft schien am Ende und keiner neuen Erkenntnis mehr fähig. Da tauchte im letzten Jahr ein Engländer auf, der dieses Kunststück doch noch zuwege brachte. Er wird in die Geschichte der Knotenknüpfer eingehen.
Mit Knoten kann man im Buch Seiten füllen und in Nautik-Geschäften riesige dekorative Anschauungstafeln.
Peter Lechhart rät dem einfachen Wildnisläufer, wenigstens fünf Seilverbindungen zu lernen und sich nicht zu verzetteln. Wenn man nämlich Knoten nicht immer wieder übt, vergißt man sie ohnehin. Wollen wir uns auf diese fünf beschränken. Am anschaulichsten erkennt man sie ohne Worte an den fünf Zeichnungen Seite 41.
Es mag schwer sein, sie nach Zeichnung zu üben. Bitte dann irgendeinen Segler oder Binnenschiffer – er wird sie dir schnell erklären.
Vielleicht machst du dir aus dickem Hanfseil je ein Modell und befestigst es zur ständigen Anschauung auf einer Holzplatte.

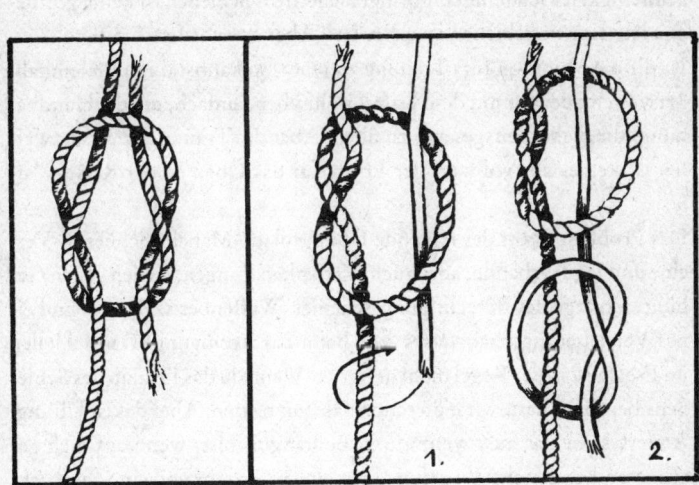

Sackstichschlinge 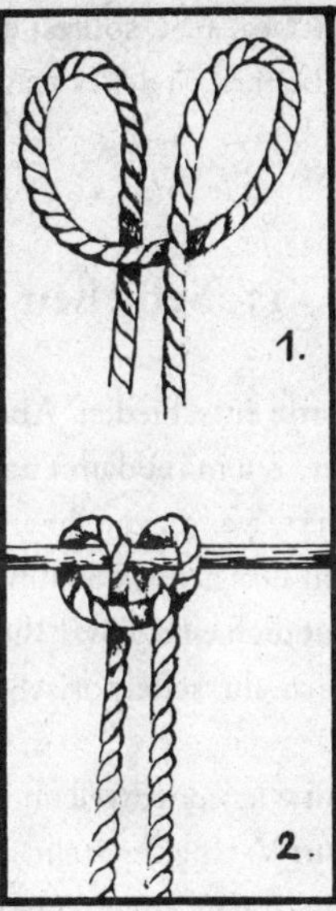 Mastwurfschlinge  Prusikschlinge

Weberknoten Spierenstich

Wenn du's dennoch nicht begreifst, solltest du den Henkersknoten erlernen. Den verrate ich aber erst in der Neuauflage dieses Buches.

11. Schießen

Du hast dich für eine Waffe entschieden. Aber vom Tragen allein wird dein Leben nicht sicherer. Du mußt damit umgehen können. Du mußt wissen, wie sie funktioniert, was du von ihr erwarten kannst und welche Risiken von ihr ausgehen. Das heißt, du mußt neben aller Theorie auch viel praktisch üben, damit dich eine plötzliche Ladehemmung nicht aus der Ruhe bringt, sondern du reflektorisch den nächsten, richtigen Handgriff tust.

Jede Patrone muß – genau wie jedes Streichholz – so behandelt werden, als sei sie die letzte, die zur Verfügung steht.

Zunächst wird ein Schießvorgang lange dauern. Zu lange für den Ernstfall. Deshalb muß geübt werden. Übung bringt Routine. Routine bringt Schnelligkeit. Schnelligkeit bringt Sicherheit. Schießen ist keine gottbegnadete Kunst. Schießen ist erlernbar. Aber es erfordert Training.

Ist dir die Munition fürs Training zu teuer, so kannst du mit Kleinkaliberwaffen oder gar mit dem Luftgewehr üben, einfach, um die Handhabung, die Sicherheitsgesetze zu üben. Aber das Training an Ersatzwaffen ist keinesfalls vollwertiger Ersatz für das Üben an der Reise-Waffe.

Das Problem ist oft der fehlende Übungsplatz. Manche Schützen-Vereine und Jagdverbände, aber auch Waffenhandlungen, stellen gegen Gebühr, Vorlage des Berechtigungsscheines (Waffenbesitz-Karte) und eines Versicherungsnachweises eine Bahn zur Verfügung. Das Schießen im Freien ist in der Regel nicht gestattet. Wenn du das Prinzip des Schießens begriffen hast, wirst du schon bald gut treffen. Aber das ist Übung. Anders sieht das aus, wenn du in Bedrängnis bist, wenn auf dich geschossen wird. Stehst du erst mal *vor* einem Gewehr und ein Schuß geht los, der dich glücklicherweise verfehlt, dann wird dich ein Schock durchjagen. Du bist urplötzlich hellwach von dem akustisch völlig andersartigen Knall, du riechst das Pulver, du spürst die Vibration. Dein Körper ist in äußerster Reaktionsbereitschaft, wie müde du auch gerade noch warst. Du versuchst blitzartig in eine Deckung zu springen, und noch während des Sprungs lädt der andere bereits und drückt schon wieder ab. Dir bleiben Bruchteile von Sekunden. Keine Zeit, betulich über Kimme und Korn zu peilen – da hilft nur eins: das sogenannte Deut- oder Combatschießen.

Deutschießen heißt: Man zielt nicht im konventionellen Sinne, man *deutet* die Zielgestik nur an und drückt ab. Im selben Moment. Man schießt aus der Hüfte, normalerweise mit der Kurzwaffe (Pistole, Revolver), und auf diese Schießtechnik muß sich der Surviver eigentlich am meisten fixieren.

Deutschießen ist ein Nahkampf-Schießen. Man übt es auf nur fünf, allerhöchstens zehn Meter Entfernung. Zum Üben stellst du dich vor deinem Ziel auf, den Revolver im Holster, möglichst nah an deiner Arbeitshand, also rechts, wenn du Rechtshänder bist. Wenn du nicht Arme wie ein Schimpanse hast, bedeutet das: am mittleren Oberschenkel.

Das Ziel hast du fest im Auge. Du ziehst den Revolver (ohne hinzusehen), und während du deinen noch gewinkelten Arm nach vorn streckst und ins Ziel bringst, machst du genau dasselbe mit dem anderen, dem leeren Arm.

Darüber hinaus sparst du dir die Zeit, den Lauf ganz auf Augenhöhe zu bringen, sondern kommst ihm halb entgegen, indem du während des Ziehens, des gleichzeitigen Vorstreckens und des Etwas-Anhebens in Richtung Augenlinie gleichzeitig in die Hocke gehst. So kommen die zielfixierenden Augen und der schießende Revolver sich auf halber Strecke entgegen.

An dieser Stelle müssen die beiden geöffneten Augen, die leere, ausgestreckte Hand und die Hand, die die Waffe hält, drei Linien bilden, die sich im Ziel treffen. In derselben Zehntelsekunde muß auch schon der Schuß knallen. Es wird also nicht über Kimme und Korn gezielt, sondern mit dem Lauf. Die leere Hand stellt eine Zielhilfe dar.

Das ist Deut-Schießen. Die Gefahr beim Deut-Üben ist, daß man bei aller Schnelligkeit schon beim Ziehen abdrückt und sich ins Bein schießt. Deshalb denk immer an eines der wichtigsten Schießgesetze: Nie allein schießen, möglichst zu dritt für den Fall des Falles. Einer leistet dem Verletzten Erste Hilfe, der andere schlägt Alarm.

Es gibt noch andere Trainings-Gesetze: Behandle jede Waffe wie eine geladene und ziele nie auf Menschen. Das lernst du in den Kursen. Wenn du bei deiner Schießprüfung im Rahmen der Jäger-Prüfung nur einmal den Lauf deiner Waffe »versehentlich« in Richtung eines Menschen schwenken läßt, bist du – mit Recht – durchgefallen.

Wer eine Waffe trägt, trägt auch eine sehr große Verantwortung und sollte sich dessen bewußt sein.

Wer keinen Waffenhändler am Ort hat, kann sich auch bei zwei Jagd-Versandhäusern informieren. Die Kataloge dieser Unternehmen sind umfangreich und gleichzeitig gute Lehrbücher:

Frankonia-Jagd
Postfach 6780
8700 Würzburg 1

Eduard Kettner
Postfach 101165
5000 Köln 1

Als Jagd-Lehrbuch diente mir
Die Jägerprüfung von Dr. Richard Blase

Das Revolver-Kaliber (Durchmesser des Geschosses) sollte bei 9 mm liegen.
Geschosse, deren Bleikern mit Hartmetall ummantelt ist, haben weit weniger »mannstoppende« Wirkung als die reinen Bleikugeln, die beim Aufprall breitschlagen. Nur-Bleigeschosse durchfahren den Körper im allgemeinen nicht wie das Vollmantelgeschoß, sondern toben ihre Gesamtenergie im Körper aus.
Durch ihre Aufpilzung (das Breitschlagen) verursachen sie auch weit schlimmere Wunden.
Noch wirkungsvoller sind die Teilmantelgeschosse. Die Spitze ist Blei, das sich breitschlägt, und der hintere Geschoßteil ist ummantelt und soll der Bleideformation den richtigen Nachdruck verleihen.
Es gibt Teilmantelgeschosse verschiedenster Art. Viele wirken wie Dum-Dum-Geschosse (abgezwackte Spitze): kleiner Einschuß, gewaltiger Ausschuß. Überlebenschance, selbst bei Streifschuß, gleich null.
Teilmantelgeschosse sind besonders auch bei Jagd-Munition üblich. Sie fällen das Stück Wild auf der Stelle und verhindern dessen Flucht und helfen, einen langsamen, qualvollen Tod zu vermeiden. Diese waidmännische Fairneß schulden wir jedem Opfer. Dem Wildnisläufer ersparen Teilmantelgeschosse den Hund und die zeitraubende Nachsuche.
Weitere Details entnimm dem erwähnten Buch, den Katalogen und Gesprächen mit Fachhändlern.

12. Erste bis letzte Hilfe

Erste Hilfe zu beherrschen ist für jeden Globetrotter, vor allem für jeden Einzelgänger, erste Pflicht. Nur Selbstmordkandidaten ignorieren dieses Gesetz und vertrauen auf ihr Glück.
Spätestens im Moment des Unfalls aber werden sie den Leichtsinn bereuen. Um so mehr, wenn auch etwaige Umstehende nur lachen, sich amüsieren und weder auf die Idee kommen zu helfen noch dazu in der Lage sind, weil auch sie Erste Hilfe nie gelernt haben. Solche Geschehnisse widerfahren Verunglückten nicht nur in afrikanischen und asiatischen Ländern! Das passiert vor der eigenen Tür. Schaulustige haben schon manchen Tod verschuldet.
Oder es wird geholfen. Aber falsch.
Das Sicherste ist die Selbsthilfe. Solange das Herz noch mitmacht, solange der rote Lebenssaft noch nicht ausgelaufen ist, solange der Geist noch Regie führen kann. Das ist aber nur eine kurze Zeit.
Und eben deshalb macht man den Erste-Hilfe-Lehrgang, den die verschiedensten Organisationen kostenlos durchführen (frag das Rote Kreuz oder deine Krankenkasse), nicht nur einmal im Leben, sondern mindestens alle drei Jahre. Erstens der Übung wegen und zweitens neuer Erkenntnisse halber. Ich selbst erfuhr im letzten Lehrgang drei neue Weisheiten. Sei es nur eine solche Winzigkeit, daß Tabletten, die mit Milch geschluckt werden, schneller wirken und daß man herausgefallene Zahnfüllungen mit Cavit provisorisch selbst füllen kann. Gibt man vorher noch Nelkenöl hinein, so werden sich Entzündungen sogar beruhigen.
Ein interessanter Tip für Autofahrer: Während der Fahrt alle Türen entriegelt lassen, damit Helfer nach einem Unfall besser zu dir eindringen können. Gewohnheitsmäßig fährt man meist mit verschlossenen Türen.
Darüber hinaus sollte man das Gelernte ständig mit einem Partner wiederholen, üben. Spätestens vor Antritt einer Extremreise. Dabei ist die Erste Hilfe noch das Mindeste. Dem Waldläufer nützt es nichts, sich das gebrochene Bein zu schienen. Er muß seine Schmerzen überwinden,

seine Schwäche, und zurückhumpeln oder -kriechen bis zum ersten Menschen. Egal, ob er allein ist oder einen Freund dabei hat. Kaum ein Mensch kann einen anderen Hunderte von Kilometern tragen.
Was können nun ein Nichtmediziner oder auch ein Mediziner ohne Hilfsmittel noch tun? Noch tun außer abwarten und auf Gott vertrauen?
Es ist eine Menge mehr. Gehen wir vom günstigsten Fall aus: der Verunglückte hat einen Freund zur Seite, der sich mit Erster Hilfe auseinandergesetzt hat. Dann zeichnet er sich aus durch Selbstbeherrschung. Ob man allein in der Wildnis ist oder daheim bei einem Verkehrsunfall.
Er beruhigt den Verletzten und versteht es, Schaulustige in Schach zu halten. Die größten Schreier werden losgeschickt zum Telefonieren (auch, wenn das schon andere gemacht haben) oder zum Wasserholen. »Ich brauche Wasser«, hört sich immer gut an. Der geübte Helfer wird nicht herumkommandieren und sich vielbeschäftigt, wichtig und rechthaberisch geben, sondern sicher und zielstrebig handeln.
Er wird zunächst die unmittelbare Gefahr abwenden und dann den Verletzten aus dem Gefahrenbereich schaffen. Danach ist die größte Hilfe der seelische Trost. Ist der erste Schock überwunden, kann man weitersehen. Ist man mit dem Verletzten allein und außerstande, ihn zu transportieren, wird man ihm eine sichere Unterkunft bauen müssen und allein losgehen, um Hilfe zu suchen. Ist die Hilfe nicht allzu weit und läßt die Verletzung es zu, wird man ihn auf einer Bahre aus Ästen hinter sich herziehen können.
Der Wildnisläufer sollte ebenso gut Bescheid wissen über Mund-zu-Mund-Beatmung, wie Geburtshilfe, das Zähneziehen und Klein-Amputationen, um überhaupt etwas zu nennen.
Schneller als man denkt, ist ein Zeh erfroren, vergiftet, zermatscht. Bevor die Fäulnisstoffe den restlichen Körper töten, wird man sich entschließen, sie zu entfernen, die betreffende Extremität zu amputieren.
Der Laie schreckt davor zurück. Es schockt ihn. Aus der Zivilisation ist er gewöhnt, für jedes Leiden einen Facharzt zu konsultieren. Nur selten

würde ein Ohrenarzt das Ohr amputieren. Meist würde er an einen Chirurgen überweisen.

In der Wildnis bleibt für solche Feinheiten und Kompetenzprobleme kein Spielraum. Glücklich ist da schon, wer ein Messer, ein Beil für die Amputation hat. Schlechter ist der dran, dem nur ein Draht oder die Zähne bleiben, um das tote Glied abzutrennen. Nur wenige Survival-Künstler haben Gelegenheit, einem Chirurgen auf die Finger zu schauen. Es würde ihnen auch wenig nutzen, wenn Messer, Zangen, Sägen – kurz: das ganze Amputationsbesteck nebst Betäubungs- und Kreislaufmitteln und Assistenten fehlen. Dann bleibt ihm nichts, als zur »Islam-Methode« zu greifen. So will ich sie mal nennen, diese unkomplizierte und dennoch mögliche Radikalkur für den äußersten Notfall.

Noch heute wird Dieben in einigen arabischen Ländern zur Strafe eine Hand abgehackt. Sie wird auf den Holzklotz gelegt und mit dem Schwert abgetrennt. In derselben Sekunde wird der blutende Armstumpf kurz in siedendes Fett getaucht.

Die Hitze sterilisiert und verschließt die Wunde. Der Waldläufer, der kein Fett zur Hand hat, sollte das herausschießende Blut vorsorglich durch eine Stauung oder kurze Abbindung zurückhalten. Nach Absicherung durch einen Druckverband gibt man dem Kreislauf wieder Freilauf.

Diese Radikalamputation ist schließlich nicht abhängig von siedendem Fett. Das Fett ist schon die Luxus-Variante dieser Prozedur.

Ich traf in Brasilien am oberen Rio-Negro einen Kautschuksammler, der sich auf diese Weise einen Daumen mit der Machete abgetrennt hat. Eine Giftschlange hatte hineingebissen. Sofort hatte er sich die Hand abgebunden. »Hilfe war nicht zu erwarten, und der Finger lief grün und blau an. Er schwoll und drohte zu platzen. Da bekam ich eine Mordsangst. Der Schmerz war so groß, daß ich einfach zuschlug.«

Stolz zeigte er uns seine restlichen Finger. Die Wunde hatte er zur Selbstreinigung ausbluten lassen, sie verbunden. Dann hatte er die Stauung gelockert.

»Und mit dem abgetrennten Finger habe ich mir erstmal eine anständige Mahlzeit bereitet.«

Wir sahen ihn ungläubig an. Er schmunzelte nur verschmitzt. Sicher hatte er den Gag schon anderweitig häufiger erzählt. »Sie wollen sagen, daß Sie Ihren eigenen Finger gegessen haben?« »Natürlich habe ich nicht den Daumen gebraten, sondern nur damit einen riesigen Tucunaré gefangen!«

Nicht jeder hat solche Nerven. Aber Not und Schmerz ändern Vorsätze von einer Sekunde zur anderen.

Viel häufiger als die Notwendigkeit der Amputation ist die der Extraktion schmerzender Zähne. Im Busch wird nicht gebohrt, gefüllt: im Busch wird gezogen. Notfalls mit der Kombizange, um deren Greifbacken man gegen das Abrutschen Stoff gewickelt hat.

Die Surme-Tellerlippen-Neger am Omo in Äthiopien schlagen ihren jungen Frauen die Zähne mit dem Stein aus. Auf diese Weise bereiten sie den Mund vor zur Aufnahme des Tellers. In früheren Jahren sollte der durch den Teller verunstaltete Mund die Sklavenjäger davon abhalten, diese Frauen zu rauben. Inzwischen finden die Männer den Teller schön.

Wohl dem, der bei diesen Operationen in Ohnmacht fällt! Schlimmer ist oft der Schmerz hinterher. Tabletten stehen nicht zur Verfügung. Was dann? Für diesen Fall ist es tröstlich, einige Auswege zu wissen, die von Fall zu Fall nützlich sein können.

Da sei die Akupressur genannt, eine schmerzlindernde Methode aus China. Um beispielsweise Kopfschmerz zu mildern, soll man den schmerzempfindlichsten Punkt ermitteln und diesen mit sanfter Massage oder/und gewissem Druck bearbeiten. Eine weitere Möglichkeit ist starkes Zusammendrücken beider Ohrläppchen.

Detaillierte Informationen entnimmt man dem Buch von

> Lutz Bernau
> Schmerzfrei durch Fingerdruck
> Goldmann Medizin, Bd. 9063.

Weit handfester ist das sogenannte Kuatsu. Es ist die japanische Lehre von der Ersten Hilfe, die Kunst der Wiederbelebung. Mit ihr lernt man verblüffend einfache, aber sachgemäße Methoden, die mit unserer europäischen Art von Erster Hilfe wenig gemein haben.

Das Büchlein, das dem Anfänger hierüber Aufschluß gibt, heißt
> Kuatsu, Kunst der Wiederbelebung
> von Alfred Hasemeier
> Franckh'sche Verlagsbuchhandlung.

Es ist anschaulich illustriert und für das Selbststudium gedacht. Weit lehrreicher dürfte jedoch die praktische Unterweisung in Karate-Clubs sein. Aber nicht jeder Club lehrt Kuatsu.

So wird Nasenbluten laut Hasemeier beispielsweise nicht wie bei uns behoben – Sitzen, einen kalten Umschlag in den Nacken und den Kopf zurücklegen, sondern dem Blutenden wird gleichzeitig mit einer flachen Hand zweimal vor die Stirn geschlagen und mit der Handkante der anderen Hand zweimal in das Genick. Die Schläge unterbrechen den Kreislauf kurz und beenden das Nasenbluten.

Oder Schmerzen. Sie werden gemildert oder gar behoben durch zweimaliges starkes Abdrücken des Tränenkanals.

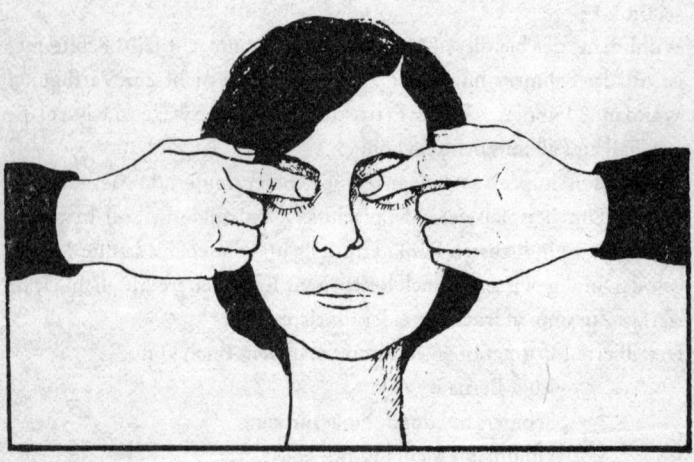

Danach massiert man vorsichtig die Schläfenpartie, der Patient sitzt auf einem Stuhl und hat die Beine nach vorn gestreckt. Das Abdrücken und leichte Massieren wiederholt man zehn Minuten lang. Anschließend massiert man den Schädel mit lockeren Fingern von der Nasenwurzel über die Stirn bis zum Haaransatz. Dann streicht man »den Schmerz« über den Hinterkopf zum Nacken, zum Hauptstrang des Nervensystems.

Damit nicht genug! Mit den gespreizten Fingern beider Hände greift man von seitwärts über den Ohren in die Haare. Die ergriffenen Haare werden zwischen den Fingern festgehalten und langsam in die Höhe gehoben, so als sollten sie dem Betroffenen die Kopfhaut abheben. Und genau das ist der Sinn. Die Haut soll gelüftet werden. Das verschafft dem Patienten die gewünschte Linderung. Laut Hasemeier löst diese Behandlung sogar Stirnhöhlenvereiterungen.

Es ist jedenfalls unglaublich, was auch der Nichtmediziner alles lernen kann. Er kann sich nicht nur selbst aus einer Notlage befreien, sondern auch anderen helfen, wenn die Lage schon aussichtslos erscheint. Aussichtslos, weil herkömmliche Hilfsmittel fehlen.

Das A und O der Ersten bis letzten Hilfe ist das Wissen um die Ursachen eines Leidens und die Zusammenhänge innerhalb des Körpers.

Zum Beispiel der Schock durch Blutverlust. Der Patient ist blaß, mit kaltem Schweiß bedeckt, der Puls geht schnell, aber schwach. Er friert.

Die Blutung wurde zum Stillstand gebracht. Das im Körper verbliebene wenige Blut versorgt nun nur noch die lebenswichtigsten Organe: das Herz, die Lunge und das Hirn. Zur Erwärmung der Gliedmaßen und der Haut reicht es nicht mehr.

Wer das weiß, kann sich die nötige Hilfe selbst denken: Er muß weiteren Wärmeverlust verhindern, für Ruhe sorgen, Aufregungen vermeiden. Der Patient soll flach und isoliert gegen Bodenkälte liegen. Die Beine sollen senkrecht angehoben werden, damit das wenige Blut zurückfließen kann und so dem Notkreislauf zwischen Hirn und Herz zugute kommt. Erst dann bringt man die Beine in eine halbschräge Lage.

Als ich mich vorbereitete für einen Fußmarsch zu freilebenden Indianern, wußte ich, daß sie ihre Pfeile mit Curare vergiften. Aus einem medizinischen Lexikon erfuhr ich, daß Curare ein Nervengift sei, das die Muskulatur der Lunge lahmlegt. Die Atmung versagt. Nach fünfzehn Minuten bereits verpufft die Wirkung des Curare. Also braucht man bei einer Verwundung mit Curare nicht zu resignieren. Sofern man nicht weiter beschossen wird, hat man echte Chancen, den Getroffenen mit Mund-zu-Mund-Beatmung und gleichzeitiger Herzmassage über die gefährlichen fünfzehn Minuten zu retten. Solange dessen Lunge aussetzt.

Mit diesen Beispielen könnte man Bücher füllen und ins Uferlose geraten. Besorge dir eine Erste-Hilfe-Fibel bei

>   Deutsches Rotes Kreuz
>   Friedrich-Ebert-Allee 71
>   5300 Bonn.

Das darüber hinausgehende Wissen beschafft man sich bei Ärzten. Immer wieder stelle ich fest, daß fast jeder Berufsmediziner auch dem Laien gern praktische Hinweise gibt, wenn er hört, wofür er das Wissen benötigt.

Besonders einfach ist es, im Ausland einen Einblick zu bekommen. Vor allem in jenen Krankenstationen am Rande der Wildnis, wo die Krankenschwester Zähne zieht, Knochenbrüche repariert und Geburtshilfe leistet. In solch einem »Reparaturschuppen« sah ich unter anderem wie man bauchwassersüchtigen Patienten Linderung verschaffen kann. Die Beobachtung ersparte uns später viele Unannehmlichkeiten, als ich einer kranken Frau damit helfen konnte (siehe mein Buch DANAKIL: Die Operation).

In Kolumbien sah ich eine alte Frau, die ihr Krampfaderleiden vorübergehend mit Blutegeln linderte. Die Egel saugen nicht nur etwas Blut, sie sondern auch ein Sekret ab, daß die Blutgerinnung unterbindet und Blut quasi flüssiger macht.

Ein Indianer, der sich mit der Axt die Wade zertrümmert hatte, kam zur Missionsstation und suchte Hilfe. Die losen Fleischlappen seiner Wunde wimmelten von Würmern. Anfangs hatte er sie noch herausgesammelt. Zuletzt war er dazu schon zu apathisch. Da hörte ich zu meiner Überraschung den Arzt sagen: »Gut, daß Du sie dringelassen hast. Sie haben Deine Wunde von Faulfleisch befreit, und Dir das Wundfieber erspart.«

Im Kerio-Valley in Nord-Kenia wurde einer hoffnungslos kranken Frau mit Pattex eine kleine Freude bereitet. Einige Zentimeter des Klebstoffs wurden in eine Plastiktüte gespritzt. Dann tauchte sie begierig ihren Kopf hinein und hielt die Tüte hinterm Kopf geschlossen. Sie atmete mehrmals tief ein und kam wieder zum Vorschein. Mit einem kleinen Rausch!

Der Surviver kann noch ein übriges tun. Wie oft findet man überfahrene Tiere auf der Straße! Das Kaninchen, der Hund, die nicht zu deformiert sind, selbst die Knochen deines halben Hähnchens, geben beste Studienobjekte ab. An ihnen lernt man nicht nur das Schlachten (s. Kapitel 60, Schlachten), sondern auf dieses Kapitel bezogen, die Anatomie des Körpers. Ich habe mir einige dieser Tiere mitgenommen und seziert. Ich habe die gebrochenen Knochen von Splittern gereinigt und sie geschient. Ich habe an ihnen gelernt, Zähne zu ziehen und Wunden zu nähen. An überfahrenen Igeln erprobte ich Floh-Vernichtungsmittel: Rauch, Asche, Parfüm, Petroleum, Benzin, Ballistol (Waffenöl) und Matsch. Denn auch die Schmarotzer-Bekämpfung gehört zur Ersten Hilfe. Wer die Hose voller Flöhe hat, wer abends von Mücken gelöchert wird, der wird sich gern an die kleinen Wundermittelchen erinnern. Bei Läusen war Matsch das billigste und wirksamste. Wenn er trocknet, sind die Schmarotzer erstickt. Und Matsch gibt es überall. Je lehmiger, desto besser.

Mücken hingegen haßten unsere Lagerfeuer-Asche: Dick auf die Haut aufgetragen, verdirbt sie manchem Blutsauger den Appetit.

Vor allem sollte man auch diese Kniffe nicht nur flüchtig überlesen, sondern bei erstbester Gelegenheit praktisch üben. Für jeden Ersthelfer wird es gewisse Pflichtübungen geben, nämlich alles das, was in Erste-Hilfe-Lehrgängen gelehrt wird. Aber darüber hinaus wird man sich noch das individuelle Wissen aneignen, das man ganz persönlich braucht, weil man an Hämorrhoiden oder Kreislaufschwäche leidet. Packen wir's an!

13. Körperpflege

Hand in Hand mit richtiger Ernährung geht die Körperpflege. Körperpflege heißt nicht nur waschen, nicht nur Zähne putzen. Denn das könnten wir uns hier im Buch sparen.

Sie bedeutet im weitesten Sinne, schädliche Fremdeinflüsse vom Körper fernhalten und ihn stabilisieren gegen diese Einwirkungen durch Abhärtung, Gymnastik, Sport. Ein schmutziger Körper ist ein kranker Körper.

In erster Linie ist natürlich die Reinigung mit Wasser und Seife gemeint. Auch im Busch sollte man jede Gelegenheit nutzen, sich zu waschen, die Zähne zu putzen, die Haare sauber zu halten. Die Fingernägel sollten nicht über die Kuppen stehen, weil sie sonst schneller abbrechen und ihren Zweck nicht mehr erfüllen, den Fingern das feine Greifen zu ermöglichen. Fingernägel sind wie Pinzetten.

Fußnägel sollten gerade und kurz geschnitten werden. Trägt man sie lang, erhöht sich die Gefahr der Zehstauchung, sobald man mit dem Fuß vor ein Hindernis tritt. Bei einem harten Stoß gegen den Zehennagel wird man ihn meist verlieren. Und Zehen ohne Nagel vermindern die Standfestigkeit des Körpers.

Gern wird auch propagiert, Männer sollten sich, wenn sie von der Zivilisation abgeschieden sind, täglich rasieren. Wer immer rasiert war, sollte es auch weiter tun. Es gibt ihm ein Gefühl der Reinheit und Frische, es gibt ihm Selbstbewußtsein und Spannkraft. Auf den Betrachter wirkt ein unrasiertes Gesicht übermüdet und der Träger ungepflegt, schlampig, mißtrauenerweckend.

Wer jedoch seinem Leben in der Wildnis auch äußerlich mittels Bartes ein anderes Gepräge geben möchte, der soll es tun, wenn sein Glück davon abhängt. Es gibt zünftige Bärte, die dem Träger ebensoviel Selbstbewußtsein geben können, wie das gepflegte glatte Gesicht.

In beiden Fällen sollte man konsequent sein: entweder sauber glatt oder Bart, aber gepflegt, so daß man das Gesicht noch erkennen kann und er nicht wie eine Maske wirkt, hinter der man etwas verbergen möchte (wie bei den Gesprächspartnern, die die Sonnenbrille nicht abnehmen).

Bei Frauen erhebt sich immer wieder die Frage: Kosmetik – ja oder nein. Bestimmt sind lange rote Fingernägel am Rande der Welt nicht zweckmäßig und bei den erforderlichen Arbeiten werden sie bald zu Bruch gehen. Aber ein Stück guter Seife, etwas Eau de Cologne, etwas Couleur hier und da hebt auch die Selbstsicherheit der Frau, ist also fast ein »lebenswichtiger« Ausrüstungsgegenstand, denn letztlich hebt er die Stimmung der ganzen Gemeinschaft.

Zähneputzen ist eine Selbstverständlichkeit. Wenn die Zahnbürste verlorengeht, tun es auch zerfaserte Aststückchen. Sind selbst die nicht greifbar (Ozean, Arktis, Hochgebirge), wird man sich nur wenige Tage unwohl fühlen wegen eines möglichen Mundgeruchs – in der Regel pendelt sich die Mundflora dann so ein, daß der unangenehme Geruch von selbst aufhört.

Ein sehr wesentlicher Bestandteil der Körperpflege ist das Sonnenbaden. Sonne bräunt nicht nur, macht uns, wie wir glauben, hübscher und steigert damit das Selbstvertrauen, sondern sie hat auch eine starke heilende Wirkung (z. B. auf Pickel). Wichtig ist, daß man sie dosiert wirken läßt.

Durch Sonnenschutzmittel oder Kleidung kann und muß man die Bestrahlung regulieren. Jeder so, wie er sie aus Erfahrung vertragen kann. Man soll Sonnenbrand vermeiden und die Direktbestrahlung der Augen. Man soll daran denken, daß die Kraft der Sonne am Meer, auf dem Berg und am Äquator eine stärkere ist als in der norddeutschen Tiefebene.

Ist der Körper erst einmal richtig braun, hat er auch gleichzeitig eine natürliche Immunität gegen die Bestrahlung erworben.

Bist du ein sonnenempfindlicher Typ, dann vermumme dich lieber, suche den Schatten auf und komme blaß wieder. Selbst auf die Gefahr hin, daß alle Bekannten dich begrüßen mit »Och, Du bist ja gar nicht braun.« Tröste dich damit, daß es Völker gibt, bei denen es vornehm ist, blaß zu sein und strafe deine Bekannten mit derart interessanten Erlebnisberichten, daß sie es sind, die blaß werden, aber vor Neid.

14. Autogenes Training

Du bist im Ausland. In einem sechstklassigen Hotel. Morgen früh um fünf Uhr mußt du zum Flugplatz. Also um vier Uhr aufstehen. Wenn du die Maschine verpaßt, hängst du eine Woche nutzlos in diesem Kaff herum. Der Hotelier hat versprochen, dich zu wecken. Aber er ist unzuverlässig. Einen Wecker hast du nicht. Und der Hotelier erst recht nicht. Du legst dich abends ins Bett mit dem Gedanken, um vier Uhr aufzustehen. Auf keinen Fall willst du die Zeit verschlafen. Und garantiert wirst du wach. Alle, die ich danach befragte, haben das schon erlebt.

Das ist »Autogenes Training«. Das ist das Beherrschen des scheinbar unbeeinflußbaren vegetativen Nervensystems, die Macht des Geistes über die Seele. Die »Olympia-Sieger« in dieser Disziplin sind die Fakire. Sie können Schmerz abstellen, Adern auf Kommando verschließen und im Körper Abläufe zustande bringen, die wir blassen Europäer nie begreifen können.

Da stand ein Mann am Ganges. Er trank rotgefärbtes Wasser, bewegte die Lippen wie zu einem Gebet und – pinkelte es unten wieder aus. »Aha«, dachte mein Freund, »der ist krank. Der uriniert sowieso Blut. Das ist sein großer Trick.«

Aber diese Übung verrichtete der Fakir jeden Tag. Da hatte mein Freund eine Idee. Er bat ihn, grünes Wasser zu trinken. Die grüne Farbe hatte er selbst mitgebracht. Der Fakir schaute ihn ausdruckslos an, trank das grüne Wasser und – ließ den Strahl im fast gleichen Moment wieder ab in den Ganges: grün wie ein Grashalm.

Andere Fakire hängen sich an Fleischerhaken auf, durchstechen sich mit Säbeln, fasten endlos, schlafen auf Nägelbrettern, legen sich glühende Holzkohle auf den Leib, essen fünf Meter lange Schals und holen sie wieder aus dem Magen – Körperbeherrschung in Vollendung. Ziele, die ich nie erreichen will. Ich strebe sie auch gar nicht erst an.

Dennoch finde ich Autogenes Training sehr wesentlich im Hinblick auf Extrem-Reisevorbereitungen. Leute, die sich ein Ziel gesetzt haben und wissen, daß es nur schwer erreichbar ist, brauchen das Autogene Training. Es befähigt sie, mehr als jeden Otto Normalreisender, durchzuhalten, selbst in halber Ohnmacht, wenn das Fleisch schon lose an den Knochen flattert.

Ich selbst kam durch Dr. Hannes Lindemanns Buch »Allein über den Ozean« darauf.

Darin schildert er sehr anschaulich seine Ozeanüberquerung mit Faltboot und Segel: Eine Reise von 119 Tagen auf wenigen Quadratzentimetern Sitzfläche, mit einem Minimum an Süßwasser und Nahrung, aber gestützt und gestärkt durch Autogenes Training und Survival-Kenntnisse.

Lindemann ist Arzt und Dozent für Autogenes Training. Er hat für Autodidakten neben seinem Erlebnisbericht noch ein zweites Buch herausgegeben:

> **Überleben im Stress**
> Autogenes Training
> Der Weg zu Entspannung, Gesundheit
> und Leistungssteigerung.

Arved Fuchs, ein junger Hamburger, der 1980 allein zu Fuß und ohne Hunde durch die Arktis lief, trainierte sich ebenfalls autogen. Der Vorsatz, den er im Unterbewußtsein vertiefte, hieß: »Ich laufe gerne. Ich laufe leicht und locker. Jeder Schritt bringt mir Gewinn, vorwärts, bis zur Siedlung hin.«

Denn das war sein Problem: Er mußte laufen, laufen, laufen. Ohne die Abwechslung eines Gesprächs, ohne Landschaftsveränderungen, ohne Lebewesen.

Er mußte monoton laufen. Zwei Monate lang. Eine reine Sport- und Kraftleistung, die man nur mit Willensstärke und Disziplin durchhalten kann. Und mit Autogenem Training.

Arved Fuchs lernte diese Kunst unter Anleitung des Arztes Dr. Reinhold, Bad Bramstedt: »Wer sich für Autogenes Training interessiert, sollte mindestens die ersten fünf Stunden unter fachlicher Anleitung lernen. Danach kann er sich leicht per Buch weiterbilden.«

Im Gespräch mit Dr. Reinhold erfuhr er noch mehr.

»Autogenes Training ist kein Hokuspokus wie Astrologie und Kaffeesatzlesen. Autogenes Training ist wissenschaftlich fundiert. Schon in

den ersten beiden Unterrichtsstunden ist es für alle Schüler kein Problem, die beiden untersten Stufen der Erfolgstreppe zu begehen.«
Dr. Reinhold ist sechzig Jahre alt und ein quicklebendiger, freundlicher Typ. Er hatte von Arved Fuchs' Arktis-Expedition gelesen und spontan seine kostenlose Hilfe angeboten. Überhaupt erweckte er den Eindruck eines Idealisten, der vielerorts Kurse leitet, »für die ich im Grunde unterbezahlt werde«. Aber er gibt sie gern. »Die Volkshochschule hat da ihre Sätze. Und das sind keine Gagen. Ich gebe die Kurse aus Überzeugung. Mein Lohn sind die Erfolge der Patienten und der Umstand, daß bei meinen Lehrgängen von fünfzig Leuten nur zwei im Durchschnitt abspringen.« Man spürt Dr. Reinholds Engagement wie bei allen Idealisten. »Es ist schon fast zu einer Mode geworden, sich autogen trainieren zu lassen. Die Leute meinen, ihre tausend Wehwehchen damit ein für allemal aus der Welt zu schaffen. Das geht auch, wenn diese Wehwehchen psychischer Natur sind und ihre Ursache haben in Erbanlage, sozialer Umgebung, Familie, Beruf und Umwelt. Denn bis 70% aller Krankheiten sind psychisch bedingt. Die übrigen 30% sind physisch: der gebrochene Knochen oder der faule Zahn, die Schmerzen verursachen – die kriegt man mit Autogenem Training nicht weg.«
»Wie ist denn der Ablauf Ihrer Lehrgänge? Was erfährt Ihr Schüler während der ersten zwei Kursusstunden?«
»Das ist ganz einfach. In einem abgedunkelten Raum legt er sich aufs Bett. Der Kopf wird mit einem Kissen etwas erhöht. Ich decke ihn mit einer Decke zu. Er soll ganz entspannt daliegen und sich wohlfühlen. Dann gebe ich ihm kleine Denkhilfen. Ich sage zum Beispiel: ›Ich bin ganz ruhig. Ich liege locker und entspannt.‹ Schon nach zwei Minuten spürt er diese Ruhe. Und damit kommt er zur ersten Stufe, dem Erleben des Schweregefühls. ›Die Arme sind ganz schwer‹, sage ich dazu. ›Ich spüre ihr Gewicht.‹ Dazu gehört eine gewisse Vorstellungskraft. Aber noch hat es bei mir jeder erlernt.
Die nächste Übung ist dann das sogenannte ›Wärmeerlebnis‹. ›Meine Hände werden ganz warm.‹ Man stellt sich dabei vor, daß beim Ausatmen der warme Atem an den Armen hinunterstreicht und die Finger

erwärmt. Dann merkt man bald, wie sie tatsächlich angenehm warm werden. Physiologisch sieht das so aus, daß die Kapillaren, also die haarfeinen Adern, sich erweitern und mehr Blut durchströmen lassen. Und mehr Blut bedeutet mehr Wärme. Sie erzielen mit dieser ruhigen Übung dasselbe Resultat wie nach einer sportlichen Leistung, wo das Blut mechanisch in Wallung gekommen ist. Dasselbe macht man dann mit den Beinen.«

»Und was soll das bringen? Wenn ich meine Arme zehnmal schnell kreisen lasse, sind sie doch auch warm.«

»Da haben Sie recht. Aber da gibt es den gewaltigen Unterschied, die 70 % seelischer Leiden, von denen ich sprach, entstehen durch eine Disharmonie zwischen Körper und Seele. Infolge der Körper- oder Muskelentspannung entspannt auch das vegetative, das scheinbar unbeeinflußbare Nervensystem – wie beim Schlafen – und kann dann – da wir ja nicht schlafen – doch beeinflußt werden. So kommt es letztlich zu einer Harmonie von Körper und Seele, was seelische Leiden weitgehend abbaut.

Diese Übungen macht man dreimal täglich zehn Minuten. Im Stadium solcher Entspannung hämmert man dann seinem Unterbewußtsein die Befehle ein wie ›Ich laufe gern‹. Nach drei Wochen sind sie so fest im Hirn verankert, daß sie im Ernstfall automatisch funktionieren und Sie vorantreiben: ›Jeder Schritt bringt mir Gewinn, vorwärts, bis zur Siedlung hin.‹ Das muß eine Ihrer Devisen sein.«

Reinhold hatte sich richtig in Begeisterung geredet. Er erklärte noch die nächsten Stufen: die Beeinflussung der inneren Organe wie Herz und Magen und des Kopfes.

»Übrigens sind diese körperlichen Vorgänge exakt bewiesen. Wenn Sie in Ihren Händen die Wärme spüren, so ist das nicht Einbildung, sondern die Wärme ist existent und apparativ meßbar. Jeder Realist steht dem Autogenen Training anfangs mit einer gewissen Skepsis gegenüber. Schuld daran sind viele Heilpraktiker und Jahrmarktdarsteller, die mit Hokuspokus und Rotlicht Nebeneffekte erhaschen wollen, die aber totaler Nonsens sind. Sie wollen sich mit Simsalabim das Image des großen Hypnotiseurs verleihen und der Laie ahnt nicht, daß der simple

Vorgang der Wärmebeeinflussung auch ohne das Drumherum machbar ist.«

Dr. Reinhold hat recht. Arveds anfängliche Skepsis wich schon in der ersten Stunde, als er die Erfolge bei sich spürte. Ihm ging es nicht darum, sich bei seinem Eismarsch Wärme in die kalten Beine zu schicken. Denn die müssen so und so warm sein durch gutes Schuhwerk. Und wenn er durch eine Eisspalte ins Wasser stürzt, kann er sich auch mit Autogenem Training nicht mehr erwärmen. Aber er kann sich seinen Vorsatz des Durchhaltens vertiefen, so sehr, daß es für ihn die Parole «Zurück!« gar nicht gibt.

»Lassen Sie mich abschließend noch ein Wort dazu sagen«, meinte Dr. Reinhold. »Autogenes Training ist so etwas Selbstverständliches, so etwas Logisches, daß die meisten Menschen gar nicht wissen, daß sie es schon tausendfach praktiziert haben, ohne den Begriff Autogenes Training zu kennen.

Wenn Sie z. B. einen Menschen sehr verehren und sich Ihr ganzes Denken und Leben nur noch um ihn dreht und Sie nur noch einen Wunsch haben, diesen Menschen für sich zu gewinnen, dann werden Sie keine Chance verpassen, sich ihm mitzuteilen, ihn zu sich zu ziehen, was auch immer Sie das kostet. Sie träumen von ihm, sie werden nachts wach und denken an ihn und Sie können sich tagsüber auf nichts anderes konzentrieren als auf ihn. Habe ich recht?«

Aber über die Unterbewußtseinsbeeinflussung (welch ein Wort!) hinaus befreit das Autogene Training laut Lindemann seine Kursusteilnehmer von Schmerzen, Gebrechen, Ängsten, Beklemmungen, Befangenheit und Lampenfieber.

Es sollte zur Pflichtübung werden für jeden, der ums nackte Überleben kämpfen muß.

15. Etwas Materialkunde

Wenn du Reinhold Messner überbieten und den K2 im Dauerlauf oder per Handstand überrennen willst, kann ich dir bestimmt nicht raten, welche spezielle Ausrüstung du mitnehmen mußt.
Auch, wenn du im Unimog durch Sibirien oder mit einer Yacht um Kap Horn segeln möchtest, wirst du Spezialist genug sein, daß du hier keinen Rat zu finden hoffst.
Aber für Surviver schlechthin gibt es einige allgemeingültige Tips. Tips wie die schon genannten, daß sich alle Reisebegleiter Waffen oder Kameras des gleichen Typs beschaffen sollten – wegen der Austauschbarkeit der Ersatzteile, wegen der Bedienungsmöglichkeit für jedermann. Und daß man sich beschränken soll. Beschränken auf ein kleines und dennoch ausreichendes Grundsortiment. Am besten läßt sich das veranschaulichen bei den Foto-Kameras. Natürlich kann man fünf Gehäuse einpacken, Kleinbild, Großbild und 6 × 6; 15 Objektive, 20 Filter, Schwarz-weiß- und Farbnegativ- und Dia-Filme. Man kann sämtliche Motive außerdem noch auf Super 8 bannen und den Ton machen. Und zu guter Letzt hat man überbelichtete Nerven und einen Bildersalat.
Ich meine hiermit nicht die Ausrüstung für den künstlerisch veranlagten Meisterfotografen, der wochenlang Zeit hat und alle Arbeiten genau nach Plan absolvieren kann. Hier ist die Rede vom Globetrotter, der so einfach wie möglich und so gut es geht den Globus umrunden will. Und der braucht nur die Kleinbild-Kamera, weil deren Produkte DIN-Format haben, die selbst anspruchsvollsten Zeitschriften genügen. Er braucht nicht zehn Sorten Filme. Er macht Dias, hat allenfalls zwei verschiedene Empfindlichkeiten eingesteckt, aber er macht nur Dias, weil sie unüberbietbar vielseitig sind: als Dia, logo, als Farbbild, als Schwarz-weiß-Bild, klein oder riesengroß.
Solch ähnliche Faustregeln gibt es für alle Ausrüstungsteile. So sollte deine Garderobe aus Baumwolle und nicht aus Kunstfaser sein. Baumwolle ist hautfreundlicher, sie bindet den Schweiß, atmet besser, man fühlt sich in ihr wohler. Sie läßt sich nur nicht so einfach reinigen wie die Synthetiks.

Gegen Kälte wie gegen Hitze schützen Luftschichten. Man erreicht sie durch Tragen eines dicken Netzhemdes, oder zweier lose übereinanderliegender Hemden. Bei Sonne liegt die Haut auf diese Weise im Schatten, bei Kälte sind es die Luftschichten, die isolieren. Pullover, Wind- oder Daunenjacke vervollkommnen die Isolation des Körpers. Die Augen schützt man durch die Sonnenbrille, die aus Glas und nicht aus Kunststoff ist. Glas läßt die UV-Strahlen nicht durch. Der Kopf selbst wird durch eine Kopfbedeckung geschützt, die das Gesicht beschattet. Das erspart dann meist die Sonnenbrille.

Strümpfe sind ebenfalls aus Wolle, passen genau, werfen also keine störenden Falten. Für kalte Gegenden zieht man zwei bis drei Paare übereinander. Jedes Paar muß dann größer sein als das darunterliegende. Alle müssen faltenlos passen.

Schuhe aus Leder sind atmungsaktiver, aber sie lassen irgendwann Wasser durch. Plastikschuhe sind wasserdicht, begünstigen Schweißfußbildung und brechen bei starker Kälte. Es kommen von den verschiedensten Herstellern ständig gute Modelle auf den Markt, und die beste aktuelle Beratung erfährst du durch Auskünfte und Kataloge der Expeditionsausrüster, die im Anhang verzeichnet sind.

Ich bin in gemäßigten und warmen Zonen immer gut gelaufen mit stabilen, dicksohligen Turnschuhen, die ein ausgearbeitetes Fußbett hatten. Allen Militärs sträuben sich bei diesem Gedanken die kurzgeschnittenen Haare, erst recht, wenn ich sage, daß ich in Wüsten nur barfuß in Sandalen gegangen bin. Dadurch hatte ich nie Probleme mit Wasserblasen.

Im Schuh – bei Hitze – schwitzt der Fuß. Er schwillt. Das Leder drückt – und in Minuten ist die erste Blase da. Du fängst an, verkrampft zu laufen, und bald sieht der Fuß aus, als hätte er die Pocken. Hohe Schuhe und Stiefel sind für kalte Gebiete.

Die Uhr sollte eine Automatik sein. Zu schnell vergißt man, sie aufzuziehen, und plötzlich fehlt einem eine Stunde. Auf langen Reisen vergißt man auch schnell das Datum, den Wochentag. Trotz Tagebuchs. Den Wochentag zu wissen, ist z. B. für die Einnahme der Malaria-Tabletten wichtig.

Daß die Uhr auch wasserdicht und schlagfest sein sollte, versteht sich von selbst.

Und trotzdem muß sie nicht teuer sein. Sie leidet ohnehin auf der Reise, so daß man einplanen sollte, sie hinterher zu verschenken. Nur wer die Uhr zur exakten Standortbestimmung braucht, kommt mit dem einfachen Modell nicht aus (Astronomische Navigation).

Diese Überlegungen gelten für alle Ausrüstungsteile. Will man sie ein Leben lang benutzen? Oder verkauft, verschenkt, vertauscht man sie und erspart sich das Reparieren und die Rückfracht? Dann genügen von vornherein einfachere Modelle, die deshalb nicht in Schund auszuarten brauchen.

Bei Anschaffungen wie dem Zelt, sind das wichtige Überlegungen. Zelte sollten innen nicht vom Atmen beschlagen. Wichtig ist, daß sie regendicht, für den Wanderer leicht sind, ein Moskitonetz haben und Ausblickfensterchen.

Sie schützen gegen Wind, aber kaum gegen Kälte. Dagegen hilft nur ein guter Schlafsack.

In Tropengebieten reicht eine Decke, die Alu-Folie, der alubedampfte Baumwollsack. Aber in kalten Zonen muß es ein guter Schlafsack sein. Das bedeutet: Daunen. Daunen sind optimal, wenn sie kammerartig und gut verarbeitet wurden. Sie dürfen aber weder naß (Klumpgefahr) noch ständig gepreßt werden. Man soll sie locker hängend lagern, damit die Luftigkeit gewahrt bleibt, die die isolierende Wirkung verursacht.

Im Regenwald hat man Hängematten. Es gibt leichte Netze ab 500 Gramm. Sie sind nicht komfortabel. Wer Komfort wünscht, nimmt die landesüblichen Baumwoll-Hängematten. Man kauft sie vor Ort. Sie sind groß. Man kann sich auch diagonal und damit gerade in sie legen und sich gleichzeitig mit ihnen zudecken.

Trotzdem ist es, vor allem für den Schlafsack-Schläfer, wichtig, sich gegen die Bodenkälte mit einer Isoliermatte zu schützen. Zumindest muß die Alufolie her. In der Not tun es Zeitung, Laub oder Äste. Erst mit Isoliermatte kommt der Schlafsack voll zur Geltung. Leider nehmen die Iso-Matten viel Platz weg. Schau auch hier in den Katalogen nach: täglich kommen neue Erfindungen in den Handel.

Zur Hängematte gehört ein Moskitonetz. Auch das Netz kauft man am billigsten vor Ort. Es sollte aus Kunststoff sein, wenn die Reise länger als zwei Monate dauert. Sonst fault es weg, weil das untere Ende ständig auf der Erde liegen muß. Moskitonetze müssen geräumig sein. Man darf nicht mit Kopf, Ellenbogen und Füßen ans Netz anstoßen. Das würde sich in Minutenschnelle bei den Insekten herumsprechen.

Über das Moskitonetz gehört ein Regendach. Da genügt eine Plastikfolie oder die Alufolie, wenn sie noch heil ist.

Eßgeschirr sollte aus PVC sein, Kochteile aus Eisen, sofern man Brennstoffmangel hat. Aluminium ist zwar herrlich leicht, aber es leitet die Wärme nicht gut weiter.

Ein Eisengitter ermöglicht es, gleichzeitig viele Töpfe aufs Feuer zu setzen. Ideal für Gruppen. Es empfiehlt sich nicht für Einzelreisende.

An Bestecken benötigt man nur einen Löffel. Ein Messer hat man in Form des Dolches, und eine Gabel brauchst du nur, wenn du zum Dinner in die Deutsche Botschaft eingeladen wirst. Aber dann wird sie meist gestellt.

Das alles und oft viel mehr muß in den Rucksack.

Sehr empfehlenswert sind Tragegestell-Säcke mit gewinkeltem Alu-Rahmen. Sind die Nylonsäcke zerrissen, kann man auch Kartons und Lumpenbündel daraufschnallen und bequem tragen. Sie sind dann wie einfache Packborde. Der Winkel fängt das Hauptgewicht ab, und es genügt notfalls ein schmuckloser Bindfaden, um die Last ans Gestell zu binden.

Sehr empfehlenswert ist auch der gestellose »Lowe Alpine Systems«-Rucksack: leicht, stabil, geräumig, auf jeden Körper einstellbar und ideal zu tragen. Allerdings teurer und mehr eine Anschaffung fürs Leben.

Wer seine Reise mit dem Fahrrad machen will, wird unter dem Kapitel »Radtour« noch einige Ausrüstungstips finden, Taucher unter »Tauchen« und so weiter.

Alle Ausrüstungsgegenstände aufzuzählen hieße, einen Katalog erstellen. Das überlasse ich den erwähnten und bewährten Ausrüstern.

16. Etwas Ernährungskunde

Vier Milliarden Menschen auf diesem Planeten müssen täglich essen. Fast zwei Milliarden haben Probleme, überhaupt satt zu werden, müssen nehmen, was sich ihnen bietet. Nur wenige leben im Überfluß wie wir. Von den Satten essen bestimmt 90% (eigene gewagte Schätzung) gedankenlos. Das, was Appetit macht, das, was den Hunger stillt. Wir könnten zwar aus dem reichen Sortiment das wählen, was der Körper braucht zum Leben, um sich zu bewegen und um sich fortzupflanzen. Wir könnten ihm genau das geben, was er braucht, um optimal zu funktionieren: d. h. die volle Leistungsfähigkeit zu erzielen und ein eigenes Krankheitsabwehrsystem aufzubauen. Stattdessen ernähren wir uns wahllos und übermäßig, obwohl unser Verstand diesen Fehler klar erkennt. Liebgewordene Eßgewohnheiten zu ändern, ist so schwer, daß selbst Experten sich mehr verbal als real dazu bekennen. Ein für uns alle typisches Beispiel lieferte im Januar 1980 der Ärzteverband. Er hatte in Bonn zu einer Pressekonferenz eingeladen. Thema: »Kurskorrektur falscher Ernährungsgewohnheiten«. Bekanntgegeben wurde u. a., daß 2/3 der deutschen Bevölkerung an ernährungsbedingten Krankheiten leidet. Dennoch wurden süße Säfte und Appetithäppchen gereicht. Und die Redner selbst brachten respektable Überpfunde mit aufs Rednerpult. Jedenfalls zeigte die Konferenz eins ganz deutlich: die Diskrepanz zwischen Wunsch und Wirklichkeit, die Schwäche unseres Willens und die Erkenntnis, daß Ernährungsprobleme erst dann zur Kenntnis genommen werden, wenn die ersten Krankheiten einen dazu zwingen.

Die Ernährung (und die damit zusammenhängende Nahrungszubereitung) spielt fürs Überleben eine entscheidende Rolle. Vor allem beschränkt sie sich nicht nur auf die Zeit der Reisen, sondern viel mehr auf die überwiegende Zeit daheim, wo allgegenwärtige Überbelastung in Beruf und Alltag – sprich Streß – unseren Körper in früher nicht gekannte Überlebenskämpfe verwickeln.

Mit bestmöglicher Ernährung können wir ihm helfen, die Schlachten zu gewinnen und uns stark zu machen für den Alltag im allgemeinen und die Strapazen der Extrem-Reisen im besonderen.

Richtig ernährt macht es ihm nichts aus, plötzlich monatelang mit fremder, einseitiger Kost fertig zu werden und ungekannte Umwelteinflüsse wie Hitze, Schwüle, Kälte, dünne Luft, zu verkraften.

Ich selbst habe ebenfalls im Durchschnitt drei bis fünf Kilo zuviel Körpergewicht. Das sind sechs bis zehn Pfund schieres Fett. Um dieses Übergewicht mit mir herumzuschleppen, muß ich entsprechend mehr essen. Ich fühle mich immer wieder um vieles wohler, wenn ich nach vier Wochen Wildnis das Fett abgespeckt habe, die Rippen zählen und mit entsprechend weniger Nahrung auskommen kann. Fast ist das Abmagern ein Grund für meine Reisen.

Deshalb sollte man wissen, was die menschliche Nahrung enthalten muß:

> Wasser
> Eiweiß
> Kohlehydrate
> Fette
>
> Mineralien
> Vitamine
> Enzyme
> Aromastoffe.

Wasser hält unseren Körper elastisch. Über 90 % des Menschen besteht daraus.

Eiweiß, das wir essen, wird im Körper wieder zu körpereigenem Eiweiß um- und aufgebaut. Ein Gramm spendet rund vier Kalorien. Kohlehydrate liefern unsere Körperwärme, ein Gramm ebenfalls rund vier Kalorien.

Fette liefern ebenfalls Wärme. Ein Gramm = 9,1 Kalorien. Sie kann gespeichert werden und dient z. T. als Lösungsmittel für Vitamine.

Fett ist der beste Energielieferant. Auf jeden Fall muß man auch wissen, daß die Wärme warmer Speisen und Getränke direkt in den Körper übergeht. Sie wärmt uns und erspart dadurch Nahrung. Demzufolge ist gute Kleidung wärmeisolierend = nahrungssparend.

Fürs Essen gibt es drei Grundregeln:

1. Iß nichts, auf das du keinen Appetit hast, das dich anekelt.
2. Iß nicht, bis du satt bist. Höre vorher auf.
3. Kau alles solange wie möglich.

Die Folgerung aus der ersten Regel wäre eigentlich, nur das zu muffeln, was einem schmeckt. Das ist richtig, wenn man die richtige Mischung wählt: reichlich Frischkost, die man essen soll, *bevor* die Kochkost hintergefüllt wird.

Langanhaltende Falschernährung, das Fehlen irgendwelcher Spurenelemente und Vitamine führen über die Krankheit zum Tod.

Übermäßiges Essen belastet Organe und Kreislauf.

Das unausgewogene Essen toter Nahrungsmittel aus Zucker und Feinmehl reduziert die Widerstandskraft gegen Krankheitserreger. Diesen Lebensmitteln fehlen die Vitamine und die Enzyme, die bei der Verdauung mithelfen. Man müßte sie entweder gesondert zu sich nehmen oder mit vorweggegessener Frischkost- und Vollwertnahrung (Samenkörner) kompensieren.

Zuviel genossenes Fett behindert die Blutströmung in den kapillaren Blutgefäßen und wird wieder als Fett im Körper abgelagert. Man bekommt Übergewicht und Arterienverkalkung. Zuviel gegessenes Eiweiß fördert die Fäulnisgiftbildung im Darm und belastet Verdauungs- und Verwertungsorgane unnötig stark.

Chemische Konservierungsstoffe, die die Bakterienflora in Lebensmitteln (um sie haltbar zu machen) zum Stillstand bringen, verändern auch die Bakterienflora deines Magen-Darmtraktes in unerwünschter Weise. Das führt zu Schädigungen deines Zellgewebes und zu Allergien.

Auch Kochsalz soll man sparsam verwenden (Ausnahme: Bei starkem Schwitzen). Was man an Mehr als fünf Gramm pro Tag ißt, wird durch die Nieren ausgeschieden.

Im Ausland ist darauf zu achten, daß man kein Eis ißt. Weder Speiseeis noch Eisstückchen in der Cola. Sie sind wahre Sammelstätten für Salmonellen.

Kalte Getränke bei Hitze sind ohnehin schädlich. Ein heißer Tee oder Kaffee, eine Bouillon sind weit bekömmlicher.

Da man ungekochtes Leitungswasser nicht trinken soll, verbietet sich auch der Verzehr von Salaten, die damit gewaschen wurden. Verzichte gern darauf und erfrische dich mit Schalenobst (Apfelsinen, Bananen).
So hart das von Fall zu Fall sein mag, viel schlimmer ist es, wenn du dir eine Amöben-Ruhr, Würmer oder Hepatitis geholt hast, um nur drei mögliche Folgen zu nennen.

17. Der Überlebensgürtel

Auf Extrem-Reisen halte ich den Überlebensgürtel für das wichtigste Ausrüstungsteil. Er erhöht deine Überlebenschancen um vieles. Wenn ein Unglück über dich hereinbricht und du hast von einer Sekunde zur anderen alles verloren – deine Ausrüstung, die Freunde –, dann hast du noch deinen Überlebensgürtel, der dir das Weiterleben erleichtert, wenn nicht gar überhaupt erst ermöglicht. Die Hauptsache ist, daß du ihn immer trägst. Leg ihn nie ab.

Überlebensgürtel kann man bei den im Anhang genannten Expeditionsausrüstern fertig kaufen. Aber mir sind sie zu schematisch gepackt, zu wenig auf meine persönlichen Bedürfnisse zugeschnitten und zu teuer. Dafür sehen sie aber hübsch aus. Mein eigener ist häßlich, man könnte auch sagen zünftig, aber er ist preiswert und der reinste Wunderladen. Und er erfüllt mich mit Bastlerstolz.

Zunächst beschaffe ich mir einen gebrauchten Army-Leinengürtel. Er ist stabil, verstellbar und trocknet schnell, wenn er naß wird. Leder hingegen trocknet schwer, wird hart, brüchig und schimmelt.

An den Gürtel kommt dann ein scharfer Dolch. Nimm keinen aus Chromstahl. Der läßt sich nicht so gut schärfen. Ich habe mir immer gern einen Wellenschliff hineinarbeiten lassen. Mit ihm kann man Dosen öffnen und Bäume fällen. Die Schneide bleibt lange robust. Wenn ich eine glatte Klinge brauchte (z. B. zum Fellablösen beim Schlachten), hatte ich außerdem mein scharfes Klappmesser in der Hosentasche. Der

Dolch sollte eine Öse haben, um ihn mit einem Stück Perlonschnur gegen das Verlieren sichern zu können. Preiswert und gut für diesen Zweck sind auch die regelrechten Schlachtermesser, die man bei Gastronomie-Lieferanten und in großen Messer-Geschäften findet.

Des weiteren baumelt an meinem Ü-Gürtel eine Leinentasche. Auch sie gibt es billigst in den Army-Shops.

Willst du in wasserhaltige Gebiete wie Ozean, Wildwasserfluß, Regenwald – dann besorge dir als Einsatz für deine Leinentasche noch eine Weithals-Plastik-Schraubflasche von ca. 1/2 Liter Volumen, für all die Dinge, die nicht naß werden dürfen. Wenn ich gleich aufzähle, was ich alles in den Gürtel hineinpacke, wirst du dich wundern. Du wirst dich aber auch wundern, daß der Gürtel trotzdem nur wenig wiegt. Weder privat noch im Handel habe ich einen vergleichbar reichhaltigen gefunden. Der Handel dürfte ihn mit diesem Inhalt auch gar nicht führen:

Bleistift
Rasierklinge
Papier
Schere
Perlonschnur (Gardinenschnur)
2-Komponenten-Kleber
5 Angelhaken, klein (um Köderfische, Eidechsen etc. zu fangen)
5 Angelhaken, mittel (alle fertig mit Stahlvorfach oder an einer Kette)
Schlauch, 1 m, 10 mm Ø aus Zoohandlungen, zum Aussaugen kleinster Pfützen, zum Atmen beim Verstecken unter der Oberfläche
Metallspiegel mit Zentrumsloch zum Anblinken von Helfern (s. Kap. 46, Suchaktion/Notsignale)
Blumendraht
10 Leder-Nieten für schnelle Reparaturen (z. B. am Rucksack, Schuh, Gürtel)
Sicherheitsnadeln
Nähnadeln
Zwirn
Foto eines netten Menschen
Mundharmonika (für die ganz trostlosen Stunden)

Raketen-Signalgerät
Raketen
Kompaß
Landkarte
Sturmstreichhölzer in wasserdichten Plastikfläschchen oder Agfa-Filmdose
Gasfeuerzeug
Plexi-Brennglas (leicht, unzerbrechlich)
Malaria-Tabletten
Micropur zum Wasserentgiften
Schlafmittel für die eigene Ruhe und gegen böse Menschen
Antibiotica
mediz. Nähnadel m. Garn in steriler Verpackung
Spritzen, Nadeln
Antibioticum in Ampulle
Narkoticum für lokale Betäubung
Mullverband
Dreiecktücher
Pflaster
Pinzette
Sonnenbrille
elektronischer Insektenvertilger (hilft nicht gegen alle Plagegeister)
Säge (Stahlband)
Mini-Dosenöffner (um das Messer zu schonen)
Mini-Taschenlampe (Größe eines Kugelschreibers)
Kerze (Teelicht in Metallhülse)
Schmerztabletten
Captagon (Schmerz- und seelisches Aufheiterungspräparat, sog. »Psychotonicum«)
Pervitin für ein letztes Aufputschen
Zyankali für den letzten Ausweg (luftdichtes Mini-Schraubgefäß, Beschaffung schwierig)

In einem Leibgürtel aus Nylon, weitgehend wasserdicht, befinden sich:

Paß
Teil des Geldes
Tickets
Empfehlungsschreiben
Impfausweis

Die Universal-Aluminium-Folie steckt entweder auch in der Leinentasche oder sie hängt als Mini-Paket separat am Gürtel. Auf jeden Fall sollte man sie dabeihaben. Sie wiegt fast nichts und schützt gegen Hitze, Kälte, Staub, Regen, Insekten und ist ein gutes Signalgerät. Sie hat nur zwei Nachteile: ihre begrenzte Haltbarkeit und die Verursachung von Lärm durch Knistern bei kleinster Bewegung.

Last not least hatte ich auf manchen Reisen einen Revolver am Gürtel oder unter der Achsel (nicht etwa gegen Schweißbildung).

18. Notgroschen

Schon das kleine Kind sollte irgendwo zwei Telefongroschen und seine Anschrift bei sich haben.

Sobald man ein eigenes Portemonnaie besitzt, ich wünsche es jedem, sollte es nicht nur Großgeld beinhalten, sondern

4 Notgroschen fürs Telefonieren
eine Namens- und Anschriftkarte
2 Sicherheitsnadeln
2 Briefmarken
div. Wundpflaster
Zettel
Mini-Kugelschreiber
Streichhölzer

und in der Hose ein scharfes Taschen-, möglichst Spring-Messer.

Taschenmesser müssen nicht tausend Teile haben. Eine gute Klinge ersetzt Schere, Nagelreiniger, Dosenöffner, Korkenzieher und Flaschenöffner und ist nicht so schwer. Sie muß halt öfter geschärft werden. Das ist einfacher als Löcher in den überlasteten Taschen zu flicken.

19. Notamulette

Die Idee dazu kam mir, als ein Freund mit wenig Geld und viel Familie auf Weltreise im Unimog ging. Ich dachte, irgendwann könnte er in Schwierigkeiten geraten und nicht mehr weiterwissen. Dann sollte ihm das Amulett helfen.

Als meine Tochter mit zwölf Jahren verkündete, sie wolle in den Sommerferien mit einer Freundin allein nach Stockholm reisen, bastelte ich ihr ebenfalls ein solches Amulett. Mit der Anweisung, es nur im äußersten Notfall zu öffnen. Beide, mein Freund und meine Tochter, wußten nicht, was es enthielt.

»Oh, Gott«, wirst du nun schmunzeln, »jetzt wird Nehberg abergläubisch, packt einen Hühnerknochen an ein Silberkettchen und überläßt die so Umketteten dem Schicksal des Hühnergottes.«

Keine Angst. So ist es nicht. Ich habe ein leeres Plastikröhrchen genommen, in dem zehn Tabletten waren. Also ein kleines. Es ist unzerbrechlich und wasserdicht. Dahinein gab ich ein Briefchen. Etwa des Inhalts, daß er/sie nun offensichtlich in der Patsche säße und nicht weiterwisse. Aber wozu hätte man schließlich Freunde. Dazu etwas Persönliches. Dann seien vielleicht die hundert US-Dollar die Rettung. Damit kann man satt werden, jemanden bestechen, oder daheim anrufen und die Situation erklären, Hilfe herbeiholen. Darüber hinaus befinden sich in dem Röhrchen zwei Schmerztabletten, ein Stimmungsmacher (das Psychotonikum Captagon) und Minifotos der besten Freunde.

Das Ganze ist dann zugeklebt und in Leder genäht, rustikal, dekorativ mit Fransen und an einer Lederschnur hängend. Man kann es am Hals oder in der Tasche tragen.

Wer wirklich in einer Klemme sitzt und nicht weiß, was im Amulett ist, für den ist dieser praktische Gruß eine echte Hilfe.

20. Notvorrat zu Hause

Wupps! Der Strom fällt aus. Ein Sturm reißt Dächer von den Häusern, eine Lawine schneidet dich vom Dorf ab, Hochwasser, Schneemassen, Katastrophen. Du sitzt urplötzlich und unvorbereitet allein in deinem Haus. Die Retter haben andere Probleme. Viele Leute sind verschüttet, verletzt. Du aber lebst noch. Es wird kalt im Haus, denn die Ölheizung funktioniert nur, wenn auch Strom da ist. Der Kühlschrank ist leergegessen. Einzukaufen gibt es nichts.

Für solche Fälle gehört in jedes Haus ein Notvorrat. Nach den norddeutschen Katastrophen, die ich im Vorwort schon erwähnte, empfahlen Innenminister und Zeitungen, welcher Art diese Vorräte sein müßten. Die Lehrerin meiner Tochter ließ die Kinder selbst darüber nachdenken, was man sicherheitshalber zu Hause haben sollte. Und zwar auch dann noch, wenn zehn Jahre lang nichts passiert ist. Dies kam dabei zur Sprache:

> Ölunabhängiger Kohleofen nebst Brennstoff für 4 Wochen
> Warme Garderobe
> Transistor-Radio mit frischen Batterien
> Wasser (in lichtdichtem Behälter gegen Algenbildung)
> Erste-Hilfe-Kasten
> Zucker
> Reis
> Haferflocken
> Salz
> Mehl
> Pflanzenöl
> Konserven (Gemüse, Fisch, Fleisch)
> Zwieback
> Kakao
> Trockenobst
> Sofortkaffee
> Tee

Trockenmilch
Trockenei
Streichhölzer
Kerzen
Taschenlampe
Campingkocher mit Brennstoff
Schlafsäcke
Dokumentenmappe nebst Geld stets griffbereit.

Das mag sich recht aufwendig anhören, ist es aber gar nicht, wenn man bedenkt, daß die verderblichen Dinge immer mal wieder verzehrt und gegen frische ausgetauscht werden, daß man sie ohnehin einkaufen müßte.

Die Vorräte sollten zudem mäuse- und staubsicher in Kisten verpackt und mit Datum und Inhaltsverzeichnis versehen werden.

21. Sprachliste

Es ist unmöglich, alle Sprachen zu beherrschen. Selbst wenn du im Einzelfalle die offizielle Landessprache erlernt hast, kann es sein, daß die Volksstämme, zu denen du willst, keine Silbe verstehen. Wie eh und je spricht jede Volksgruppe ihre eigene Sprache, oft ausschließlich. In fernen, streng stammesgegliederten Landstrichen weit ausgeprägter als bei uns in Europa.

Die Leute zu verstehen, ihnen zumindest ein paar Freundlichkeiten sagen zu können, verleiht dir eine vorrangige Position. Die Aussprache kann noch so falsch sein – man wird dein Bemühen honorieren mit Aufgeschlossenheit und Gastfreundschaft.

Über viele Sprachen gibt es keine Lexika, geschweige denn, Sprachführer. Aber es gibt in den Randgebieten Menschen, die dir weiterhelfen können: Zugewanderte, einheimische Lehrer, Händler, Markttreibende, Regierungsbeamte. Gern wird jeder deine kleine Wörterliste ausfüllen helfen. Denn wer erteilt nicht gern Rat, wenn er darum gebeten wird?

Die Wörterliste, dieses Provisorium, das ich meine, umfaßt nur rund hundert Wörter. Hundert Wörter sind eine gewisse Elementar-Basis jeder Sprache. Sie kommen am häufigsten vor. Mit ihnen kann man sich weitere Vokabeln erarbeiten. Es wird dir Mut machen zu wissen, daß man mit nur tausend Wörtern 80% des Normaltextes einer Sprache erfassen kann.

Jeder Reisende muß die Liste auf sich persönlich zuschreiben: will er unbedingt Schlangen fangen, braucht er das Wort Schlange, bei den Eskimos: Schnee, Schlitten, Iglu und in der Wüste Palme, Dattel, Sand, Kamel usw.

Grammatik und Schreibweise kannst du bei Kurz-Visiten ebenfalls vergessen. Schreibe alles in Lautschrift.

Und das hier wäre mein Vorschlag:

Arzt	Gegenteil
Auf Wiedersehen	geh weg!
Berg	gelb
bitte!	Geld
blau	Gemüse
braun	genug
Brief	geradeaus
Brot	gestern
Brücke	gibt es (= Haben Sie ...)
danke	groß
Ding	gut
dort	guten Tag
du	Haus
Durst	heiß
Ei	heute
Entschuldigung!	hier
Essen	Hilfe
Fisch	Hunger
Fleisch	ich
Fluß	ich habe
Frau	ich möchte

ich möchte nicht	schlecht
ihr	schnell
ja	schwarz
kalt	See, der
Kind	Sonne
klein	Stern
können	Tag
komm!	Tee
krank	teuer
langsam	Tier
lernen	Toilette
links	trinken
Mann	und
Medizin	viel
mehr	Waffe
Mensch	wann?
Mond	was?
nach (Richtung)	was kostet?
nah	Wasser
Nahrung	warum?
Nacht	Weg
nein, nicht	weiß
Obst	wer?
Polizei	wie heißt das?
Post	wieviel?
rechts	wir
rot	wo ist
sagen	wollen
Salz	Wort
schlafen	Zucker

Zahlen: 0, 1, 2, 3, 4, 5, 6, 7, 8, 9, 10, 11, 12, 13, 14, 15, 16, 17, 18, 19, 20, 21, 30, 40, 50, 60, 70, 80, 90, 100, 200, 1000.

Die
> Grußformeln
> Wie teuer?
> Die Zahlen und
> Danke

sind von alledem wohl die wichtigsten.

Spezielles

22. Informationssammlung

Wer Zeit sparen, wer Kosten senken will, und wer die Chancen für einen Erfolg vergrößern möchte, muß sich vor seiner geplanten Reise informieren. Zum Teil kann man das bereits zu Hause. Den Rest macht man vor Ort.

Da gibt es Bücher, die Tips der Reisebüros und Berichte von Leuten, die schon vor einem dort waren. Zumindest in ähnlichen Gebieten. Bei ganz extravaganten Vorhaben helfen einem häufig auch die deutschen diplomatischen Auslandsvertretungen mit Informationen. Sonst Handelsunternehmen und Missionsdienste. Die besten Quellen sind Leute, die dasselbe versucht haben. Sie kann man löchern mit Fragen, von ihnen bekommt man vor allem seine individuellen Fragen beantwortet. Sie können Tips geben, auf die man allein nicht kommen kann. Das wiederum ist entscheidend für die Ausrüstungsliste.

Im Zielland spätestens ist es ein Leichtes, die wenigen Experten aufzuspüren, die einem mit Rat und Tat weiterhelfen können. Sind es Landsleute oder Gleichrassige, tun sie es bestimmt gern.

Trotzdem sollte man jeder Information mit »gesundem Verstand« begegnen (Erspare mir, das zu definieren! Danke.). Es gibt vorsichtige Informanten, Aufschneider, Lügner und Draufgänger. Du selbst bist schließlich auch ein Individuum.

Sehr skeptisch darf man die pauschalen Ratschläge »der Einheimischen«

bewerten. Das gilt für Oberammergau genauso wie für den Dschungel von Guayana. Die meisten Anwohner kennen ihre Umgebung nicht aus der Abenteurer-Perspektive (Peter Lechhart: »In Oberammergau gab es 1970 keinen einzigen Extrem-Bergsteiger.«) oder sie sind beeinflußt z. B. von Aberglauben und Vorurteilen (»Da gibt es böse Geister« ..., »Die Indianer sind heimtückische Mörder« ...).
Bilde dir dein eigenes Urteil nach Anhören vieler Meinungen. Im Zweifelsfalle wäge ab, ob du der angedrohten mißlichen Lage gewachsen wärest.

23. Partnersuche

Geteiltes Leid, ist halbes Leid.
Geteilte Freud, ist doppelte Freud.

Du hast den großen Coup im Alleingang vor? Dann interessiert dich dieses Kapitel nicht.
Oder du willst mindestens zu zweit los. Aber der Partner fehlt. »Sag mir auf jeden Fall Bescheid, wenn Du wieder so was Verrücktes machst. Ich mache mit.«
Wenn du in einem Prozent solcher Fälle Glück hast, daß der Betreffende Wort hält, möchte ich der erste sein, der dir gratuliert. Wenn eine große Reise Formen annimmt, hört sich das nämlich meist so an:
»Ich könnte mich in den Hintern beißen! Gestern habe ich mit meinem Chef (auch: Freund/in, Frau, Mann, Mutter, Kind) gesprochen. Und der hat es strikt abgelehnt. Ich könnte natürlich trotzdem, aber Du weißt ja selbst ... Deshalb muß ich leider ...«
Partnersuche ist schwer. Oft findet man unterwegs eher den guten Begleiter als zu Hause.
Früher habe ich es immer in derjenigen Tageszeitung meiner Heimatstadt versucht, die den größten spezifizierten Anzeigenteil aufzuweisen hat. Das war und ist in Hamburg das Hamburger Abendblatt. Und hier

wieder die Rubrik »Verschiedenes« am Wochenende. Es ist die sicher meistgelesene Anzeigen-Rubrik, weil sie das Sammelbecken aller Sonderwünsche darstellt. Inseriere aber nie chiffriert! Die meisten Menschen schreiben ungern, das heißt: gar nicht. Das kann zwar ein Grund zur Disqualifikation sein, weil man daraus folgern könnte, der Bewerber sei nicht flexibel und clever genug. Dafür ist ein kurzes Telefonat unkompliziert und für den ersten Touch ausreichend. Der neugierige Zeitungsleser will sofort wissen, was da gemeint ist. Also: Telefon. Durchschnittsecho bei mir: 15 Meldungen. Fünf davon für die engere Wahl.

Inzwischen habe ich dieses Problem nicht mehr, weil ich mir durch Publikationen aller Art einen größeren Bekanntenkreis erschlossen habe.

Andere brauchbare Quellen sind:

(Kostenpflichtig)

Inserieren in: Der Trotter*
                      Mittenwalder Straße 7
                      1000 Berlin 61

Aushang oder Anfragen bei Globetrotter-Fachgeschäften.

Okay. Das hast du gemacht. Irgendwann kommen die ersten Meldungen und damit beginnt die Qual der Wahl.

Nimm nicht vor Glück den erstbesten Bewerber! Fahr lieber allein, solange du ein ungutes Gefühl hast. Halt dir bei allen Bewerbern einen Ausstieg offen. Sag, es hätten sich noch einer oder zwei gemeldet, und dann hast du dich eben für einen von diesen entschieden. Halt dir immer vor Augen: Nichts ist schlimmer als ein falscher Partner.

Rede lange mit deinen Bewerbern: Beruf, Hobby, Liebe, frühere Unternehmungen ... Irgendwo merkst du: gleiche Welle oder verkehrter Dampfer. Erspare dir Wellen-Salat, laß zweifelhafte Typen abdampfen!

Ich kannte eine Reisegruppe. Fünf Männer wollten für sechs Monate alles Bürgerliche hinschmeißen und mit dem Unimog nach Fernost. Ein

---

* Info-Heft der Deutschen Zentrale für Globetrotter

ganzes Jahr lang hockten sie zusammen und heckten Pläne aus, bastelten am Fahrzeug, genossen die Vorfreude. Ihre Familien bezeichneten die Begeisterung der fünf als unnormal und rücksichtslos. Die fünf Männer interessierte das nicht. Sie träumten von nichts anderem als dem großen Abenteuer auf der freien Landstraße in der fernen Welt.

Endlich ging es los. Die fünf Freunde waren noch nicht außer Landes, als die ersten Querelen begannen. »Fahr nicht so schnell. Laß mich mal am Fenster sitzen. Jetzt will ich mal fahren.«
In Jugoslawien kaufte sich der erste ein eigenes Zelt, weil er die Partner unerträglich fand. In Istanbul, Weihnachten, nach nur drei Tagen, war der Krach nicht mehr reparabel. Einer von ihnen kaufte immerhin noch eine Tüte voll Orangen, um sie als Geste des Friedens anläßlich des Festes zu spendieren. Er hatte sie auf den Tisch gelegt mit einem kleinen handgemalten Gruß dazu. Statt des Dankes flogen sie ihm um den Kopf. »Du sentimentaler Arsch! Komm mir doch nicht so. Hier hast du sie wieder. Steck sie dir sonstwo hin.«
Die Reise endete bereits in Istanbul. Mit einer wüsten Schlägerei. Und es gibt andere Gespanne, deren gute Vorsätze weit schlimmer endeten.
Als ich noch Partner für meine Blaue-Nil-Erstbefahrung suchte (Problem: Wildwasser, fremdenabgeneigte Einheimische, 1000 km), meldete sich einer, der gleich die Leitung übernahm:
»Sie wollen den Blauen Nil befahren. Ich auch. Ich setze voraus, daß Sie sich bereits vorgebildet haben, daß Sie wissen, was auf Sie zukommt.«
Sein Redefluß war kaum zu stoppen. Mir blieb gerade die Zeit zu nicken.
»Ich habe alles gut durchdacht. Die Lösung, den Blauen Nil erstmals zu befahren, heißt: Katamaran. (1/10 Sekunde später dachte ich: A...ch!) Es ist mir klar, daß der oft stecken bleibt. Deshalb muß ein Landrover mit. Der ihn rauszieht. (1/10 Sekunde später dachte ich erneut: A...ch!) Und überhaupt, seien wir doch ehrlich, abends will man seinen Boy, der einem den Tee serviert und kühlen Whisky.« Normalerweise hätte

ich diesen Experten jetzt schon rausgeschmissen. Aber die Neugier überwog. Der Oberspinner verschlug mir auch ein wenig die Sprache. Es entstand unsere einzige Gesprächspause, die er nutzte, um seine Pfeife mit viel Zeremoniell zu stopfen.

»Sicher wissen Sie auch«, fuhr er dann wohlgefällig fort, »daß die Nil-Bewohner den Blauen Nil Gelben Nil nennen, und daß sie Krokodile gezähmt haben, die nachts ihre Dörfer bewachen und die sogar bellen?!!«

Selbst Maggy, meinem Eheweib, das meine Reisen nun bereits jahrelang toleriert, war dieses Geschwätz zu dumm. Sie räumte demonstrativ den Tisch ab und meinte: »Entschuldigen Sie. Wir müssen gleich gehen. Wir sind eingeladen.«

Wesentlich beim Auswählen der Partner war für mich in erster Linie die Sympathie. Dann kam lange nichts und erst danach entschieden Qualifikationsmerkmale wie

> sportlich?
> diplomatisch?
> friedliebend?
> Erfahrung im Reisen?
> kann er kochen?
> schießen?
> schlachten?
> Sprachen?
> fotografieren?
> Ist er abhängig von Tabak, Alkohol etc.?
> vertragsbereit?
> unabhängig?

Eine der wichtigsten Voraussetzungen für alle, die etwas Gemeinsames unternehmen: Kompromißfähigkeit. Wer die nicht mitbringt, wer nur seine eigenen Ziele verfolgt, wird bald mit allen in Fehde liegen.

Von Anbeginn einer Reise ist es wichtig, daß man alles bespricht. Daß nicht einer alles an sich reißt, was andere auch gern täten. Es ist ebenso unerläßlich, daß man sich gegenseitig aufmuntert, lobt und schont, wenn eine Möglichkeit sich dazu bietet.

Eine derart enge Lebensgemeinschaft ist nämlich besonders anfällig für Störungen. Man steht unter Leistungszwang, Zeitnot, ist voller Illusionen und dreht dann durch, wenn der Plan nicht erwartungsgemäß abspult. Man legt sich mit den Freunden an, den Behörden, den Landesbewohnern. Eine Reise auf eigene Faust, die man noch nie vorher gemacht hat, kann nicht generalstabsmäßig verlaufen. Toleranzen für Widernisse müssen fest vorprogrammiert sein.

Reisepartner, die dazu nicht in der Lage sind, sind für Gruppenreisen ungeeignet. Sie müssen entweder ganz allein oder mit Großunternehmen à la Kleckermann fahren, wo jeder Pup festgelegt, behördlich sanktioniert ist und auch – sie haben's ja bezahlt – im richtigen Moment über die Bühne rauscht.

Zur Kameradschaft gehört ferner die absolute Zuverlässigkeit. Jeder muß wissen, daß er sich auf jeden verlassen kann. Das kann man im kleinen täglich beweisen und damit ein Vertrauen aufbauen, das unerschütterlich ist, das man in deprimierendsten Situationen dringend braucht, um die Kraft zur Rettung zu gewinnen.

Ich kenne den Fall zweier politischer Häftlinge in Persien, denen der Ausbruch aus dem Gefängnis gelang. Schon in der Freiheit, traf den einen doch noch eine Kugel in die Ferse. Er blieb liegen. Ihn dort wegzuzerren war unmöglich, weil der Platz Sekunden später mit Feuer aus Maschinenpistolen bestrichen wurde. Der entkommene unverletzte Freund wurde mit seiner Freiheit nicht recht froh. Er machte sich Vorwürfe, den anderen im Stich gelassen zu haben. Eine Chance, den Freund von außen her zu befreien, schien ihm nicht gegeben. Er ging freiwillig zurück ins Gefängnis. Den Verletzten, der von alledem nichts wußte, hatte das Mißgeschick so niedergeschlagen, die Hoffnung auf eine erneute Flucht hatte er nicht mehr, so daß er kurz vorm Selbstmord stand, als ihm die Nachricht zugeschmuggelt wurde, daß sein Freund sich »zurückgemeldet« hatte.

Das richtete ihn schlagartig auf. Seine Verwundung verheilte.

Er wurde aus dem Gefängnis-Spital in die Zelle entlassen. Natürlich hielt man die beiden getrennt, aber sie blieben in brieflichem Kontakt und konnten neue Pläne schmieden. Das hielt sie hoch.

Der Sturz des Schah-Regimes brachte ihnen unerwartet die Freiheit, wenn auch das neue Ayatollah-Regiment ihnen sicher nicht das bot, was sie erwartet hatten, so hatten sie eins aber kennengelernt, die Kameradschaft und die Achtung vor sich selbst.

Von erheblicher Bedeutung ist auch die Frage: gleich- oder andersgeschlechtliche Partner.

Ist man ledig und fährt man zu zweit, und ist das Vorhaben nicht tatsächlich lebensgefährlich, kann ein Paar die Idealverbindung sein. Nicht nur aus sexuellen Gründen, sondern weil Reisen mit Partnern des anderen Geschlechts – Sympathie und mehr vorausgesetzt – unvergleichlich impressiver sind.

Eine solche Gemeinschaft hat auch einer guten Mann-Mann- oder Frau-Frau-Kameradschaft noch vieles voraus.

In meinem Falle schieden Frauen dennoch aus: Ich bin verheiratet. War ich schon glücklich genug über das Privileg, überhaupt unbefristet verschwinden zu können, sollte meine Frau nicht noch monatelang darüber grübeln müssen, ob ich nach der Rückkehr wieder mit ihr oder der Reisepartnerin weiterleben würde. Denn eines ist bestimmt jedem klar: Bewährt sich eine Frau-Mann-Partnerschaft auf einem langen Trip, dann entstehen auch sehr starke zwischenmenschliche Bindungen, die nur schwer auflösbar sind.

Aber grundsätzlich scheidet eine Frau beim Zweier-Team eigentlich nur dann aus, wenn ihr selbst die Strapazen unzumutbar erscheinen. Anders ist das bei größeren Gruppen. Ab drei Personen. Als ich für eine Reise einen dritten Mann suchte meldete sich eine Frau. Sympathie war vorhanden, Qualifikation ebenfalls. Aber auch mein Partner fand sie gut.

»Wie wollen wir das halten, wenn wir sie beide mögen und wir drei Monate allein im Busch sind?«

Mein Partner hatte genau das Problem getroffen.

Oder umgekehrt: Ist jeder von uns beiden stark genug, dem anderen sein Glück zu gönnen oder wird er eifersüchtig und sauer? Dann wäre die Reise verdorben.

Das sind Fragen, über die man sich sehr genau im klaren sein sollte. Zwei Männer, lange allein in der Wildnis mit einer Frau, die sich in kameradschaftlichster Weise in dieses Trio einfügt, wird fast immer beider Begleiter Herz für sich schlagen haben. Und dann? Wir fragten unsere Bewerberin, wie sie selbst das Problem sähe.

»In dem Falle würde ich mich teilen«, meinte sie treuherzig.

Sobald es neben den ohnehin auftauchenden allgemeinen Problemen noch zwischenmenschliche gibt, wird die Reise darunter leiden. Darüber muß man sich genau im klaren sein. Und jeder wird es für sich – und von Reise zu Reise erneut – entscheiden müssen.

24. Verträge

Du hast einen Partner gefunden. Von ihm – wie von dir selbst – hängt es nun ab, ob dein Vorhaben gelingt. Du investierst einiges an Geld und Zeit und möchtest nicht nach drei Tagen im Stich gelassen werden. Außerdem kam die Idee zur Reise von dir. Du hast die ganzen Informationen gesammelt. Du willst das Resultat der Unternehmung auswerten: Diplomarbeit, Zeitschriftenberichte, Buch, Vorträge, Film. Der andere setzt sich jetzt ins gemachte Nest. Oder er ist auf seinem Gebiet ein Experte, von dessen Tüchtigkeit der Erfolg deines Vorhabens abhängt.

Da müssen klare Linien gezogen, da sollte ein Vertrag gemacht werden. Selbst wenn dein Partner noch so sympathisch ist und ein Vertrag wie ein Mißtrauen wirkt, so sollten sich beide Vertragsschließenden vor Augen führen: Sie kennen ihr eigenes Verhalten in Extrem-Situationen nicht und schon gar nicht – im Todesfalle – das der Verwandten.

Wer nicht bereit ist, einen Vertrag zu unterzeichnen, führt etwas im Schilde. Er scheidet aus.

Meine Verträge gliederten sich in neun Abschnitte.

1. Die Partner

Hierzu gehören die Personalien nebst Telefon, Konto-Nummer, Anschrift der Eltern.

2. Start-Dauer-Ziel
Wann und wo starten wir? Ist die Reise nach einer bestimmten Zeit beendet oder wenn ein vereinbartes Ziel erreicht ist? Soll das Ziel per Auto, zu Fuß, im Segelboot oder mit Schlittenhunden angesteuert werden?

3. Aufgaben
Du willst auf der Reise wissenschaftliche Daten sammeln, fotografieren, filmen, Tonaufnahmen machen, Pflanzen sammeln, einen bestimmten See umrunden, einen Berg ersteigen und sonst noch tausend Dinge tun. Wer von euch ist konkret für was zuständig? Wer hilft darüber hinaus wem? Keinesfalls darf es heißen: »*Nur* xy kocht«, sondern »xy kocht«. Darüber hinaus »Jeder muß jedem helfen«.

Wer schreibt hinterher das Buch? Wer macht den Film? Es geht ebensowenig, daß drei Personen einen eigenen Film drehen, noch daß drei Personen am Film mitbestimmen. Viele Köche verderben den Brei. Hat man eigens einen Filmer mitgenommen, dann muß man seine Qualifikation akzeptieren. Er wird sich ja irgendwie mit alten Arbeiten ausgewiesen haben, und man hat sie für gut befunden. Dann sollte man ihm auch während der Reise freie Hand lassen. Etwas anderes ist es, wenn man selbst der Regisseur ist und verantwortlich zeichnen soll und der Kameramann als »Angestellter« mitgeht.

4. Kostenteilung
Bei partnerschaftlichen Vorhaben trägt jeder die gleiche Last. Wer weniger zahlt, kann auch weniger mitbestimmen. Kosten, die entstehen, sollten sofort geteilt und beglichen werden. Wer hat was zu stellen? Einer hat vielleicht schon das Zelt, der andere die Kameras. Jeder muß etwas Äquivalentes mitbringen oder es kaufen. Es bleibt sein Eigentum, Benutzungsgebühr sollte nicht erhoben werden.

Außerdem hat jeder sein individuelles Gepäck: Schlafsack, Rucksack, Foto von Sybille u. ä.

5. Gewinnteilung
Bei Gleichberechtigung werden natürlich auch die Einnahmen

gleichmäßig geteilt. Sie können für Illustriertenberichte, Interviews oder den Filmverkauf eingehen. Hat jemand Privilegien?

Da die Ideen und die Vorplanung zu den meisten meiner Reisen von mir kamen, hatte ich z. B. das Vorrecht, als einziger ein Buch schreiben zu dürfen und dann natürlich die anfallenden Tantiemen zu beanspruchen.

Wer Vorträge hält, sollte auch das dafür gezahlte Honorar behalten können. Wenn man es teilt und versteuert, bleibt sonst nichts mehr übrig.

Was geschieht hinterher mit Sachspenden von Firmen? Man kann sie verkaufen und sich das Geld teilen oder Reiseteilnehmer können sie selbst erwerben zu einem Preis, den man auch auf dem Markt bekäme.

Nach einer bestimmten Zeit sollte die Vertragsgemeinschaft gelöst werden.

Wir hatten vereinbart: »Zwei Jahre nach Rückkehr.« Man sollte sich nicht wegen einer Bodensee-Durchschwimmung oder Sahara-Durchquerung auf einem Rasenmäher lebenslänglich miteinander verkletten und verketten. War es eine harmonische Reise, bleibt die Verbindung ohnehin lebenslänglich. Sollte einer der Partner tödlich verunglücken, so schalte auf jeden Fall das Mitspracherecht der Erben aus.

Wir hatten das so formuliert:

Stirbt einer der Partner, geht sein Anteil an dessen unter Punkt 9 genannten Erben.

Diese Erben haben in *gar keiner Weise* irgendein Mitspracherecht, das die Art und Weise der Veröffentlichung betrifft. Nur die Überlebenden der Expedition entscheiden, wie sie ihre Arbeit auszuwerten gedenken.

Die optischen, akustischen und schriftlichen Resultate der Expedition bleiben Eigentum der jeweils überlebenden Partner. Sie sind so lange nicht an Außenstehende vererbbar, wie noch einer der Partner lebt.

6. Eigentumsregelung

Wem gehört das Film-Original, wer kann sich Kopien ziehen lassen? Wem bleiben die Original-Dias, wer darf Duplikate haben? Wer bezahlt die Kopien?

7. Austritt, Ausschluß

Jeder kann jederzeit ausscheiden. Aber: Wer *vor* der Reise oder *während* dieser (vor einem gemeinsam beschlossenen Ende) ausscheidet, hat keinen Anspruch auf Ersatz geleisteter Investitionen. Ausnahme: Krankheit oder Unfall.

Als Konventionalstrafe werden vereinbart: Verlust jeglichen Mitspracherechts, Gewinnanteils und Gemeinschaftseigentumanteils, eventuell noch Extrazahlungen, wenn durch das Ausscheiden die Reise abgebrochen werden muß.

8. Allgemeines

Wenn du auf eine finanzielle Auswertung deiner Reise angewiesen bist, sollten alle Publikationen unter demselben Titel laufen, damit eine für die andere wirbt. Beispiel: Erstbefahrung des Blauen Nil. Und nicht: Abenteuer auf einem Fluß; Erlebnisse in Äthiopien; eine Wildwasserreise.

Ferner muß geregelt sein, was bei Meinungsverschiedenheiten passiert. Bei uns entschieden die Mehrheit oder das Los, und ich hatte das Glück, daß sich alle Partner immer danach gerichtet haben.

Du siehst – es ist doch allerhand, was da auf einen zukommen kann.

Generell ist mein Grundsatz immer der der Gleichberechtigung. Kleinstgruppen können sich nur dann voll entfalten, wenn jeder mitverantwortlich ist und Desinteresse, Nachlässigkeit oder gar Sabotage auch ihm selbst schaden.

Deshalb kannst du als Initiator trotzdem »Primus inter pares«, der Erste unter Gleichen, sein. Aber das solltest du mehr durch deine Persönlichkeit als durch Vertragsbestimmungen sein. Anschließend führt ihr noch eure Erben auf. Und dann liegt es an dir, den Vertrag von einem Notar sanktionieren zu lassen oder nicht. Wenn es um viel Geld geht, wäre die Absicherung wohl empfehlenswert. Wenn du's nicht tust, unterzeichnet wenigstens jede einzelne Vertragsseite mit voll ausgeschriebenem Namen.

Im Laufe der Zeit wird sich nun herausstellen, ob deine Partnerwahl richtig war.

Das beste Team ist das, das nach Leistung der Unterschriften nie wieder den Vertrag in die Hand zu nehmen braucht.

25. Das Testament

Nur Habenichtse sind vom Schreiben eines Testaments und dem Lesen dieses Kapitels befreit.

Alle sonstigen Mitmenschen, vom Fahrradbesitzer über den Kleinsparer bis hin zum Großkapitalisten sollten sich rechtzeitig zu Lebzeiten Gedanken machen, wer ihre Hinterbleibsel erben soll.

Eine riskante Reise ist spätestens der nötige Anlaß. Oder willst du, daß Leute deine Ersparnisse verjubeln, die du gar nicht magst? Andererseits ist gerade das Testament eine Gelegenheit, guten Freunden ein letztes Dankeschön zu sagen. Wer Verantwortungsgefühl besitzt, klärt seine Vermögensverhältnisse.

Um ein gültiges Testament verfassen zu können, muß man 16 Jahre alt sein und nicht nur Tassen besitzen, sondern sie auch alle im Schrank haben.

Das *Eigenhändige Testament* muß ganz mit der Hand geschrieben, mit Ort und Datum versehen und unterzeichnet sein.

Das *Öffentliche Testament* wird mündlich vor einem Richter oder Notar abgegeben, oder – als Not-Testament – vor mindestens drei Zeugen. Eine solche Notwendigkeit kann sich sehr schnell ergeben bei einem Unfall. Überlebt man den Unfall, verliert das Not-Testament nach drei Monaten seine Gültigkeit. Davon unabhängig kann jedes Testament jederzeit widerrufen werden.

Eheleute können ein *Gemeinsames Testament* errichten. Einer schreibt es und beide unterzeichnen.

Ein Testament soll sicher und auffindbar verwahrt werden. Um Formfehler zu vermeiden und es unanfechtbar zu machen, empfiehlt sich der

Testamentsabschluß vorm Notar. Das kostet natürlich einiges, ist aber sicherer.
Für den Fall, daß die Erben das Erbe ausschlagen oder ebenfalls umgekommen sind, sollte man gleich Ersatzerben nennen.
Einem Testament sollte eine Vermögensübersicht beigelegt werden. Man kann Notfall- und Nachlaßmappen mit allen in Frage kommenden Vordrucken und Gedächtnishilfen kaufen (z. B. Neuer Handelsverlag, Hauptstraße 12, 8939 Wörishofen). Für Ehefrauen, die des Erbantritts – sprich Umgang mit Behörden – nicht geübt sind, empfiehlt sich eine sogenannte Witwenanleitung.

26. Die Witwenanleitung

Es ist gar nicht so einfach, eine gute Witwe zu sein. Ein Leben lang hat der Ehemann das Finanzielle besorgt, und die Angetraute weiß kaum, wo die ganzen Finanzen verstreut sind. Natürlich hat man mal darüber gesprochen. Aber das ist Jahre her. Und da heute alle Verpflichtungen per Bankabruf oder Dauerauftrag erfolgen, hat man Details längst vergessen. Das geht mir bei meinen eigenen Angelegenheiten ebenso.
Deshalb schuldet man seiner Witwe geradezu eine Gebrauchsanweisung fürs Alleinsein. Sie sollte ihr darüber Auskunft erteilen, welche Versicherungen nun zur Kasse gebeten werden dürfen, wessen Vollmachten für Bankkonten erlöschen, wer Schlüssel für was hat, ob und wo man Wertgegenstände untergebracht hat, wo Sparverträge, Ratenzahlungen, sonstige Verpflichtungen laufen, welche Versicherungen gekündigt werden müssen, wo man Teilhaber, wo man Eigentümer ist und wen man der Witwe als Berater in wirtschaftlichen und finanziellen Dingen empfiehlt.
Ich möchte die Witwe sehen, die eine solche Anleitung nicht als Erleichterung empfindet.

27. Ausrüstungsliste

So wichtig wie der gute Partner, ist die richtige Ausrüstung. Sie ist entscheidend dafür, ob man sein Ziel erreicht und ob man gesund zurückkehrt. Viele Ausrüstungsteile müssen nicht teuer sein, um als gut zu gelten. Man muß nur wissen, wo was aufzutreiben ist. Soll es für eine oder viele Reisen halten? Vor allem muß man lernen, sich nicht zu überladen.

Sobald man sein Reiseziel klar festgelegt hat und um die Probleme weiß, die einen erwarten, kann man daran gehen, die Liste zu erstellen. Das meiste davon wird man auf Anhieb aus dem Ärmel schütteln, aber viele Kleinigkeiten werden einem noch nach Tagen einfallen. Man notiert sie auf Schmierzetteln, die man irgendwann systematisch zusammenfaßt in der eigentlichen Ausrüstungsliste. Sowohl bei der Anschaffung wie beim Packen wird jedes Teil sorgfältig abgehakt.

Die Ausrüstung gliedert sich grob gesehen in zwei Teile: das, was man am Körper zu tragen gedenkt und das, was anderweitig transportiert wird, sei es auf dem Fahrrad, Auto, Boot oder Maultier.

Wenn man meint, alles aufgeschrieben zu haben, wird man in vielen Fällen überlegen müssen, ob das ganze nicht zu schwer ist. Das betrifft besonders die Marschierer, die Kanuten und weniger die Autofahrer. Ist das der Fall, muß gestrichen werden. Man kann sich die Welt auch mit einem federleichten Rucksack erschließen. Das setzt nur etwas Erfahrung voraus, gedrosselte Ansprüche an den Komfort und drastisch reduzierte Auswertungsmöglichkeiten (kein Filmen, Fotografieren, Sammeln etc.). Auch sollte in der Liste klar ersichtlich sein, was man in der Heimat kauft und was am Zielort. Es erspart hohe Frachtkosten.

Ich begann meine Reisen meist mit dem Anlegen eines Tagebuches. Mit der Schere schnitt ich die ersten dreißig Seiten so zurecht, daß am Rand ein Register entstand. Dort konnte ich ablesen:

 1. Ausrüstung
 2. Adressen

3. Versprechen
4. Drehbuch
5. Recherchen
6. Pläne nach Rückkehr
7. Tagebuch

Zu Punkt 6: Pläne nach Rückkehr

Besonders unterwegs, wo sich endlose Stunden der Muße ergeben, kommen einem Ideen.
Ideen, wie man die Reise auswerten könnte, sich beruflich weiterentwickeln, einen neuen Trip ins Auge fassen – kurz: wie man sein Leben verändern, verbessern könnte. Eine Reise hat auf mich jedenfalls immer die Wirkung wie auf viele Mitmenschen Silvester: ab jetzt wird man »alles« ändern. Und das trage ich unter Punkt 6 ein.

5. Recherchen

Damit meine ich im voraus notierte Themen, denen man im Zielland auf den Grund gehen könnte, weil sie eine Bereicherung des geplanten Buches, des Filmes darstellen, z. B. Indianer-Verfolgung in Brasilien, Alltag eines Missionars am Rande der Wildnis ...

4. Drehbuch

Wenn man vorher noch nicht weiß, wie die Tour verlaufen wird, ist es unmöglich, ein endgültiges Drehbuch zu skizzieren. Wohl aber kann man wahllos Themen notieren, die man unterwegs bei Gelegenheit nach und nach abdreht und fotografiert. Stürmen die unkalkulierbaren Ereignisse der Reise erst einmal auf dich ein, vergißt du sehr schnell, daß bei Senhor Feireiro die Nahaufnahmen der hübschen Boa gemacht werden könnten, im Museum für Naturkunde der anschauliche Termitenbau und im Touristenbüro die herrlich bebilderte Landkarte.

3. Versprechen

»Herr Nehberg, ich hörte, Sie fahren nach Brasilien?«
Irgendein Fremder, der allenfalls 1 × wöchentlich zwei Brötchen bei mir kauft, steht vor mir, kippt seinen Kopf auf 45° und lächelt. Anzei-

chen dafür, daß er etwas haben will. Ich nicke nur. Anzeichen dafür, daß ich möglichst nichts geben will.

»Ich bin Ornithologe müssen Sie wissen. Und dort in Brasilien gibt es diese seltenen xy-Papageien. Könnten Sie mir davon nicht ein Paar mitbringen? Ich will Sie natürlich bezahlen ...«

Gerade die Stubenhocker sind es, die die eigenartigsten Souvenirs mitgebracht haben wollen, und die sich nicht ausmalen können, welche Belastungen damit für den Reisenden verbunden sind.

Aber es gibt andererseits auch gute Freunde. Solche, die einem selbstlos bei den Vorbereitungen geholfen haben oder solche, die alles dransetzen würden, dich im Ausland aus der möglichen Patsche zu holen. Man hat Mitarbeiter, Eltern oder Kinder. Also Menschen, die ein Souvenir haben sollen. Und die notiere ich mir unter »Versprechen«. Der eine freut sich über die Postkarte mit den extra ausgesuchten Sondermarken und dem nächsten macht man mit einem alten silbernen Maria-Theresien-Taler aus Äthiopien eine Freude, der dort preiswert zu erstehen ist und im Gepäck wenig Platz erfordert.

2. Adressen

Sie sind eine wichtige Rubrik. Hier stehen die Namen der Leute, denen ich eine Karte schreiben will.* Hier habe ich sämtliche wichtigen Kontaktadressen im Ausland aufgeführt und hier halte ich auch die unterwegs neugemachten Bekanntschaften fest. Ganz Vorsichtige schicken wichtige neue Adressen von Zeit zu Zeit nach Hause, damit sie nicht verloren sind, wenn das Tage- oder Notizbuch weg ist.

1. Ausrüstungsliste

Die wichtigsten Seiten aber sind die Ausrüstungsseiten. Jedes Ziel erfordert eine spezielle Ausrüstung. Schaue deshalb bitte auch unter den Kapiteln Urwald, Radtour, Arktis usw. nach. Aber für jede Reise gibt es auch eine gewisse Grundausrüstung, die immer ziemlich gleich ist.

Für einen Wüsten-Marsch mit Kamel sähe die Zusammenstellung heute bei mir so aus:

---

* Ich notiere mir auch ihre Geburtstage und bei den Zuverlässigen die Telefon-Nummer für einen Ernstfall.

Am Körper

Kopfbedeckung (da ich zuwenige Haare habe)
Hemd (mit vielen Taschen)
Hose (mit vielen Taschen)
Kann man vor Ort nähen lassen.
Baumwolle!!
Unterhose
Sandalen (ideal gegen Wasserblasen)
Geldgürtel ⎫
Wadentasche ⎪
Bauchtasche ⎬ für je ⅕ des Geldes
Geldbörse ⎪
Überlebensgürtel ⎭
(s. Extra-Kapitel)
Klappmesser
Taschentuch
Uhr (wasserdicht, schlagfest, automatisch, Datum, Wochentag)

Arznei

Resochin oder Fansidar (Malaria)
Vitamintabletten
Schlaftabletten
Verbandszeug
Dreiecktücher
Schmerztabletten
Wundsalbe
Fettcreme
Antibiotica
Zugsalbe
Micropur (Wasserentkeimer)
Tschamba Fii (Sonnenschutz)
Anti-Fieber-Tabletten
Tabletten zum Stuhlgangfestigen
Tabletten gegen Verstopfung
Skalpell
Nähzeug
Pinzette
Schere
Arterienbinde
Zahnzange

Fotokanister
(Weithals-Plastik-Schraubbehälter. Weiß gestrichen, weiße Stoffhülle gegen Sonneneinwirkung, oder: Munitionskanister. Vorteil: Blitzverschluß. Nachteil: zu schwer. Beschaffung: Army Shops oder über Inserate im Deutschen Waffen Journal. Auch hier gilt: weiß anstreichen und/oder mit Stoffhülle verkleiden.)

Lassoband
Tagebuch
Zange
Filzschreiber
Kugelschreiber (-minen)
Feinmechaniker-Schraubenzieher-Set
Reservebatterien für Blitzgerät
Reservebatterien für Belichtungsmesser
Skylight-Filter für jedes Objektiv
zwei Spiegelreflex-Gehäuse (typengleich mit den Kameras der Partner)
200-mm-Teleobjektiv
50-mm-Macro-Objektiv
24-mm-Weitwinkel-Objektiv
Blitzgerät, batteriebetrieben
Antistatik-Tuch
Fensterleder zum Einwickeln der Kameras – polstert, schützt gegen Schmutz und läßt sich platzsparender packen als steife Köcher
Gummiball Pinsel
Stativ
Dia-Filme

Lebensmittel-Kanister
Zucker
Öl
Mehl

Salz
Haferflocken
Reis
Zimt
Kakao
Gewürze
Milchpulver
Tee
Kaffee
Eipulver
Kristallisierte Zitrone
Puddings
Fertigsuppen
Datteln
Nudeln
Tomatenmark
Gefriergetrocknete Fertignahrung
Getrocknete Zwiebeln
Marmelade
Kekse
Löffel
Streichhölzer (im wasserdichten Agfa-Filmdöschen)
Gasfeuerzeug oder Permanent-matches, die sogar naß noch zünden
Kocher
Petroleum, Benzin o. ä.
Sonstiges
Ballistol (Waffenöl, Antisepticum, Insektenmittel)
Taschenlampe (evtl. Dynamo-Lampe)

Batterien für Taschenlampe
Bindfaden
Insekten-Spray
Paßfotos
Arbeitshandschuhe
Empfehlungsschreiben
Scheckheft
Führerschein
Ausweis-Fotokopien
Töpfe
Feuer-Rost
Pfanne
Teller
Becher
Rührlöffel
Teekessel
Zahnpflegemittel
Waschzeug
Rasierzeug
Nieten
Leere Säcke für Geschirr, Töpfe ...
Sack-Stopfnadel
Angelhaken
Perlon-Gardinenschnur
Leinen-Wassersäcke
Plastikbeutel, bunte Perlonbeutel
Weithals-Plastikkanister mit Schraubverschluß
Lexika
Schaufel
Sonnenbrille
und der Überlebensgürtel

28. Waffenbeschaffung

Der Besitz von Feuerwaffen aller Art ist in Deutschland erlaubnispflichtig. Diese Erlaubnis erteilt die Behörde für Inneres, zu deutsch: dein Wirtschafts- und Ordnungsamt. Aber sie erteilt sie nicht ohne Grund.

Vier Möglichkeiten gibt es, zu einer Waffe zu kommen.

Für Wildnis-Reisende empfiehlt sich – mit Abstand – die Teilnahme (nebst Prüfungsabschluß) an einem Jagd-Lehrgang. Diese werden ausgerichtet von den Landesjagdverbänden in den Hauptstädten der Bundesländer. Die Lehrgänge kosten zwar Zeit und Geld, aber sie vermitteln dir sehr viel praktisches Reisewissen: Jagdkunde, Waffengesetzeskunde, Fährtenlesen, Auswaiden eines Tieres, Schießen, Fallenstellen.., du schlägst also zwei Fliegen mit einer Klappe.

Oft sind die Seminare überfüllt. Und Jagdreviere sind knapp. Man wird sich nicht um dich reißen. Erkläre dann offen deinen Grund, und man wird dir sicher weiterhelfen.

Die andere Möglichkeit ist, einem Sportschützen-Verein beizutreten. Nach etwa zwei Jahren regelmäßiger Teilnahme an den Übungsstunden darfst du deine eigene Waffe beantragen. In allen Fällen vorausgesetzt, daß polizeilich nichts gegen dich vorliegt.

In diesen beiden Fällen lernst du auch Waffen- und Waffengesetzeskunde. Das ist sehr wichtig. Denn wenn du staatlicherseits eine Waffe zugebilligt bekommst, heißt das längst noch nicht, daß du damit nun wie Billy the Kid durch die Straßen laufen darfst, den Ballermann in Kniehöhe und kein Widerwort duldend.

Wenn dir diese beiden Beschaffungsarten nicht liegen oder zu zeitraubend sind – was ich nicht verstehen kann –, so kannst du, sofern du 18 Jahre alt bist, auch in ein Waffengeschäft gehen, eine Waffe kaufen, und dir diese beim Verlassen des Landes, nach Passieren des Zolls, aushändigen lassen. Dabei ist nur zu bedenken: Daß du sie nicht wieder zurückbringen kannst. In jedem Falle benötigst du für dein Reisezielland ebenfalls eine Waffenerlaubnis.

Der letzte Ausweg ist, sich im Ausland auf dem Schwarzen Markt umzuhören. Das ist oft sogar recht problemlos. Was die Waffe dort teurer ist, hast du an Kursuszeit gespart. Das ist zwar ein Trost, aber du hast auch die interessanten Kursusthemen verpaßt. Sei aber auf der Hut! Wenn du mit deinem Kauf auffliegst, drohen dir hohe Strafen und niemand kann dich rausholen. Es gibt nur noch sehr wenige Länder, in denen Waffen wie Obst gehandelt werden (Nordjemen, Pakistan...)!

Und für den Fall, daß du unvorsichtig warst und schon jetzt, zu Beginn deines Vorhabens, im Knast gelandet bist, überschlage im Geiste die nächsten Kapitel, und vergegenwärtige dir wieder das, was im Abschnitt »Verhaftet« steht.

29. Body-Check, Impfungen

Für manche ein Routine-Gang, für viele ein notwendiges Übel, sind die Impfungen. Zu welcher Gruppe man auch zählt – man kommt nicht drumherum. Schon aus ureigenstem Interesse sollte man lieber eine Injektion mehr als eine zuwenig erdulden und dafür umso sorgloser reisen.

Impfausweise sind in manchen Ländern so obligatorisch wie der Reisepaß. Und nicht alle Staaten verlangen die gleichen Impfungen. Informiere dich bei deinem Reisebüro, deinem Arzt oder der Staatlichen Impfanstalt.

Was du gestern noch benötigtest, hat sich heute erübrigt. Zum Beispiel die Pocken. Seit 1979 sind sie – nach Mitteilung der World Health Organization – ausgerottet.

Oder die Frage: welches Medikament gegen die Malaria? Weltweit gibt es mittlerweile resochinresistente Malaria-Mücken. Diesen aufmüpfigen Summern muß man dann mit Fansidar begegnen.

Wer in die feuchtwarmen Landstriche will, deckt sich mit der Gelbfieber-Spritze ein. Trost: Sie hält zehn Jahre vor.

Ratsam ist immer ein Schutz gegen Cholera. Er hält nur sechs Monate an und macht nicht immun, sondern nur widerstandsfähiger. Also: Trotz Impfung Vorsicht beim Trinken und Essen!

Zu Hause kostet es dich nur Pfennige, unterwegs im Ernstfalle aber deine Gesundheit. Deshalb solltest du dich auch schützen gegen

>   Wundstarrkrampf (Tetanus)
>   (besonders f. Rinder- und Pferdegebiete)
>   Kinderlähmung (Schluckimpfung ist süß,
>   Kinderlähmung bitter)
>   Typhus, Paratyphus (als Tabletten und Spritzen)

Im übrigen empfiehlt sich eine Stärkung mit Gammaglobulin. Es erhöht die allgemeine Infektionsabwehr des Körpers.

Da auf diese Weise allerhand Sticheleien zusammenkommen, empfiehlt es sich, rechtzeitig damit anzufangen, und die kurzlebigen Sera (Cholera) zuletzt zu nehmen. Dein Arzt wird dich da richtig beraten.

Zwei Wochen vor dem Start fängst du mit den Malaria-Tabletten an. In der Regel nimmt man sie einmal wöchentlich. Einige dich mit deinen Freunden auf denselben Wochentag. Dann kann einer den anderen erinnern. Sonst ist schnell mal ein Termin vergessen.

Unterwegs

30. Zu Fuß

Du willst ein bestimmtes Gebiet zu Fuß durchstreifen. Deine Kondition hast du durch Training getestigt, dein Gepäck ist optimal gepackt, d. h., es ist nicht unnötig schwer, enthält doch die lebensnotwendigsten Sachen und es liegt gut am Körper.

Ob man dann zehn oder vierzig Kilometer am Tag bewältigt, hängt nicht nur von der Landschaft ab, sondern auch von der Garderobe und der Art des Gehens.

Drückende Schuhe, nasse Füße oder enge Kleidung, die einen einzwängt und gegen Kälte oder Hitze nicht schützt, mindern die Tagesleistungen.

Man geht am zweckmäßigsten einen gleichmäßigen Trott. Man beginnt lansam, aber nicht zu langsam, denn das ermüdet ebenso wie der Gewaltmarsch. Das A und O jeder langfristigen Körperbelastung ist die Krafteinteilung. Sprich auch mit deinen Kameraden offen darüber, wenn sie dir zu schnell gehen. Niemand mag gern eingestehen, wenn er mit den Leistungen der anderen nicht mithalten kann. Meist geht es denen genauso wie dir und sie sind dankbar für das offene Wort. Erste Rast nach 1 Stunde, weitere in größeren Abständen. Und vor allem achte von Anfang an auf die Bildung von Wasserblasen. Sind sie erst da, ist es zu spät. Dann muß man die Unbequemlichkeiten tagelang in Kauf nehmen. Achtung: Wasserblasen nie öffnen!

Laß dir nicht einreden, nur Stiefel seien das ideale Marschgerät. Die kannst du dir für kalte Gebiete reservieren. In gemäßigten und warmen Zonen ging ich optimal mit Turnschuhen (Busch, Regenwald, Landstraße) und Sandalen (Wüste). Man ist viel beweglicher und gelenkiger und spart Kraft und Nahrung.

Wesentlich ist letztlich auch, sich einen guten Überblick über das Gelände zu bewahren. Man muß sein Auge üben, schon weiträumig das Gelände auf bestmögliche Begehbarkeit abzusuchen, um sich Umwege zu ersparen. Überhaupt müssen den Marschierer ein gutes Ortsgedächtnis und Orientierungssinn auszeichnen.

Eine empfehlenswerte Marschhilfe ist ein Wanderstab. Er dient als Stütze, zum Abtasten unsicherer Wege und als Waffe.

31. Als Tramp

Tramper sind »frei«. Sie sind die modernen Vagabunden. Sie erschließen sich mit wenig Geld die ganze Welt. Trampen und Wandern sind die billigste und sorgloseste Art zu reisen.

Die Sparsamkeit hat Tramper genügsam und erfinderisch gemacht. Sie

kennen die Länder besser als jeder Normaltourist. Denn sie kennen sie von der Basis her, von den einfachen Menschen, die ihnen Gastfreundschaft gewähren, die großzügig mal ein Auge zudrücken, die stolz sind, einen ausländischen Gast zu haben, der sich für sie interessiert. Tramper können erzählen, daß Laien staunen. Pauschaltouristen hingegen kennen nur die Fassaden, die heile Welt. Mehr wollen sie auch nicht. Pauschaltouristen verbringen ihren ganzen Urlaub am Strand von Mombasa, während Jonny Tramper am Lagerfeuer mit Wildhütern im Tsavo-Nationalpark sitzt. Ohne einen Pfennig zu bezahlen. Versteht sich von selbst. Oder er ist im Slum untergekommen für zwei Schmerztabletten oder ein akrobatisches Kunststück und lernt aus erster Hand das kennen, was wir als dritte Welt bezeichnen.
Ihre Unabhängigkeit verdanken Tramper ihrer Beweglichkeit, ihrem geringen Besitz, der gerade einen Rucksack füllt.
Das ist die Sonnenseite des Tramperlebens. Sie überwiegt bei weitem.
Die Schattenseite, die Gefahren des Tramp-Lebens, betreffen hauptsächlich Mädchen und in selteneren Fällen Männer. Fast ausschließlich haben sie sexuelle Ursachen.
Junge Männer haben mitunter Ärger mit homosexuellen Fahrern. Normalerweise wird es leicht sein, aufdringliche »Verehrer« abzuwimmeln. Aber sie sollten dennoch auf der Hut sein. Fahrt nicht mit unsympathischen Chauffeuren! Steigt aus, wenn jemand betrunken ist oder wie ein Idiot fährt, um euch zu imponieren! Steigt auf jeden Fall aus, wenn zwei solcher Typen im Wagen sitzen! Unterschätzt nicht die Brutalität solcher »Gastgeber«!
Haltet euer Gepäck auf ein, zwei Stücke beschränkt! Verstaut sie so, daß ihr sie im Auge behaltet und sie notfalls selbst runterreißen könnt!
Manche Fahrer (oft von LKW's) verlangen Geld fürs Mitnehmen. Macht *vorm* Aufsteigen klar ab, daß es umsonst ist, falls ihr dafür nichts ausgeben wollt. Sonst kann's bösen Ärger geben.
Im fernen Ausland ist das Mitgenommenwerden oft kein Problem. Dort ist es mir schon passiert, daß drei Wagen gleichzeitig bremsten und sich um mich stritten. Ich dankte allen und wählte den, der am weitesten

fuhr. Der Mann war so glücklich und dankbar, daß er mir an jeder Tee-Bude einen ausgab. So hatte ich weder Durst- noch Hungerprobleme, denn orientalische Tees sind süß. Aber ich kam auch nur langsam weiter.

Problematischer und in manchen Ländern sogar verboten ist das Autostoppen im »zivilisierten« Europa. Eigentlich sollten »Jugendliche« bis 26 Jahre Gebrauch machen von der Erfindung des Interrail-Tickets. Mit dem Trampen beginnt ihr dann in den anderen Erdteilen. Wollt ihr's dennoch, dann versetzt euch in die Seele der Autofahrer! Sonst steht ihr nach fünf Stunden noch am selben Platz. Mädchen, okay, die gehen weg wie warme Semmeln. Gar nicht mal so sehr, weil der Fahrer sich ein Abenteuer erhofft, sondern weil er vor Mädchen keine Angst zu haben braucht.

Die meisten Autofahrer haben nämlich entweder Angst vor euch, sind zu faul zum Bremsen oder fürchten um Schrammen, Schmutz und Flöhe für ihr piekfeines Auto.

Deshalb sollte man so gepflegt wie möglich erscheinen und sein Gepäck klein und ordentlich präsentieren.

Eine Nationalflagge kann mancherlandes nicht schaden, mancherorts doch. Man sollte freundlich winken und den Fahrer anschauen und sich nicht ins Gras flegeln und nur den dicken Zeh aus dem kaputten Schuh heben und glauben, jeder müsse sich um dich reißen.

Vor allem aber steht man nicht im Halteverbot und an ungünstigen Stellen – hinter Kurven und Bergen. Man stellt sich so, daß der Fahrer einen schon von weitem sehen kann. Er braucht etwas Zeit, dich zu betrachten und sich zu entscheiden. Und dann muß eine Haltemöglichkeit bestehen, damit er nicht den Verkehr behindert. Tankstellen, Ampeln und Rasthöfe sind gute Tramper-Bahnhöfe. Sie bieten vor allem Gelegenheit zum Direktgespräch.

In Frankreich begegnete ich einem deutschen Tramper, der sich eine ebenso originelle wie wirksame Kontakt-Masche ausgedacht hatte. Um schneller zu einem Auto zu kommen, ließ er oben aus dem Rucksack einen großen kuscheligen Stoffbären herausschauen.

»Du glaubst nicht, wie schnell ich überall wegkomme. Vor allem mit

Wagen, in denen Mann und Frau sitzen. Ich sehe regelrecht, wie sie auf den Bären deutet, etwas zu ihm sagt und er im selben Moment bremst. Das freundliche Gesicht des Bären suggeriert ihnen, daß ich ebenso sein muß. Es hilft, Kontakt zu machen und Angst und Scheu der Autofahrer abzubauen.« Der Tramper mußte es wissen. Er studierte Psychologie.

Ich war damals jedenfalls recht erstaunt. Aber ich mußte sogar laut lachen, als ich mir den Bären näher ansehen wollte: Er bestand nämlich nur aus dem Kopf. Den Körper hatte der pfiffige Student abgetrennt und weggeworfen. Denn der war in diesem Falle überflüssig.

Mannigfaltige Kontaktsymbole sind denkbar, die andere ansprechen. Daran denke, wenn du dir etwas kaufst, um dir als Tramper die Chancen zu erhöhen.

Gute Aussichten auf Mitnahme hat auch der, der sich in Landestracht auf die Socken macht: Der Bayer in seiner Lederhose, der Schotte im Rock (natürlich nicht bei Moslems. Die wissen ihn nicht einzuordnen), die Holländer in ihren Pluderhosen. Sehr bewährt haben sich auch die großen Schilder, die man vorzeigt, und die dem Fahrer schon von weitem verraten, daß du nach Hannover und nicht nach Bremen willst. Einen Tramper hatte ich mal aufgepickt, der neben die Ortsbezeichnung Köln eine witzige Karikatur gezeichnet hatte: zugekniffenes Auge, verschmitzter Mund, riesiger Daumen.

Die nette Karikatur sehen und bremsen waren für mich eins. Wir kamen ins Gespräch und er erzählte, daß er mit dieser Pappfigur seine Wartezeiten auf NULL reduziert habe.

Tramper, die einen guten Eindruck machen, werden gern mitgenommen und oft eingeladen. Bezahlung wird dann nie erwartet. Dennoch macht es sich gut, wenn ihr dem Kind des Gastgebers einen Bonbon gebt oder euch anderweitig revanchieren könnt, zum Beispiel mit guten Stories.

Erfahrungen einer Reise als Tramper bilden Erinnerungen fürs ganze Leben. Trotz aller Unkenrufe sollte es jeder junge Mensch wagen, den es hinauszieht und der noch auf den Pfennig achten muß. Tramper tun oft mehr für Völkerverständigung als große offizielle Bla-Blaer.

32. Alleinreisende Frauen
(Von Mechthild Horn)

Sofern meine Trick-Sammlung nicht allgemeingültig ist, wird sie streckenweise den Nachteil haben, daß sie mehr auf Männer zugeschnitten ist als auf Frauen. Der Grund ist plausibel: ich habe sie ursprünglich für mich und meine Reisen zusammengetragen. Frauenprobleme berührten mich dabei naturgemäß nachrangig. Wurde ich von meiner eigenen Frau begleitet, waren es keine Extremreisen und wir bildeten ein Paar, das von vielen Mißhelligkeiten verschont bleibt.

Es gibt verhältnismäßig wenige Frauen, die das Wagnis einer Solo-Weltreise auf sich nehmen. Eine davon ist Mechthild Horn. Ich lernte sie auf einem Globetrotter-Treffen kennen und war beeindruckt von ihren Erlebnissen und ihrer Courage.

Ich finde, daß sie zu diesem Thema viel Kompetenteres beitragen kann als ich. Deshalb soll sie hier selbst zu Wort kommen:

Eine Italienerin habe ich getroffen, die ganz allein in Afghanistan unterwegs war, und eine Französin, die war ganz allein in Peru. Vielleicht noch ein Dutzend andere Frauen – viele waren es jedenfalls nicht.

Daß es nicht mehr Frauen gibt, die allein um die Welt fahren, liegt, glaube ich, daran, daß sie mit dem Globetrotten falsche Vorstellungen verbinden: Vorstellungen von Vergewaltigung, Einsamkeit, Strapaze. Ich will nicht sagen, daß sich Globetrotten in harmlosen Abenteuerchen erschöpft, aber auf keinen Fall ist es so aufreibend oder gefährlich, daß eine Frau dem nicht gewachsen wäre. Ich war anderthalb Jahre allein unterwegs, ich weiß, daß es geht.

Reisen in einen anderen Kulturkreis sind gefährlich, für eine Frau auf andere Art gefährlich als für einen Mann. Aber die Gefahren lassen sich einschätzen, man kann ihnen ausweichen. Nicht Mut braucht man zum Globetrotten, sondern gesunden Menschenverstand.

Damals, als die Russen noch nicht in Kabul waren, habe ich mir ein Fahrrad gemietet (russisch, Marke Wolga) und bin in die Berge nach Paghman gefahren. Da fiel ich einer Gruppe halbwüchsiger Schüler in die Hände. Sie wurden ziemlich aggressiv, und die Erwachsenen schauten ungerührt zu. – Ich hätte es wissen müssen. Eine Frau, unverschleiert, allein, ohne männlichen Schutz ist eine Provokation in einem Land, in dem die Frauen den Schleier tragen. Eine selbständige Frau löst nicht Bewunderung, sondern Ablehnung und Verachtung aus. Keine einheimische Frau würde einen Finger rühren, um einer bedrohten Ausländerin zu helfen.

In Teheran wollte ich unbedingt allein auf Stadtbummel gehen. Das geht – handgreiflich bedroht worden bin ich nicht – aber angestarrt, angesprochen, angefaßt, verfolgt. Spaß macht so ein Stadtbummel nicht. Persische Frauen gehen nicht allein einkaufen; wenn eine Ausländerin es tut, darf sie sich nicht wundern, wenn es zum Spießrutenlaufen wird.

Solche Erfahrungen sind unnötig. Man kann sie sich ersparen, indem man sich vorher Wissen über die Länder aneignet, die man besuchen will: über die Situation der Frau dort, über das Bild, das sich die Männer von Europäerinnen machen.

In anderen Ländern herrschen andere Moralvorstellungen. In Köln oder Hamburg kann ein Mädchen vielleicht unbehelligt in knappem T-Shirt und Shorts herumlaufen; denn tausend andere tun das auch. Wo aber die einheimischen Frauen keine nackte Haut zeigen dürfen, halten die Männer das Mädchen in Shorts für sittenlos, sie erklärt sich selbst zum Freiwild. »Nackte Schultern und aufregende Farben wecken mehr das Tier im Manne als den Verstand«, so ähnlich stand es in einer Aufklärungsschrift der katholischen Kirche ...

In einer Frauenzeitschrift wurde einmal allen Ernstes behauptet, man würde im Ausland nicht belästigt, wenn man sich so unattraktiv wie möglich machen würde. Inzwischen wird dieser Unfug als heißer Tip gehandelt. Man stelle sich das vor: eine Globetrotterin in unförmigem Overall und tief in die Stirn gezogenem Kopftuch in den Straßen Quitos – *den* Quiteño möchte ich sehen, der ihr nicht nachpfeift. Die Psyche des deutschen Mannes ist kein Maßstab für die des Ecuatorianers. Eine Frau, die sich nett zurecht macht, ein Weibchen, das in Ehe und Familie die erstrebenswertesten Ziele sieht, die respektiert der Ecuatorianer; ihr pfeift er zwar pflichtschuldig nach, aber sonst läßt er sie in Ruhe.

Das Mädchen im Overall, burschikos und selbstbewußt, nötigt ihm dagegen nicht den geringsten Respekt ab. Eher fühlt er sich zur Überprüfung der Gerüchte herausgefordert, die über die Freizügigkeit von Globetrotterinnen im Umlauf sind.

Der beste Rat ist nicht, sich unattraktiv zu machen, sondern nicht als Ausländerin aufzufallen. Rock und Bluse statt Jeans und T-Shirt, vielleicht zur Abwechslung auch ein BH, ein demonstrativer Ehering und der Hinweis auf einen mitreisenden Ehemann – kurz: die Übernahme der erwarteten Frauenrolle in Kleidung und Verhalten verringert das Ausmaß der Belästigungen erheblich. Zu betonen, daß man allein reist, ist dumm und gefährlich. Es gibt Männer, die dann beweisen müssen, daß sie auch einer Frau, die allein um die Welt fährt, überlegen sind.

Viele Verhaltensweisen, die zu Hause ganz selbstverständlich sind und auch im Ausland für einen Mann nicht zum Problem werden, sind für eine Frau gefährlich. Freundliches Anlachen, Blickkontakt im Vorübergehen, Eingehen auf eine Frage, ohne Begleitung ins Kino gehen: das wird falsch verstanden, nämlich als eindeutige Kontaktsuche und Ermunterung zu Aufdringlichkeiten. Eine Frau muß, um Spaß an der Reise zu haben, auf einigen Spaß verzichten und auf einige Rechte, die sie zu Hause hat.

Probleme mit aufdringlichen Männern gibt es eigentlich nur in den Städten, nicht auf dem Land. In der U-Bahn in Mexico-City kann man sich vor grabschenden Händen nicht retten; ein mexikanischer Fischer oder ein peruanischer Bergbauer dagegen haben anderes zu tun, als Globetrotterinnen zu belästigen. Die schlechteste Erfahrung, die ich auf dem Land gemacht habe, war, daß ein Afghane hartnäckig versuchte, mich auf der Toilette zu beobachten (die Toilette bestand nur aus zwei Mauern), aber er war ganz Neugier und Interesse, sicher ohne Hintergedanken.

Da man auf dem flachen Land und in den Bergen auf städtische Vorsichtsmaßregeln verzichten kann, gilt für die Kleidung dieselbe Regel wie für Männer: vor allem praktisch: also Jeans – aber bestimmt keinen Overall! Der Tip mit dem Overall muß von einem Mann stammen, der noch nie nötig mußte und sich dazu aus Rucksack, Jacke und Overall schälen mußte. – Schmuck – der Ehering z. B. – ist in der Wildnis fehl am Platz. Ich habe eine böse Narbe am Finger behalten von einem Unfall in Alaska: die umschlagende Seilwinde hätte mir fast den Ring mitsamt dem Finger abgerissen, als das Boot, auf dem ich per Anhalter fuhr, auf Grund lief und ich mit zupacken mußte.

Ob eine Frau riskieren kann, allein zu zelten, in der billigsten Herberge abzusteigen, Einladungen von Einheimischen anzunehmen, in abgelegene Urwalddörfer zu fahren, darauf läßt sich keine verbindliche Antwort geben. Es hängt vom Land ab, von der eigenen Reiseerfahrung und der Menschenkenntnis. In Alaska z. B. ist hitchhiken auch für Mädchen kein Problem. In Argentinien durfte ich dagegen nicht allein auf einem Güterzug mitfahren, obwohl ich vorher mit einem Partner zusammen auf dem Zug quer durch den Chaco gefahren war; es ist zu gefährlich: »Gringas«, die dumm genug sind, die Gefahr nicht zu sehen, werden mit hoheitlichem Verbot zurückgehalten.

In ein wildfremdes Land (das heißt: ein wildes, fremdes Land) sollte keine Frau fahren, die nicht schon vorher in Europa mit dem Rucksack unterwegs war. Fehler macht man immer zu Anfang, und in Europa sind Anfänger-Fehler nicht so gefährlich wie in Asien.

Was macht man denn, wenn nachts plötzlich ein Mann im Zimmer steht? Mir ist das in Kabul passiert. Die Herberge hatte nur Bretterwände, und die Tür ließ sich leicht von außen aufmachen. Ich wachte auf, und da stand der junge Afghane vor mir. Schreien? Nebenan schliefen andere Afghanen. Hätten sie mir oder ihm geholfen? Ich versuchte es mit Überredungskünsten auf englisch, und als er unverrichteter Dinge abgezogen war, schob ich das Bett vor die Tür. Das zweite Mal kam er durchs Fenster. Im Halbschlaf das Gefühl: es ist jemand im Raum – solange ich die Augen nicht aufmache, kann ich mir einreden, er sei nicht da, aber er ist da ... Ich hatte elende Angst. Ohne das Tränengas wäre ich gestorben.

Tränengas wirkt nur im Freien: sprühen – und dann nichts wie weg. Weglaufen ist die beste Verteidigung, auch wenn es einem beim Autostop unheimlich wird; je weniger Gepäck man dabei hat, desto einfacher schafft man den Absprung. Ein Messer oder eine Pistole ist nichts für Frauen. Im Zweifel sind wir die Schwächeren, und dann werden wir mit dem eigenen Messer erstochen.

Tränengas in der Hand gibt das Gefühl, nicht ganz wehrlos zu sein, und dieses Gefühl reicht schon, um mit der Sache fertig zu werden. Der Mann ging auch das zweite Mal, ohne mir etwas getan zu haben.

Vorsicht ist besser als Tränengas. Wenn ich sichergehen wollte, habe ich es vorgezogen, in den bekannten Globetrotter-Hotels zu übernachten oder in Hotels, in denen wenigstens ein oder zwei Globetrotter wohnten. Von anderen Globetrottern hat man nichts zu befürchten, und im Notfall kann man sie zu Hilfe holen.

Nach der Erfahrung in Kabul habe ich Zimmer gemieden, die nicht abschließbar waren. Das eine Mal, wo kein anderes Zimmer frei war, wurde ich nachts von der »Polizei« geweckt, die Einlaß verlangte. Sie war sehr erstaunt, die Tür mit dem Bett verbarrikadiert zu finden. Ob es wirklich die Polizei war, wer weiß. Ich war jedenfalls nicht bereit, die Tür aufzumachen. Mit Vertrauensseligkeit kommt eine Frau nicht weit. Sie muß mißtrauisch sein, mitdenken und Tricks rechtzeitig durchschauen.

In einigen Ländern sind Polizei und Militär die allerschlimmsten. Wer sich darauf verläßt, daß sie hilfsbereit sind und sich bei der Strafverfolgung Mühe geben, kann schlimme Überraschungen erleben. Aber wo sie ihre Dienstpflicht erfüllen, in den Polizeistationen, kann man ihren Schutz ruhig ausnutzen: in Chile haben mein Reisepartner und ich unter polizeilicher Bewachung gezeltet und morgens sogar noch einen heißen Tee bekommen.

Eine Frau, die sich nicht allein nach Afghanistan traut, braucht deshalb nicht zu Hause zu bleiben: was sie braucht, ist ein Partner. Nicht, daß ein Mann für absolute Sicherheit bürgt: man hört von Vergewaltigungen in Nordafrika, obwohl die Ehemänner der Opfer dabei waren, Lkw-Fahrer machen Anhalterinnen an, obwohl sie mit Partner unterwegs sind; aber ohne einen Mann wäre es noch schlimmer. Ich glaube die Geschichte von der »Alemana«, die allein durch Patagonien per Autostop gefahren ist, aber ich glaube nicht, daß sie die Fahrt genießen konnte: tagelang grimmiges Gesicht und Abwehrhaltung, so stelle ich mir die Fahrt vor, tagelang dieselben Diskussionen, daß nicht und warum nicht und daß ganz bestimmt nicht ...

Ein Reisepartner schützt nicht nur vor anderen Männern; sich einen Partner zu suchen, ist auch aus anderen Gründen sinnvoll: wer soll einen sonst pflegen, wenn man krank ist und sich nicht mehr versorgen und nicht mehr wehren kann? Wer soll einem den Rücken einreiben, wenn man die Krätze hat und sich von Kopf bis Fuß desinfizieren muß? Aber es muß nicht ein Partner für die ganze Reise sein. Es geht auch anders.

Als ich losfahren wollte, habe ich herumgefragt, wer mitfahren will: niemand. Also bin ich allein gefahren. Beim nächstenmal werde ich nicht mehr fragen, sondern aus Prinzip allein fahren und mich darauf verlassen, unterwegs nette Partner zu finden. Es gibt zu viele Dinge, über die man sich streiten kann, wenn man unter ungewohnten Bedingungen aufeinanderhockt: über die Route, über das Essen, über das Geld. Es ist besser, man kann sich trennen, ohne über den gemeinsam angeschafften Kocher, das Zelt und die gemeinsame Kasse streiten zu müssen.

Einen neuen Partner für die nächste Strecke zu finden, ist kein Problem. Globetrotter gibt es genug. Man trifft sie im Bus, im Museum, in der Globetrotter-Herberge. Viele Männer sind froh, eine Zeitlang mit einer Frau unterwegs sein zu können, denn für sie heißt das: weniger Ärger an den Grenzen, kürzere Wartezeiten beim Autostop, geringeres Mißtrauen auf Seiten der Einheimischen und größere Hilfsbereitschaft bei Schwierigkeiten – und jemand zum Reden.

Unterwegs schließt man viel schneller Freundschaft als zu Hause. Denn Bob, Gadi, Anne und Brian, Eduardo, aus welchen Ländern sie auch kommen, sie bringen dasselbe Fernweh mit, dieselbe Begeisterung für die neuen Erfahrungen, sie haben tausende von Kilometern zwischen sich und den alten Freunden, und den Wunsch, über die frischen Eindrücke zu reden. Man hat mit ihnen mehr gemeinsam als mit der Familie zu Hause, deren Briefe nur um die Zähnchen der kleinen Nichte kreisen. Was mir auf meiner Reise am meisten zu schaffen gemacht hat, waren die Abschiede von den neuen Freunden, wenn die Routen sich wieder trennten.

Einen Handel im Sinne von ›Schutz vor Mexikanern gegen Liebe im Schlafsack‹ hat mir nur ein einziger Globetrotter angeboten. Er war die Ausnahme. Ich kenne keinen Globetrotter, der die Schutzlosigkeit einer alleinreisenden Frau ausnutzen würde. Es gibt wichtigeres zu erleben unterwegs. Sex spielt nicht die Hauptrolle. Globetrotter sind Kumpel – der typische Globetrotter aus unserem Kulturkreis, muß man einschränkend dazu sagen. Antonio, ein Student aus Guatemala, mit dem ich das Hotelzimmer in San Salvador teilen wollte, verstand das als eindeutige Aufforderung – nach seiner Erfahrung mit guatemaltekischen Frauen sicher richtig; ich hatte es als Möglichkeit, die Reisekasse vor Einzelzimmerpreisen zu schonen, gemeint.

Aber wie hält eine Frau die Strapazen überhaupt durch? Sechzig Stunden im Bus von Istanbul nach Teheran? Drei Tage im Regen mit einem sechzehn Kilo schweren Rucksack in dreieinhalbtausend Meter Höhe in den Anden? Sieben Tage bei 30° im Schatten und Nächte bei unter Null im Sinai? Sie steht es eben durch. Wenn sie am Anfang der Reise nicht durchtrainiert war – am Ende ist sie es mit Sicherheit.

Wenn ihr kein Mann die Ausrüstung instand hält und repariert, lernt sie es selber. Als ich meinen gebrochenen Rucksackrahmen mit Zweigen und Bindfäden und Isolierband schiente, meinte ein Mann, der auch mit dem Rucksack unterwegs war: du wärst eine gute Squaw. In dem Fall war das ein Kompliment.

Wenn man den Mut hat, loszufahren, obwohl man Schiß hat, wird man mit allem fertig.

Aber da ist noch ein Problem, das jeder sehen sollte, der sich auf die große Reise macht. Über der Faszination des Weltenbummelns wird es immer vergessen: das Heimkommen. Eltern und Freundinnen erwarten Farbdias, erwarten, daß man zurückkommt, ganz die Alte, nur mit mehr Gesprächsstoff für Parties, etwa: wie damals in Afghanistan der Hotelbesitzer plötzlich am Bett stand, sie fragen: wo geht die nächste Reise denn hin? Aber die Erfahrungen, noch ungeordnet und bruchstückhaft und verwirrend – die Skepsis, die im Vergleich zum deutschen

Zeitungsleserwissen die Realität im Ausland hinterlassen hat – das interessiert keinen. Und Bob und Trisha und Eduardo, mit denen man darüber reden könnte, sind weit. Für das Heimkommen braucht man Mut, nicht für das Wegfahren.

33. Per Fahrrad

Der Radfahrer unterscheidet sich vom Tramper durch Arbeit. Während der andere lässig am Straßenrand steht und auf die Hilfe anderer angewiesen ist, erarbeitet sich der Strampler seinen Weg selbst. Kilometer um Kilometer. Gegen Abend: Meter um Meter. Denn Radeln schlaucht, haut in die Knochen. Aber es stählt und erfüllt mit Stolz. Man ist kein »Bettler«. Man erkämpft sich die Welt sportlich. Erkämpfen ist dabei der richtige Ausdruck, denn es scheint einem, als führten alle Straßen bergan und als hätte man nur Gegenwind. Und daß Radfahren von Bewohnern des ganzen Erdballs als sportliche Leistung honoriert wird, kann jeder bezeugen, der es versucht hat. Der türkische Basarhändler, der das bepackte Stahlroß mit alemannischer Flagge vor seinem Laden sieht, wird zumindest einen Tee spendieren, wenn nicht Orangen zustecken und Brot. Andere holen den Radler in ihre Häuser. Sportvereine stellen ihn vor, laden ihn zu Wettkämpfen ein. Dann merkt er oft erst, wie fit er ist. Er wäre nicht der erste, der im Wettkampf mit ihnen besteht.

Radfahrer empfinden das Freiheitsgefühl der Tramper und den Stolz der eigenen Leistung. Sie reisen ebenfalls billig, kommen aber langsamer voran. Auch sie tun viel für die Annäherung der Völker auf unterster Basis.

Aber Radfahrer sind auch die »Kaninchen« der Landstraße! Sie werden »erbarmungslos« gejagt. Es gibt selten Radwege, dafür immer mehr Autos und immer mehr Risiko. Dem Radfahrer bleiben oft nur die zehn Zentimeter zwischen der brüchigen Asphaltkante und dem holperigen Gras. Jedes Auto bedenkt und bedeckt ihn mit Staub. Viele Schnellstraßen sind dem Radler gar nicht erst erlaubt. Autos, so scheint es, haben alle Rechte. Radfahrer keine.

Auch wenn der Radfahrer im Verkehr gleichberechtigter Teilnehmer ist, ist und bleibt er der Schwächere, das wehrlose Kaninchen, das an die Seite zu springen hat, wenn der dicke Jäger kommt.

Das muß man klar erkennen und sich darauf einstellen. Man muß beim Kauf der Rad-Ausrüstung aber auch berücksichtigen, daß Autofahrer ebenfalls gejagt werden: von anderen Autos, vom ganzen Verkehrs-Chaos.

Dich Häufchen Staub und Stahl registrieren sie nur nebenbei. Also mußt du auffallen.

Zunächst einmal muß ein Fahrrad funktionstüchtig sein. Aus eigener Erfahrung würde ich ein holländisches Tourenrad immer einem sensiblen Sportrad vorziehen. Auf holperigen Straßen ist sonst bald etwas gebrochen und dann hapert's an Ersatzteilen. Es ist ein Trugschluß, zu meinen, daß leichte Räder nennenswert weniger Kraft erfordern, um sie vorwärts zu radeln. Jedes Rad, einmal in Bewegung, kostet fast gleichviel Energie, um in Schwung gehalten zu werden. Erst bergauf zählen die Kilo. Dafür ist bergab das schwerere Rad im Vorteil. Wie auch immer: Entscheidend ist die Haltbarkeit.

Licht und Rückstrahler nebst Katzenauge und Pedalstrahlern sind selbstverständlich: im Grunde alles, was in Deutschland Vorschrift ist, sollte man auch im Ausland pflegen: Klingel, Schutzblech, Handbremse. Darüber hinaus benötigt der Radler ein sehr stabiles Ketten- oder Seilschloß. Und er muß noch mehr tun. Er muß auffallen. Er muß die Chaoten unter den Autofahrern aufwecken. Sonst walzen sie ihn platt. Also sollte er seinen Regenüberhang schockrot wählen. Entweder hat er ihn an, wenn es regnet, oder er schnallt ihn über sein Gepäck, wenn's nicht regnet. Aber dieses Leuchtsignal »bringt« viel. Es weckt die Autofahrer auf.

Ferner sind Speichen-Strahler empfehlenswert, die sogenannten Abstandhalter (Katzenaugen, die die Gesamtbreite anzeigen), Leuchtstreifen und schockrote Armbinden. Das zur Sicherheit.

Wer unter seinen wundgescheuerten Gesäßflächen leidet, sollte sich schon vor dem Start mit Hirschtalg einreiben und das dreimal täglich wiederholen. Das Zeug wirkt Wunder.

Ganz wichtig ist für Fernradler der richtige Sitz von Sattel und Lenker. Der Sattel muß so hoch sein, daß die Knie beim Durchtreten ganz gestreckt werden müssen. Bleiben die Beine immer angewinkelt, ermüdet man sehr schnell.

Wer sich während der Fahrt zu sehr auf seine Arme stützt, weil der Lenker zu tief eingestellt ist, wird ebenfalls bald Schmerzen und Ermüdung zu spüren bekommen.

Werkzeug, Flickzeug, ein Reserveschlauch sind ebenso Pflicht. Die Pumpe gehört ins Gepäck. Sonst ist sie weg. Ein kleiner Wimpel schadet nur bei Erbfeinden. In den meisten Fällen verrät er den Betrachtern mit etwas Bildung, woher man kommt. Die Tatsache, daß du in gefährlichen Gegenden so »wehrlos«, so »verwundbar« durch ihre Lande radelst, zeigt ihnen, daß du Vertrauen in sie setzt. Das ehrt sie. Das appelliert an ihre Hilfsbereitschaft. Sie wollen sich dieses Vertrauens würdig erweisen.

Dazu kommt die weltweite Hochachtung vor sportlichen Leistungen wie dein Rad-Marathon eine ist.

Sie werden dir helfen, wo sie können. Du wirst von der Straße auf die Felder geholt, um mit ihnen zu essen. Sie stopfen deine Packtaschen voll mit ihren Ernteerzeugnissen.

In Süd-Spanien erhielt ich tagelang Zitronen geschenkt. Zunächst freute ich mich. Jeder gesparte Pfennig verlängerte meine Reise. Ich trank den Saft, ich aß sie roh mit Zucker, ich kochte Zitronensuppe und Zitronenpudding.

Schon nach zwei Tagen ätzte die Säure mir Mund, Zunge und Magen kaputt. Überall hatte ich Risse. Überall brannte es wie Feuer. Also aß ich ein Stück Brot zwischendurch, das wie Salbe auf meine Ernährungsorgane wirkte. Dann gab's wieder Zitronen. Als sogar meine Strümpfe Löcher bekamen von dem Säure-Überangebot, warf ich die letzten Früchte weg.

Dann kam ich durch Tomaten-Plantagen. Ergo gab es Tomate roh, Tomaten-Saft und Tomaten-Suppe und verschmierte Packtaschen. Nach den Zitronen erschienen sie mir wie ein Geschenk des Himmels – mild, freundlich, nicht so aggressiv wie die Zitronen – bis ich am dritten Tag allmählich rote Augen und rote Ohren bekam und mein Schluckmechanismus streikte.

Aber die Menschen verwöhnen dich nicht nur mit Agrarerzeugnissen. Sie holen dich in die Häuser, kochen dir süßen Tee und sie pflegen dich (kostenlos), wenn du krank bist.

Meine Radler-Zeiten, die mich durch große Teile Asiens und Afrikas führten, gehören zu meinen schönsten und intensiv erlebtesten.

34. Per Auto

Der Autowanderer muß Fachwissen mitbringen oder viel Geld. Sonst fressen ihn die Reparaturen womöglich auf. Er muß alle Kleinigkeiten selbst beheben können und bei den großen während des Reparierens zugegen sein.

Von reparaturanfälligen Teilen nimmt man ein Reservestück mit. Sehr wichtig ist die Vervielfachung des Tankvolumens in Form von Kanistern. Bei harten Strecken schlucken die Motoren den Sprit eimerweise, und nicht jede Tankstelle hat Nachschub.

Das gleiche gilt für Wasser. In lichtundurchlässigen (gegen Algenbildung) Containern nimmt man so viel Vorrat mit, daß man nicht durch eine Panne zur Austrocknung gebracht werden kann.

Auch Seile müssen überdimensioniert werden – sowohl in der Länge als auch in der Stärke. Im Ernstfall (Festsitzen im Morast) werden Seile unterwegs weit mehr beansprucht als zu Hause auf dem glatten Asphalt.

Jeder Halt bringt die Gefahr des Diebstahls. Deshalb liegt nichts offen auf Sitzen. Alles ist verschlossen, vieles vergittert. Entweder parkt der Wagen unter Aufsicht oder er ist durch Alarmanlagen gesichert.

Zum Parken empfiehlt es sich, Polizei-Stationen anzulaufen oder private Grundbesitzer.

Überhaupt keine Sicherheit bietet die Stadt. Wer meint, die Menschenfülle sei ein Schutz für den Wagen, irrt sich. Er ist ein Schutz für den Einbrecher. Am hellichten Tag schlägt er dir die Scheibe ein, montiert Räder ab und niemand hindert ihn. Bekannte von mir parkten ihren Unimog in Dar-es-Salaam und gingen gegenüber ins Café. Sie hatten den Wagen gut im Auge. Auf der ihnen abgewandten Seite strömten die Menschen. Als sie zurückkehrten, war das Auto von der belebten Seite her geknackt worden.

Praktisch und beliebt sind in vielen südlichen Großstädten die Parking-boys. Sie stehen für wenig Geld bei deinem Wagen und passen auf. Lehnt man sie ab, richten sie Schäden an: Reifen anstechen, Antenne abknicken, Kratzer – die üblichen kleinen Schäden. Also nimmt man sie.

Es gibt aber Städte (z. B. Nairobi), wo der Parking-boy nichts nützt, wenn Autoknacker-Gangs auftauchen und ausgerechnet deinen Wagen auserwählt haben. Dann verduftet der Boy, weil er gegen die Bande keine Chance hat. Von Vorteil ist es auf jeden Fall, mit unauffälligen Wagen zu fahren. Zebra-VWs und schockfarbengestrichene Trotter-Wagen mit dick aufgemalter Reiseroute ziehen die Ganoven hypnotisch an, während die mausgrauen schlichten Vehikel fast immer ungeschoren davonkommen.

Hast du einen Totalschaden erlitten, wende dich umgehend an deine diplomatische Vertretung. Sie rät und hilft dir bei der Erledigung der notwendigen Formalitäten. Wenn in solchem Falle etwas schiefläuft, kannst du Pech haben, daß du an der Grenze Wahnsinnssummen an Zoll zahlen mußt.

Unter Autofahrern hat sich auch herumgesprochen, daß man im Ausland nur Super-Benzin kauft. Einfaches hat oft eine zu geringe Oktan-Zahl. Dein Motor »klingelt«.

Dem Autofahrer seien vor allem zwei Bücher empfohlen:

>Dipl.-Ing. Klaus Därr:
>Transsahara

Tondok:
Mit dem VW-Bus um die Erde
Mehr und bessere Tips kann der Anfänger nicht bekommen.

35. Packen

»Was heißt hier packen? Ich schütte den Kram in meinen Seesack und dann geht's los. Beim Zoll muß ich doch sowieso alles wieder ausschütten«, lehrte mich ein Weltenbummler.
Okay, Trotter, das ist ein Standpunkt. Er spart dir Zeit. Aber für dich schreibe ich dies hier ja nicht.
Wer etwas Großes vorhat, wer viel Sorgfalt in Planung und Ausführung steckt, der ist auch gewissenhaft im Detail. Der will auf Anhieb wissen, wo seine Dokumente sind und wo die Apotheke. Zusammengehörende Ausrüstungsteile (wie das Waschzeug, wie die Medikamente ...) werden bereits vorsortiert. Sie kommen in bunte Perlonbeutel, die man an Farbe oder Beschriftung leicht erkennt. Außerdem erhält jeder Beutel seinen bestimmten Platz im Rucksack. Was ständig gebraucht wird, steckt man in die Außentaschen (Karte, Kompaß). Der Rest wird so im Rucksack verstaut, daß das Leichte zuunterst liegt, das Schwerste oben und nah am Körper.
Ein Plastiksack über dem ganzen schützt vor Feuchtigkeit, denn kein Rucksack ist absolut dicht.
Dein Rucksack ist während des Transports diebstahlanfällig. Verstaue ihn in einem stabilen Jutesack, den du am Zielort verschacherst. Und natürlich sollte auf allem deine Anschrift stehen.
Empfehlenswert ist ein Probemarsch mit fertiggepacktem Rucksack. Er ist so fest mit deinem Körper verbunden, daß er und du eine Einheit geworden sind. Er bringt dich nicht aus dem Rhythmus, reißt nicht nach hinten, drückt nicht nach vorn, steht quasi auf deinen Hüften und trägt sich – fast – von selbst.
Im Notfall muß ein Rucksack in Sekundenschnelle abgeworfen werden

können. Beim Sturz ins Wasser oder einer nötigen Blitzflucht darf der Rucksack nicht zum Verhängnis werden. Per Schnellverschluß muß der Hüftgurt ohne Komplikationen zu öffnen sein. Im Notfall bleibt dir immer noch der Überlebensgürtel.
Und davon trennt man sich erst im Grab.

36. Schmuggel

Vor unserer Nil-Reise haben wir allein vier Wochen verloren, um in Äthiopien eine Lizenz für die Waffen zu erhalten. Aber immerhin haben wir sie überhaupt bekommen. Viele Länder werden die Erlaubnis gar nicht erteilen. Argument: »Dort, wohin Sie gehen, ist es ungefährlich.« Viele Behörden betrachten die Erteilung der Bewilligung als ein Zugeständnis an die eigene Unvollkommenheit. Du, der Fremde, will sich also selbst schützen, weil er es dem Staat nicht zutraut! Das wäre ja gelacht!
Deshalb ist es oft leichter, Waffen für die Jagd als für den Selbstschutz zu erhalten. Daran solltest du bei der Begründung im Antrag denken.
Wenn du unbedingt eine Waffe mitnehmen willst oder einen Ausrüstungsgegenstand, der dir an der ausländischen Grenze Schwierigkeiten bereiten wird, bleibt dir der Schmuggel. Mit all seinem Risiko.
Grundsätzlich gibt es keinen Trick und kein Versteck, das den Zöllnern unbekannt wäre, denn Zollbeamte erfahren aus erster Hand, was Millionen von Menschen sich im Laufe der Geschichte diesbezüglich ausgeknobelt haben.
Die Chance des Schmuggelns kleiner persönlicher Gegenstände besteht deshalb nur in der Abgestumpftheit vieler Grenzbeamter infolge des Massentourismus' und des Fehlens von Durchleuchtungsgeräten an den meisten Grenzübergängen. Wer mehr als nur einen Rucksack bei sich führt, kann kleine Gegenstände, z. B. im Schaum ausgeschäumter Gepäckteile unterbringen. Wenn du irgendwo etwas zu Isolationszwecken

(Kühlschranktür, Autodach, Fotokiste) ausschäumst oder weil es als Auftriebskörper fungieren soll (Bug und Heck des Bootes), dann muß der Schaum dort, wo er sich befindet, auch einen physikalischen Sinn haben.

Schaum kann man mit 2-Komponenten-Systemen selbst erzeugen: Man füllt damit Hohlräume oder schäumt Formen aus. Das Ganze muß sauber und fachmännisch aussehen und sollte außen mit metallenen Profilen stabilisiert sein, damit piepsende Magnetton-Suchgeräte der Kontrolleure irritiert werden.

Spätestens seit dem Buch »Papillon« ist das Darm-Portemonnaie wieder im Gespräch. Dabei handelt es sich um ein kleines Röhrchen, daß mit Inhalt – meist Geld – durch die After-Öffnung in den Darm geschoben und bei Bedarf ausgeschieden wird. Ist es aus Kunststoff, Glas oder Leder, ist es von Kontrolleuren schwerer zu orten als solche aus Metall. Um Entzündungen beim Einführen zu vermeiden, fettet man das Darm-Röhrchen ein, zumindest macht man es mit Speichel feucht.

Wer aus bestimmten Gründen Metall nimmt und damit rechnet, daß er es lange tragen muß, sollte Gold den Vorzug geben, weil der Körper gegen Gold am wenigsten allergisch reagiert.

Am gefährlichsten ist jedenfalls Glas wegen seiner Bruchgefahr.

Du ersparst dir durch Schmuggel zwar Zeit, Geld und/oder die Ablehnung deines Antrages, aber du riskierst bei Entdeckung hohe Strafen: denn entweder richtest du wirtschaftlichen Schaden (Zollhinterziehung) an, umgehst Einfuhrverbote (Rauschgifte) oder machst dich politischer Motive verdächtig (Waffe: Umsturz, Spionage).

In allen Fällen wird kein diplomatischer Repräsentant deines Heimatlandes nennenswert helfen können. Du mußt deine Entscheidung allein verantworten.

37. Der Grenzübertritt

Mit dem Grenzübertritt ändert sich von einer Sekunde zur anderen deine Rechtssituation. So banal und selbstverständlich er in weiten Teilen Europas der Europäischen Gemeinschaft ist, so folgenschwer kann er woanders sein.

Extreme Regierungen verdächtigen grundsätzlich jeden Reisenden und behandeln ihn entsprechend. Da nutzt dir keine Überheblichkeit. Wichtiger ist, daß deine Papiere in Ordnung sind, daß dein äußeres Erscheinungsbild nicht in provozierendem Gegensatz zur betreffenden Ideologie steht, und daß du dich korrekt benimmst. Langhaarige, unrasierte Männer, Frauen in Jeans, womöglich alleinreisend und luftig bekleidet, Reisende in uniformähnlicher Aufmachung erwecken Abneigung, Unwillen, Verdacht und werden womöglich zurückgewiesen. Wer großspurig seine politische Meinung äußert, kann sich im Gefängnis wiederfinden.

Hüte dich vor dubiosen Begleitern, die als Tramper mit dir gereist sind. Vielleicht haben sie Rauschgift bei sich. Das bedeutet für dich: mitgefangen, mitgehangen. Setze unbekannte Begleiter weit vor der Grenze ab und nimm sie erst weit im Landesinneren wieder auf. Vermeide, daß man etwas in deinen Wagen, in dein Gepäck schmuggelt. Wie willst du beweisen, daß das Heroin nicht dir gehört? Laß fremde Leute vor Grenzen nur unter strenger Aufsicht deinen Wagen reparieren. Sie können dort etwas verstecken, um es über die Grenze zu schmuggeln oder um dich an der Grenze hochgehen zu lassen und Lösegeld zu erpressen. Du bist in jedem Falle der Wehrlosere. Sprich mit Unbekannten nicht über deine Reiseroute und über Politik.

Ein Bekannter von mir wollte als Tramper von Mexico nach den USA. Kurz vorm mexikanischen Zoll legen sich plötzlich die Hände zweier Beamter auf seine Schultern.

»Moment mal, Freundchen, warum hast du das Päckchen da fortgeworfen?«

Die Männer hielten ihn fest und deuteten mit dem Kopf auf ein kleines weißes Etwas, drei Meter hinter sich. Mein Bekannter war ehrlich überrascht. Das Indiz gehörte ihm nicht.

»Entschuldigen Sie, Señores, das ist nicht von mir.«

Die beiden ließen sich nicht beirren. »Du hast es doch gerade fortgeworfen, als du uns kommen sahst. Wir haben es mit eigenen Augen gesehen.«

Er konnte bestreiten wie er wollte, die Beamten konnte er nicht beeindrucken. Sie stopften ihn in eine Zelle.

Natürlich war in dem Päckchen Rauschgift, und meinem Bekannten wurde seine Situation bald klar.

Er wurde vernommen und man machte ihm bewußt, daß er sieben Jahre Gefängnis zu vergegenwärtigen hätte. Sie ließen aber auch sehr deutlich erkennen, daß sie gegen eine bestimmte Summe Geldes ein Auge zudrücken würde, weil »wir lieben Deutschland«.

»Aber ich habe kein Geld. Ich habe nur fünfundsiebzig Mark.« Er gestattete den beiden, sein Gepäck um- und umzukrempeln. Er hatte tatsächlich nicht mehr.

Für fünfundsiebzig Deutsche Mark kaufte er sich frei. Für fünfundsiebzig Mark ersparte er sich möglicherweise eine langjährige Haftstrafe.

Dieses Beispiel soll nur zeigen, wie schnell man in unerwünschte riskante Situationen kommen kann.

Deshalb ist es oft empfehlenswert, mit wenigstens einem Begleiter zu reisen.

Es ist ebenso ratsam, nicht einmal den Brief eines Fremden gefälligkeitshalber mitzunehmen. Weißt du, was er enthält? Weißt du, ob das Foto wirklich nur ein Familienfoto darstellt? Warum schickt er es nicht mit der Post und behelligt dich damit?

Man möchte nicht unhöflich sein. Deshalb läßt man sich verleiten. Aber diese Höflichkeit kann teuer zu stehen kommen. Mit all diesen Ratschlägen sollst du dich nicht verrückt machen. Sie sollen dir nur verdeutlichen, was so möglich ist und daß du einfach mit wachen Sinnen reisen mußt.

Nehmen wir an, deine Papiere waren okay. Du bist drüben. Der Urlaub beginnt.

Praxis 1
Die 5 Urlandschaften

38. Meer

Der größte Teil der Erde ist von Wasser bedeckt. Leider ist es salzig und nicht des Menschen eigentliches Lebenselement. Trotzdem versucht er, es sich untertan zu machen. Mit mehr oder weniger großem Erfolg. Mit Schiffen und mit Tauchgeräten. Denn er braucht es und er liebt es, wie tausend und abertausende großer und kleiner Schiffe beweisen, die darauf herumschwimmen. Viele behaupten, eine Seefahrt, die sei lustig. Solange man feste Planken unter den Füßen hat, mag das zutreffen. Das ändert sich aber schlagartig, wenn es Neptun im Dreizack juckt und er seine Salzsuppe in Aufruhr versetzt, wenn die See tobt.

Spätestens dann, wenn dein Pott zu Bruch geht, merkst du, wie fremd dir das Element Wasser ist. Mag eine Stunde Schwimmen vor der sicheren Küste noch herrlich entspannend sein – jetzt, nach dem Schiffbruch steht dir das Wasser bis zum Hals. Wörtlich. Und damit es nicht auch noch in den Hals hineinläuft, gibt es diverse brauchbare Überlebenstips. Gerade Nautiker sollten sie *vor* ihrer Reise studieren, weil beim Lesen *nach* dem Unglück im Wasser die Seiten dieses Buches unnötig naß werden. Ein Rat, den ich nicht oft genug wiederholen kann: Wer erst *nach* dem Unglück seinen Survival-Ratgeber lesen will, hat dessen Bemühen nicht begriffen.

Beispiele extremer sportlicher und Schiffbruch-Abenteuer gibt es in Hülle und Fülle.

Da ist Hannes Lindemann. Er ist das Risiko des monatelangen Alleinseins auf See bewußt eingegangen. In einem segelbestückten Paddelboot trieb er 119 Tage von Afrika zur Karibik. Er hatte Nahrung und Getränke an Bord. Er ergänzte sie mit Fischen und dem Süßwasser aus Fischen. Sein Buch ›Allein über den Ozean‹ sollte jeder lesen, der sich dem nassen Element anvertrauen will.

Den Überlebensrekord aber hält ein Chinese: der Seemann Poon Lim. Er trieb 133 Tage allein auf einem Floß, bevor er gerettet wurde. Fünfzig Tage davon hatte er Lebensmittel, dreiundachtzig Tage – das ist ein viertel Jahr! – ernährte er sich von Fischen, Seevögeln, Garneelen, Muscheln und Regen.

Ein großer Feind des Schiffbrüchigen ist das kalte, salzige Wasser, vor allem bei Wind. Es entreißt dem Körper im Handumdrehen seine Wärme. Je größer die Differenz zwischen den körpereigenen siebenunddreißig Grad und dem Wasser – desto schneller der Tod durch Unterkühlung. Darüber gibt es Tabellen, aber damit will ich dich nicht langweilen.

Es ist ein gewaltiger Unterschied, ob du nackt bei plus ein Grad Celsius an der Luft oder im Wasser herumtobst. Wasser leitet deine Wärme ungleich schneller ab. Zweihundertfünfzigmal! Du stirbst in zehn Minuten.

Bist du – bei höheren Temperaturen – gezwungen zu schwimmen ohne Aussicht auf ein Floß oder Rettung, dann ist es besser, sich ruhig zu verhalten. Bewegung schafft nur an der Luft Wärme, nicht aber im Wasser.

Statt sich vorwärts zu mühen, sollte der Schwimmer sich kraftsparend treiben lassen und ständig gegen Haie absichern, sofern er in deren Gebiet ist. Leider kann man ohne Taucherbrille nichts sehen unter Wasser. Versuchen muß man's dennoch und auch die Wasseroberfläche auf herannahende Tiere absuchen.

Eine Tauch-Brille sollte in keinem Rettungsboot fehlen. Auch eine Harpune mit kräftigem Stiel und Seil, sowie Angelgeräte, Schwimmwesten gehören dazu, sowie Süßwasservorräte, Kraftnahrung (Kohlehydrate und Fett), Signalmittel, Entsalzungstabletten, Entsalzungsgeräte (Fa. Autoflug, s. Kap. 95 Ausrüster), Regenplane, windundurchlässige Garderobe:

Garderobe, die gegen Wind schützt, ist besonders wichtig:

Wind bedeutet Auskühlung.

Auskühlung erfordert Nahrung.

Nahrung erfordert Süßwasser.

Süßwasser ist nicht da.

Also ist Kleidung ein wesentlicher Ersatz für Nahrung und Wasser!!

Lindemann würde jeden Seefahrer darüber hinaus bestücken mit zwei Fluidkompassen, einem Libellensextanten, Küstenhandbüchern, Seekarten, dem Nautischen Almanach, einem Chronometer und den neuesten Navigationstafeln. Ferner mit Tabletten gegen Seekrankheit. Bei dieser Ausrüstung ist vor allem wichtig, sie im Moment der Havarie griffbereit zu haben.

Blinker und künstliche Köder dabeizuhaben, erleichtert einem den Fischfang. Sie sind aber nicht nötig, wenn man eine Harpune hat, mit der man Fische speeren kann, deren Fleisch dann als Köder für die nächsten Fische dient. Beim Umgang mit Fischen sollte man sich vor Verletzungen schützen. Solche Wunden heilen besonders schlecht.

Beim Harpunieren muß man die physikalische Brechung des Wassers berücksichtigen. Entweder taucht man den Speer vorher ins Wasser, dann sieht man den Berechnungswinkel, oder man hat Erfahrung und schätzt ihn ab. Oder man speert nur senkrecht. In dem Falle findet nämlich keine Lichtbrechung statt. Und diese Gelegenheiten ergeben sich oft genug. Jeder einsame Schiffbrüchige wird von einer Vielzahl von Fischen eskortiert.

Zum Auswaiden der Fische ist ein sägeblattbestücktes Messer empfehlenswert.

Da man Fisch reichlich haben wird, mag man wählerisch sein: Herz, Leber, Hirn, Milch, Rogen und Milz sollen am besten schmecken (sie enthalten Vitamin C und beugen Skorbut vor). Das rote Fleisch der Fische ist besser als das weiße. Die faden Innereien gewinnen an Würze, wenn man sie in Meereswasser stippt. Dann jedoch muß genügend Süßwasser vorhanden sein, damit die Nieren die überschüssigen Salze ausspülen können.

Vor giftigen Fischen braucht man sich nicht zu fürchten. Auf hoher See trifft man so gut wie keine an. Erscheint einem ein Fisch dubios, sieht er fischuntypisch aus oder ist er stachelig, meidet man ihn. Eine Faustregel, die nur sehr grob ist.

Muscheln hingegen sind eine Leckerei. Sie siedeln sich gern unterm Boot an. Natürlich wird alles roh verzehrt. Wer hat schon Feuer an Bord?

Auf Plankton sollte man verzichten. Es ist zu salzig und erfordert entsprechende Mengen Süßwasser. Dasselbe gilt für Seealgen, Seetang, obwohl sie ein herrliches Gemüse sind.

Wer sich in der Not hinreißen läßt und Seewasser trinkt, belastet seine Nieren, d. h. er verstopft sie. Sie arbeiten nicht mehr. Er wird qualvoll sterben. Vorher treten u. a. Ödeme auf: Schwellungen in dem Körpergewebe. Drückt man eine solche Schwellung mit dem Finger, so bleibt eine Delle zurück, die nicht wieder hochfedert.

Der Dursttod ist ein schlimmer Tod. Auf dem Meer, angesichts der immensen Wassermengen, treibt er einen zum Wahnsinn. Man sieht neben dem Boot deutlich den Laden mit Getränken und Nahrung. Man will hingehen – und ertrinkt. Die Kameraden haben oft weder die Kraft noch den Willen zu helfen. Sie haben mit sich selbst zu kämpfen.

Wahnsinnige (und auch Übermüdete!!) müssen angebunden werden! Ihr Zustand ist vorübergehender Natur. Sobald sie zu trinken, essen und Schlaf bekommen, bessert er sich.

Von höchster Freude zu tiefster Depression gelangt man beim Anblick von Schiffen, die einen nicht sehen, die vorbeiziehen und einen allein lassen. Man muß solche Möglichkeiten im voraus in Betracht ziehen. So bitter das ist. Die Enttäuschung ist dann geringer, der körperliche Zusammenbruch nicht so fundamental.

Süßwasser kann man auf mehrere Arten gewinnen:

Da gibt es Geräte, die Meereswasser entsalzen. Sie sind natürlich das Beste, das ein Schiffbrüchiger bei sich haben kann. Eigentlich müßten sie, wie alle Notfallgeräte, zur Pflichtausrüstung eines jeden Rettungsbootes gehören, einer Ausrüstung, die permanent im Rettungsboot zu verbleiben hat, die nicht auch gleichzeitig für das Mutterschiff dienen muß. Denn wenn es auf See zu Unfällen kommt, ereignen sie sich so schlagartig, daß zum Mitnehmen irgendwelcher Instrumente keine müde Sekunde mehr verbleibt.

In der Südsee war ein Schiff auf ein Riff gelaufen. Dort hing es verkeilt fest. Das Heck sank ab. Der Bug ragte aus dem Wasser. Dort drängten sich die rund zehn Besatzungsmitglieder zusammen und harrten der Rettung.

Statt Rettung kam die Flut. Den Männer verblieb fast nur noch die Reeling, an die sie sich klammern konnten. Was würde sein, wenn zur Flut auch noch Sturm käme? Woher überhaupt wollte man Trinkwasser bekommen?

Not macht erfinderisch. Überleben heiß improvisieren, das Beste aus dem Vorhandenen machen.

Kein Überlebensbuch kann umfassende allgültige Ratschläge liefern, denn jede Notsituation verläuft anders. Die Not der Havaristen ließ auch sie etwas Neues »erfinden«.

Bei Ebbe war es ihnen möglich, das Wrack etwas besser zu untersuchen. An die Süßwassertanks war nicht ranzukommen. Wohl aber ans Werkzeug und an den Öltank. Was also machen? Welchem Durstigen bekommt schon Öl? Natürlich keinem.

»Wir bauen eine Destillationsanlage!« hatte der zweite Ingenieur die rettende Idee.

Man demontierte alle verwendbaren Metallteile und improvisierte ein Seewasser-Kochgerät. Der Wasserdampf wurde durch Rohre der Reeling geleitet, die mit Meereswasser gekühlt wurden. So kondensierte der Wasserdampf. Man hatte destilliertes Wasser! Vermischt mit einem Schuß Salzwasser war es trinkbar.

Nach Wochen des Ausharrens an ihrem Wrack wurden sie von einem Frachter aufgefischt.

Die Destillationsidee war ihre Rettung. Die wenigsten Verdurstenden werden Brennstoff zur Verfügung haben.

Die andere Methode, zu Trinkwasser zu gelangen, ist die Verwendung salzfällender Tabletten (Fa. Autoflug, siehe Anhang Kap. 95) oder das Auffangen von Regenwasser mittels Folien.

Wer von alledem nichts zur Verfügung hat, muß Fische fangen. Deren Augen, Gehirn, Rückenmark und Blut liefern Wassertropfen auf den heißen Stein.

Wenn die Wassertemperatur es erlaubt, ist ein Bad von Nutzen. Es schränkt die Wasserverdunstung des Körpers ein. Besteht Haigefahr, so sollte man sich wenistens die Garderobe befeuchten. Alles Wasser, das man von außen auf die Haut gibt, erspart dem Körper die Abgabe des eigenen Wassers zu Kühlzwecken.

In kalten Gewässern wird man sich allerdings vor Nässe hüten.

Rettungsboote müssen bei erstbester Gelegenheit ausgeschöpft werden. Nur dann können auch Garderobe und Haut trocknen.

Bei längerem Aufenthalt im Boot, auf dem Floß, empfiehlt es sich, Bewegungsübungen für eine bessere Durchblutung zu machen. Infolge des verkrampften Sitzens kann es nötig werden, beengende Kleidungsstücke und Gürtel zu öffnen und sich zu massieren.

Von weit größerer Bedeutung als die physischen (Durst, Kälte) Probleme sind die psychischen. Wer die Notsituation seelisch nicht verkraftet, reduziert seine Rettungsaussichten auf Null. Er stirbt einen Angsttod, obwohl sein Körper noch lange durchgehalten hätte.

Es gibt Beispiele genug, wie Schiffbrüchige in Angst und Verzweiflung sich selbst oder einander umbrachten und verspeisten. Selbsterhaltungstrieb und Wahnsinn überbieten sich.

Wehrlose werden über Bord gestoßen. Wollen sie sich wieder an Bord ziehen, schlägt man ihnen die Hände zu Brei. Sie sacken ab. Futter für die Fische. Überlebenskampf in direktester Form.

Gegen diese Angstpsychose, diesen Alptraum vom Umkommen auf See, kann und muß man angehen. Dem einen helfen Gebete. Dem anderen sein Überlebenswille, das Vertrauen in seine Fähigkeiten oder die Erfüllung der ihm zugewiesenen Arbeit. Wer sich jeder Notsituation anpassen kann, und aufgrund seines Survival-Wissens um seine reellen Chancen weiß, der kann kaum Furcht bekommen. Er wird dank seiner Besonnenheit auch auf die Gemeinschaft Einfluß nehmen müssen und können und so eine gewisse Disziplin erwirken, die letztlich die Rettung mit ermöglicht.

Will man seine Fahrt beschleunigen, hat aber kein Segel, so stellt man sich selbst hin. Mehrere Personen, zu einer lebenden Mauer zusammengedrängt, ersetzen ein Segel.

Taucht im Wasser erst einmal Zivilisationsmüll auf oder das goldgelbe Sargassokraut, stellen sich Fregattvögel und Küstenseeschwalben ein, dann ist Land in der Nähe.

Aber nicht nur der Schiffbrüchige kann Probleme haben. Auch der Sporttaucher muß ständig auf der Hut sein.

Es sind gar nicht nur die Haie, die Rochen, die Seeschlangen, die Muränen – sondern hauptsächlich Nachlässigkeiten des Tauchers, menschliches Versagen, die so gefährlich sind.

Vor allem taucht man nie allein, nie ohne Tauchstock. Hans Hass empfiehlt eine Stocklänge von 1,30 m. Das ist nicht zu kurz und doch so lang, daß der Stock noch handlich ist.

Der Stock macht einem Mut. Er dient zum Abtasten unbekannter Dinge und Lebewesen und zur Abwehr von Lebewesen. Er sollte eine Metallspitze haben. Aus Stabilitätsgründen.

Der Taucher muß wissen, daß alles, was er unter Wasser sieht, ihm um ⅓ größer und ⅓ näher erscheint als es ist.

Ferner taucht nur, wer körperlich fit ist, wer sich gesund fühlt. Es wird weder mit leerem noch mit vollem Magen getaucht. Die Verständigung unter Wasser erfolgt nur durch internationale Zeichensprache, nie durch unerwartete Berührung. Sie kann Schockwirkung haben.

Wer eine Harpune mitnimmt, hat sie wie eine Feuerwaffe zu betrachten: nie zeigt sie auch nur im Bruchteil einer Sekunde auf Menschen.

Sie ist erst im Wasser zu spannen und längstmöglich gesichert zu lassen.

Sobald du Kälte verspürst, verläßt du das Wasser.

Wer tiefer taucht (Preßlufttaucher), weiß genau Bescheid über die Dekompressionszeiten! Er weiß, welche Gefahren das zu schnelle Auftauchen ohne körperliche Druck-Umgewöhnung mit sich bringt: die gefürchtete Caisson-Krankheit oder den Tod.

Wer tief taucht, weiß das. Deshalb erübrigt sich der Abdruck großartiger Formeln. Wer das Tieftauchen lernen möchte, informiert sich genau und besucht entsprechende Lehrgänge. Ganz nach Bedarf. Als erste Information empfehle ich

>   ABC des Tauchsports
>   von Walter Mattes.
>   Neptun-Bücherei.

Ein Rat für Taucher in trüben Gewässern:

>   Immer paarweise (!) tauchen und sich mittels einer 1 m
>   langen, dicken Leine (nicht Bindfaden) von Arm zu Arm
>   verbinden. Die Schlaufen am Handgelenk müssen jedoch

so locker sein, daß sie blitzschnell abgestreift werden können.

Wer diese Grundtips beherzigt, wird am Tauchen viel Freude haben.

39. Berge

Als Bewohner einer Großstadt war Bergsteigen für mich lange eine Kunst, die einem Flachländler verschlossen bleibt. Wenn man nicht in der Bergwelt groß geworden ist oder durch Urlaube in den Alpen vom Bergsteigen angesteckt wurde, wird man den Reiz, der davon ausgeht, kaum kennenlernen. Bis ich das Wissen brauchte. Ich hatte auf einer Reise am Blauen Nil in senkrechten Cañon-Wänden Höhlen gesehen, die ich gern untersuchen wollte. Aber ich kam an den glatten Wänden nicht hoch.

So entschloß ich mich, Unterricht zu nehmen. Hätte ich gewußt, wie vielseitig und vielseitig verwendbar gerade das Klettern sein kann: ich hätte viel früher damit begonnen.

Weltreisenden kann ich es nur dringend empfehlen. Keine Hauswand, kein Baum, kein Sturzbach und natürlich keine wie auch immer gestaltete Felswand – vom Überhang bis zur vereisten senkrechten Platte im Sturm – stellen für geübte Kletterer ein unüberwindliches Hindernis dar. Man muß sich eben nur damit befassen. Hinterher fragt man sich, warum man darauf nicht von selbst gekommen ist. So logisch ist die Technik, so simpel, aber wirkungsvoll sind die Hilfsmittel, die Tricks.

Bergsteigen stählt Körper und Geist. Denn man benötigt nicht nur Kraft, sondern auch Reaktionsschnelle.

Man lernt, Seile, Haken, Flaschenzüge, Leitern optimal anzuwenden und winzigste Risse, Tritte, Spalten und Aufrauhungen für sich zu nutzen. Das kann einem auch in der Ebene von Nutzen sein, wenn der Nachbar im sechsten Stock des Hochhauses seinen Wohnungsschlüssel vergessen hat oder ein Kind vom Baum zu holen ist oder man irgendwo im Ausland einsam hinter einer hohen Gefängnismauer dahinvegetiert.

Schon ein einziger Unterrichtsvormittag unter Anleitung eines Bergführers vermittelt enormes Wissen. Senkrechte Riesenmauern sind plötzlich kein Hindernis mehr für dich, sondern eine Herausforderung, eine Denkaufgabe, ein Sport. Bergsteige-Technik stärkt das gesamte Selbstvertrauen. Für Bergsteiger gibt es keine Hindernisse.

Ich hatte das seltene Glück, Peter Lechhart kennenzulernen. Peter ist Bergführer und war Leiter der deutschen Grönland-Expedition 1970; er durchquerte mit Freunden die arktische Insel mit einem selbstgebauten Segelschlitten, auf den Spuren des berühmten Fridtjof Nansen.

Inzwischen hat Peter Lechhart in Hamburg einen Globetrotter-Ausrüstungsladen eröffnet. Zusammen mit Klaus Denart, meinem Freund und Begleiter auf dem Danakil-Wüsten-Trip.

Diese beiden geben von Zeit zu Zeit auch Unterrichtsstunden in Survival allgemein und im Klettern speziell.

Ideal zum Üben sind die sogenannten Klettergärten. Es gibt sie in der Nähe aller Alpenorte. Dabei handelt es sich um kleine Felspartien, die dem Anfänger einfache und schwierigere Kletterrouten bieten, wo er in aller Ruhe und in Reichweite des Dorfes üben kann.

Wer auch ohne Alpen, Harz oder Eifel trainieren möchte, hat vielleicht eine Hauswand zur Verfügung. Entweder schlägt er sich, auf sicherer Leiter stehend, die gewünschten Tritte und Griffe in die Wand (das macht die Wand notgedrungen häßlich), oder er mauert sich mit zusammengesuchten Kalksteinstückchen eine Kunstmauer daran hoch. Wie Sport-Scheck in München es machte. Dort kann man – sofern man kann – statt per Fahrstuhl über die künstliche, aber sehr naturgetreue Steilwand in den fünften Stock gelangen (6. Grad).

Die simpelste und schnellste Methode, sich eine Kletterwand zu basteln, habe ich mir an einem fünfzehn Meter hohen Schornstein geschaffen. Meine Tritte und Griffe, Ritzen, Podeste und Haken sind aus starken Eisenprofilen und einfach mit starken Sechskantschrauben und Dübeln von außen angesetzt. So sind sie jederzeit wieder demontierbar, ohne der Mauer zu schaden.

Das sogenannte Freie Klettern ohne Hilfsmittel erfordert Kraft, Übung und Erfahrung. Also auch Zeit. Es ist für Profis.

Der Anfänger aber lernt sehr schnell, welche Chancen er mit winzigen Hilfsmitteln der glatten Vertikalwand gegenüber hat. Er lernt das Anbringen von Haken und deren optimale Nutzung mit bastelbaren Hilfsmitteln wie Strickleiter, Seilschlinge, Klemmkeilen. Er lernt das Sichern und Abseilen.

In diesem Zusammenhang empfiehlt sich das Buch »Bergsteigen heute« von Hermann Huber. Es ist ein umfassendes Fachbuch und bietet alle Tips, die der Bergsteiger braucht.

Für den Waldläufer seien hier zunächst die Hilfsmittel erwähnt, die er sich machen kann, um einen Baum zu ersteigen.

Da gibt es die offene Kletterschlaufe: Du bindest ein kräftiges Seil oder einen starken Draht um deinen Schuh. Das andere Ende knotest du um den anderen Schuh. Die Länge der Verbindung soll etwas mehr als die Hälfte des Stammes umspannen.

Jetzt umfaßt du den Stamm über deinem Kopf. Mit der rechten Hand ergreifst du die linke Faust und klemmst dich so am Stamm fest. Jetzt zieht man die Beine so hoch wie möglich zu sich herauf und umklammert den Stamm mit Unterschenkel und Ferse. Dabei legt sich das Seil auf der Körperseite stramm an die Rinde. Es wird auf Spannung gehalten und nun gleichmäßig belastet. Durch den gleichmäßigen Druck der Füße – in Richtung vom Körper weg und hinter die leere Stammeshälfte – ver«keilt» sich das Seil und erlaubt dem Kletterer, sich aufzurichten. So kann er mit den Armen höher greifen und die Füße erneut nachziehen.

Abgestiegen wird in umgekehrter Weise.

Die andere simple Möglichkeit ist, in zwei Schlingen aufzusteigen. Um jeden Fuß wird ein starkes Seil gebunden. Die losen Enden werden in Gesichtshöhe als Schlinge um den Stamm gelegt. Bei Belastung ziehen sie sich zu. Man kann darin stehen. Man steht aber nur in einer Schlinge, der unteren, während man das zweite Bein anwinkelt, die Schlinge lokkert, am Stamm hochschiebt und – mit dem darin befindlichen Fuß – das Körpergewicht nun in diese verlagert.

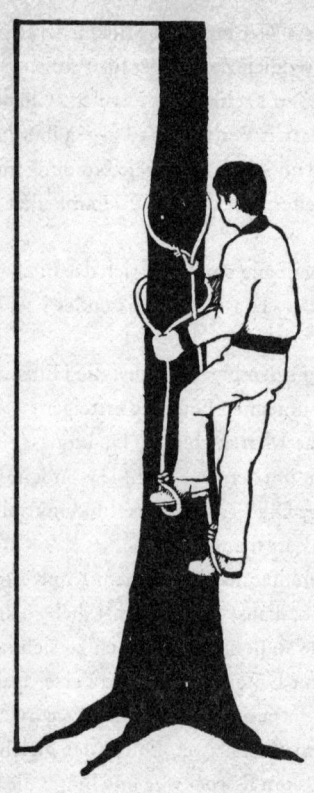

So gelangt man, jedoch langsamer als mit dem ersten Beispiel, ebenfalls sicher in die Höhe.

Diese Methode empfiehlt sich für dünne Stämme. Mit etwas Geschick genügt auch eine Einzelschlinge.

Abgestiegen wird mit Abrutschen.

Sehr wichtig ist das Abseilen von großen glatten Wänden. Das macht man im »Dülfersitz«. Das Seil (Perlon-Kernmantel ab 9 mm Durchmesser, im Notfall alles andere Haltbare) wird um einen festen Halt gelegt (Baum) oder durch einen fest verankerten Haken geführt.

Beide Seilenden hängen gleichmäßig lang runter. (Die Mitte des Seils hat man gekennzeichnet.) Wie das Seil um den Körper gelegt wird, zeigt die Zeichnung. Der »Dülfersitz« ist eine solide einfache Abseiltechnik. Man kann sie in zwei Meter Höhe üben und wird sich wundern, wie schnell man Vertrauen in Seil und Methode bekommt.

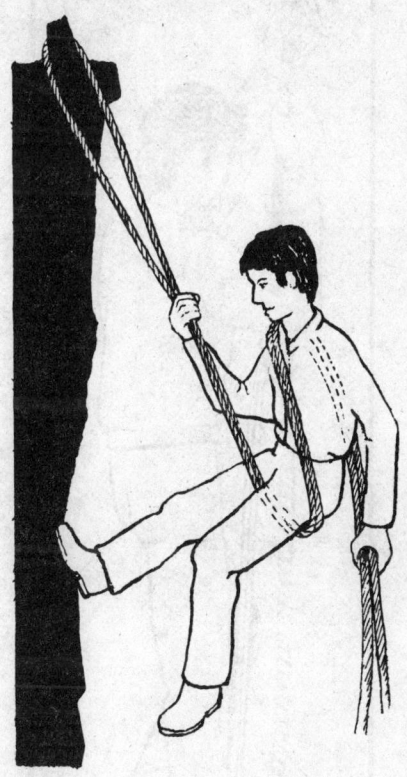

Das Absteigetempo ist ohne nennenswerten Kraftaufwand regulierbar.

Unten angekommen zieht man das Seil von dort aus dem Haken am oberen Felsrand heraus.

Reicht das doppelte Seil nicht bis unten, muß man den Vorgang wieder-

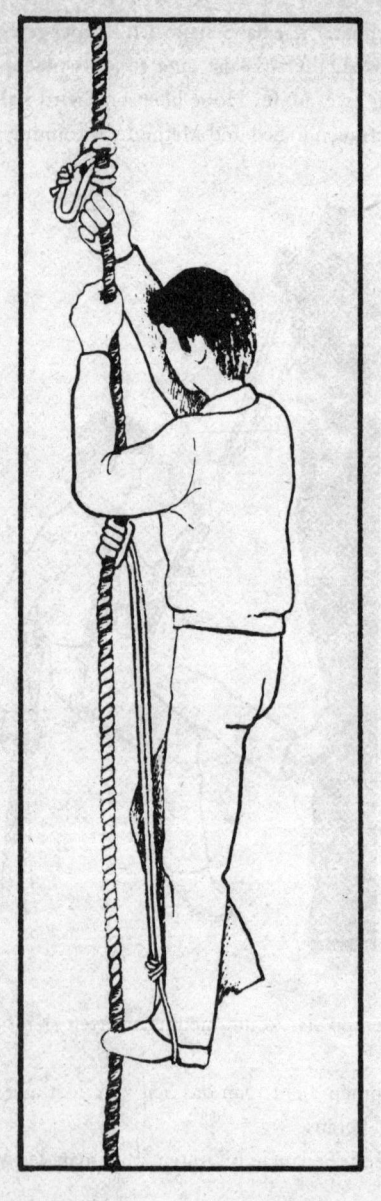

holen oder das Seil *einfach* nehmen und oben festbinden. Es ist dann aber verloren, weil es nicht einholbar ist.

Ohne Haken, Karabiner und Seile läßt sich auch so manche Wand erklettern. Da sind Kamine, in denen man sich mit dem ganzen Körper hochstemmt.

In handbreiten Rissen kann man seine Hand zur Faust ballen und sich so mühevoll verkeilen und hochziehen. Füße werden schräg in Spalten gestellt und verklemmt durch Waagerecht-Stellung.

Wer am hängenden Einzelseil hochsteigen muß, kann sich die sogenannten »Prusik«-Schlingen selbst machen: eine für die Hand, eine für den Fuß. Mit ihnen schiebt man sich am Seil hoch.

Siehe Abbildung Seite 132

In ganz schmale Felsrisse kann man häufig auch ein Seil mit dicken Knoten werfen, der sich dort verklemmt. Das andere Ende des Seils hat eine Steigschlinge, in die man tritt, in der man stehen kann.

Sehr praktisch sind die Kletterhilfen:

1. Fiffileiter   *2. Strickleiter*   *3. Bandleiter*

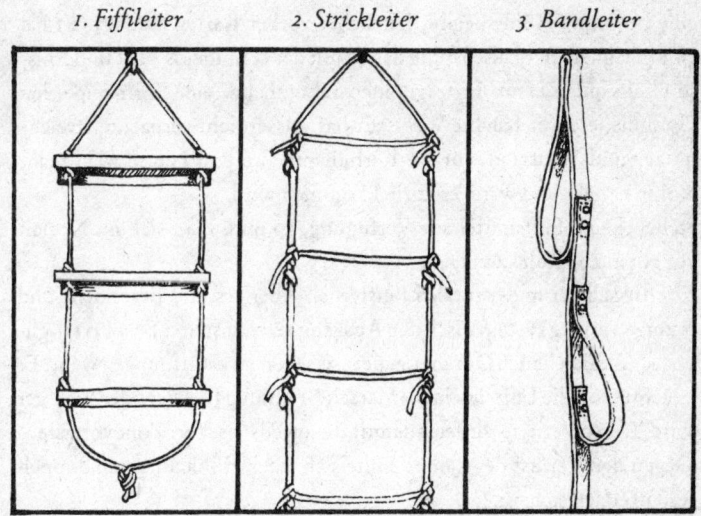

Bei vielen Kletterarten am Seil ist die Selbstsicherung am wichtigsten. Aber das sollte man sich genau von Fachleuten zeigen lassen.

Daß es gerade auf technischem Gebiet für Extrem-Kletterer die praktischsten Hilfsgeräte zu kaufen gibt, ist klar. Für uns – im Rahmen dieses Buches – sind sie von nachrangiger Bedeutung.

Seit jeher üben Höhlen auf Abenteurer und Forscher eine Faszination aus. Sie symbolisieren sowohl Unterschlupf und Geborgenheit wie Labyrinth, Geheimnis und Gefahr. Also Gründe genug, sich hineinzubegeben, sie zu ergründen.

Höhlen sollte man nie allein betreten. Höhlen mit ihrer Finsternis, den Fledermäusen, dem Echo, dem unheimlichen Tropfen beängstigen den Neuling. Zu zweit geht es besser.

In unbekannten Höhlen bewegt man sich langsam. Sind sie labyrinthartig, so markiert man den Weg mit Fettkreide, dem Ruß der Kerze, der Karbidlampe, mit Ausrüstungsgegenständen, mit Steinhaufen. Mit dem Kompaß merkt man sich die Hauptrichtung.

Dauerhafte Zeichen wie Ruß und Kreide sind aber nur für neuentdeckte Höhlen zu verantworten. Höhlen, die ständig von vielen anderen Menschen aufgesucht werden, sind sauber zu halten. Wer sich bewußt in eine bekannte Höhle begibt, hat sicher vorher Karten studiert. Er hat eine geeignete Bergausrüstung dabei, mit der er mühelos alle Hindernisse überwinden kann. Er trägt einen Schutzhelm, eine Stirnlampe, hat Gummistiefel für feuchte Wege. Er hat wasserdicht verpackte Streichhölzer und Ersatzteile für die Karbidlampe und zu Hause weiß man, wohin er geht und wann er zurückkommen wird.

Stehen keine Hilfsmittel zur Verfügung, so muß man sich im Notfall vor allem zur Ruhe zwingen.

Das ist schwer in der totalen Finsternis. Aber erst der Besonnene und Ruhige vermag systematisch den Ausgang zu »ertasten«. Er spürt möglicherweise den feinen Durchzug, der zwischen zwei Öffnungen weht. Er beachtet, ob die Luft in seiner »Marsch«-richtung frischer oder stickiger wird. Der so Verirrte wird sich dann in die jeweils frischere Zone vortasten.

Gegen den Verlust der Lampe sollte sich jeder Höhlenmensch doppelt und dreifach sichern.

40. Regenwald

Naturfreunde lieben ihn. Fremde, die ständig darin leben müssen, hassen ihn. Wer urplötzlich hineinverschlagen wird, fürchtet ihn: es scheint die Urwelt zu sein. Diese Ballung von Leben und Gefahr, dieses Fressen und Gefressenwerden, dieser ständige Kampf ums Dasein. Alle tragen ihn aus: die Eingeborenen, der Jaguar, der Kaiman, die Riesenschlange, die Insekten, die Viren und die Bakterien und jede einzelne Pflanze. Die Bäume streben mit ihren Kronen zum lebensspendenden Licht. Rücksichtslos versucht jeder, seinem Nachbarn zuvorzukommen, ihm das Licht wegzunehmen, ihn zu ersticken. Er wird dann umbrechen, vermodern, Humus geben, auf dem der nächste Baum wächst, der die Lichtung schließen wird. An Kleingehölz hat nur Chancen, was sich mit Dämmerlicht begnügt. Und der Sieger seinerseits wird gepiesackt von den Aufsitzern, den Epiphyten, wird gelöchert von Insekten und gewürgt von den Lianen, die in Panik an ihm hochhasten, sich über seiner Krone ausbreiten und nicht wissen, daß sie ihn töten und somit sich selbst töten. Wie der Ertrinkende, der sich um den Hals seines Retters klammert. Urwald ist wohl die geballteste Form des ständigen Kampfes ums Dasein.

Sicher ist die Arktis auch grausam. Sie ist kalt und karg. Und die Wüste ist karg und heiß. Die Arktis birgt die Probleme Kälte und Nahrung, die Wüste Hitze und Durst.

Der Urwald bietet mehr. Urwald ist an Vielfalt kaum zu überbieten. Wer tropische Urwälder durchstreifen will, muß sich von vornherein besonders sorgfältig impfen und stabilisieren lassen (s. Kap. 29 Impfungen). Er muß eine gut gefüllte Apotheke mitnehmen und physisch und psychisch den Anforderungen gewachsen sein. Ein Trainings-Probe-Aufenthalt ist immer ratsam.

So vorbereitet, macht Urwald Spaß, ist Urwald pralles Erleben. Nirgends gibt es eine größere Vielfalt an Pflanzen und Tieren.

Zwei Probleme sind im Urwald fast nebensächlich: Durst und Kälte. Trotz ständigen Schwitzens hat man nicht annähernd den entsprechenden Durst, weil die hohe Luftfeuchtigkeit die Verdunstung verlangsamt. Man hat zwar eine nasse Haut, aber der Schweiß verdunstet nicht. Außerdem gibt es alle paar tausend Meter zumindest ein Rinnsal.

Und die Kälte ist relativ. Sie geht kaum unter 16 Grad Celsius. Das ist warm, wenn man marschiert, aber auch verdammt kalt, wenn man schlafen will und nichts zum Zudecken hat. Aber es ist andererseits immer noch eine Temperatur, die man meistern kann. Laub und Humus gibt es in Hülle und Fülle. Viel schwieriger ist es, sich gegen Insekten und Regen zu schützen. Gegen all die sichtbaren Plagegeister in Form von Fliegen, Mücken, Ameisen, Termiten, Wespen und Spinnen helfen nur: Hängematten und Moskitonetz.

Als Ersatz für das fehlende Netz halten Indianer unter der Hängematte ein leichtes Glut- und Rauchfeuer in Gang, das gleichzeitig wärmt. Der Rauch hält viele Insekten fern. Natürlich nicht alle. Hunger, Gier und Ignoranz lassen viele Plagegeister den Rauchvorhang durchstoßen und sich am Blut berauschen.

Wer nicht einmal eine Hängematte hat, ist arm dran. Entweder versucht er schnellstens, sich aus Rindenfasern oder Lianen (es gibt sie in allen Stärken: von Zwirnsfaden- bis zur Oberschenkelstärke) ein Provisorium zu basteln, oder er versucht, in einer Astgabel zu schlafen. Das wird Ameisen, Termiten und alles Insektengeflügel nicht abhalten, sich eine Mahlzeit zu holen. Aber es erspart dem Schläfer Begegnungen mit Spinnen und bodenbewohnenden Schlangen. Die Boa, die ihn dort oben besucht, ist harmlos. Bäume sind also Betten für Leute mit Horror vor Kriechtieren. Ansonsten bringt eine Astgabel, sei sie noch so bequem, nicht viel Erholung. Man wird sich anbinden müssen, um nicht abzustürzen. Besser ist es dann, gleich auf dem Boden zu schlafen. Die Gefahr durch Schlangen und Großkatzen ist geringer als die durch Mikro-Lebewesen und Insekten. An einer irgendwie geschützten Stelle (umgefallener Baum, Baumwurzel, Stein) bereitet man sich eine dicke Matratze aus frischem Laub. Rundherum streut man Asche. So breit wie möglich. Viele Krabbeltiere schockt das. Jedenfalls die, die darüber hinwegkriechen müssen. Die Termiten, die von unten kommen, wird Asche kaum abhalten können. Für sie und die blutrünstigen

Flieger versucht man, ein oder mehrere Feuer in Gang zu halten. Auch das Einreiben des Körpers mit Asche oder Matsch bringt viel. Petroleum, Ballistol, Parfüm, Insekten-Störsender und Insektizide haben ebenfalls schon manchem Trost gespendet. Aber nichts wirkt universell.

Hunger entwickelt sich im Urwald weniger als in kühleren Zonen. Die hohe Lufttemperatur erspart dem Körper Nahrung anzufordern, um auf 37° gehalten zu werden. Was man benötigt, sind die Kalorien für die Muskelanstrengungen: von der Herztätigkeit bis zum Marschschritt.

Solange Nahrung knapp ist, sollte man unnötigen Kraftanstrengungen und nächtlichem Wärmeverlust bestmöglich vorbeugen. Wer unbewaffnet ist, wird sich in Geduld üben müssen, um sich Nahrung zu sammeln.

Die großen Tiere sind scheu und fliehen, wenn der Wanderer mehr oder weniger laut seinen Weg sucht. Sie zu erbeuten, erfordert Waffen, Fallen und Geduld. Wer die Zeit dafür nicht opfern will, weil er weiß, wann er sein Ziel erreichen wird, kann sich mit Kleingetier gut bei Kräften halten. Unter dem Humus, mit einem Stock oder den Händen leicht zu durchwühlen, sitzt allerlei. Wer weiß, daß er sein Ziel in weniger als einer Woche erreichen wird, braucht sich um sein Essen eigentlich gar keine Gedanken zu machen. Er schafft es auch so. Er läßt seinen Körper sich selbst ernähren vom gespeicherten Fett und vergeudet keine Zeit mit aufwendiger Nahrungssuche. Sobald er merkt, daß er schwächer wird, daß die Kondition nachläßt, legt er entsprechend mehr Rast ein.

Auch im Urwald ist es wichtig, keine Angst zu haben. Echte Sofort-Gefahrenquellen sind lediglich Giftschlangen (s. Kapitel 45 Gefahren durch Tiere), Großkatzen und mitunter Eingeborene.

Die meisten anderen Gefahren (Krankheiten), sind mittel- oder langfristiger Natur. Sie sollten einen zunächst nicht beunruhigen.

Was den Neuling darüber hinaus ängstigt, ist die Nacht im Urwald. Sie ist stockdunkel. Dringt das Tageslicht schon nur sehr diffus zum Erdboden, so hat das Sternenlicht gar keine Chancen. Man sieht oft die

Hand nicht vor den Augen. Dazu kommt die Grabesstille. Man liegt da und kann nicht schlafen. Irgendwo knackt ein Zweig. Ist es ein Indianer? Ein Jaguar? Dann wieder nichts. Nur die lähmende Stille, in der man sein Herz wie einen Motor dröhnen hört. Oder man sieht deutlich Eingeborene mit Fackeln auf sich zukommen. Was haben sie vor? Böses? Aber warum tragen sie dann die auffallenden Fackeln? Man liegt jedenfalls sprungbereit auf der Lauer. Wohin muß man fliehen? Welches war die Marschrichtung? Wo waren Schlagstock, die Keule, die man sich gefertigt hatte?

Es ist wichtig, daß man sich das einprägt und es jeden Abend wiederholt: die Waffe gehört unter die Hängematte, dort wo die rechte Hand hinunterlangen kann, wenn man auf dem Rücken liegt. Und die Marschrichtung war in Richtung der Füße.

Das alles rekapituliert man blitzschnell, während der lautlose Fackelzug näherkommt. Kommt er wirklich auf einen zu? Geht er lautlos vorüber? Wie können so viele Menschen nur so geräuschlos schleichen?

Und dann merkt man es: es sind Glühwürmchen, die ihren nächtlichen Tanz vollführen. Man hat sich umsonst geängstigt. Der Körper entspannt. So und ähnlich wird es dem Neuling wieder und wieder ergehen. Aber schließlich ist er müde und schläft ein.

Oder die Nacht ist ein Höllenspektakel: Brüllaffen gegen Frösche. Zikaden gegen Mücken. Jeder scheint sein Bestes zu geben. Und plötzlich Totenstille. Der Jaguar? Der Mensch? Dann wieder Inferno. Fast wie zu Hause, wenn der Nachbarssohn eine Party gibt oder während der Rush-hours an der Kreuzung.

Irgendwann schläft man auch bei Lärm ein. Dann kommt die morgendliche Stille, die Kühle und das Vogelgezwitscher, die den Tag ankündigen und einen wecken.

Durch das reichliche Sauerstoffangebot ist der Waldläufer gut ausgeruht. Die Angst ist vergessen. Ein neuer Tag voller Hoffnung und Überraschungen erwartet ihn. Er ist frohen Mutes. Morgens ist die Welt noch in Ordnung. Er marschiert weiter. Die Vorsicht vor den Ureinwohnern der Wälder, also den Indianern oder Pygmäen, ist grundsätzlich angebracht. Wie unberührt ein Stamm auch leben mag: daß der weiße Mann meist in böser Absicht kommt, dieses Wissen ist längst bis in den letzten Winkel gedrungen. Entsprechend sind die Reaktionen. Sie reichen von Angst und Flucht bis zum Totschlag.

Du mußt ihnen zeigen, daß du in friedlicher Absicht in ihrem Wald bist. Das kannst du auf vielfältige Weise (siehe Kapitel 66, Ur-Instinkte).

Wer die glitzernden Gewehre am Körper baumeln hat, wird diesen Eindruck nicht erwecken. Da der Einheimische von der Kraft dieser Waffen gehört hat, wird er jedes Risiko für sein Leben ausschließen und den vermeintlichen Gegner aus dem Hinterhalt töten. Also legt man die Waffen ab und geht ebenso unbekleidet wie die Waldmenschen. Wer unbedingt sein Gewehr behalten will, um damit zu jagen, der wickelt es mit seiner gesamten Garderobe ein und trägt das Bündel auf dem Rücken wie einen Rucksack.

Ein Wanderer, der nun außerdem noch laut geht und nicht schleicht, tut damit jedem Beobachter kund, daß er nichts Heimliches vorhat. Daß er eventuell eine Machete in der Hand hat, um sich seinen Weg zu schlagen, beunruhigt keinen Beobachter. Das Messer ist in ihren Augen ein Werkzeug und keine Waffe. Mit ihren Pfeilen fühlen sie sich erprobterweise dem Messermann überlegen. Jedenfalls auf Distanz. Und auf Distanz werden sie erst einmal bleiben. Das Beschleichen kann Tage dauern. Immer sollte man sich so verhalten, daß Beobachter den besten Eindruck bekommen.

Als ich mit meinen Freunden Wolfgang Brög und Andreas Scholtz 1979 im Norden Brasiliens in einem Sumpfgebiet war, in dem die Möglichkeit bestand, auf Indianer zu treffen, hatten wir uns noch einiges mehr ausgedacht.

Unser Nachteil war, daß wir eine Dreier-Gruppe bildeten. Der Einzelgänger ist weitaus weniger gefährdet, weil er viel leichter zu überwältigen ist. Selbst Indianer, die den Wald genau kennen, gehen ungern allein und bewundern im stillen den Mut derer, die es dennoch wagen.

Diesen schwerwiegenden Nachteil versuchten wir wettzumachen

durch »deutliches Marschieren«. Unser Hacken war für Indianergehöre, die äußerst scharf sein sollen, bestimmt wie der Lärm von Blitzschlägen. Darüber hinaus sang einer von uns ständig oder er spielte Mundharmonika, die wir um den Hals hängen hatten. Die Devise »Böse Menschen haben keine Lieder« gilt weltweit. Wir benahmen uns betont freundlich zueinander. Dreimal am Tag machten wir Rast. Dazu bauten wir kein Camp auf, sondern legten uns in das Humuspolster, auf das wir lediglich ein Laken aus grünen Blättern warfen.

Waren Blattschneider- oder Feuerameisen in der Nähe, mußte die Alufolie uns schützen.

Während der Rastpausen demonstrierten wir einen weiteren Trick: Ich verband mit viel Fürsorge Andors Arm. Jeder Beobachter – auch der, der noch nie Mullbinden gesehen hatte – würde die helfende Geste erkennen können. Er würde sehen, daß da jemand, der offensichtlich des Heilens kundig ist, einem Kameraden den blutigen Arm verbindet. Und da schlechthin jeder ein Wehwehchen und – gar nicht so selten – schwerkranke Familienmitglieder in den Laubhütten liegen hat, hofften wir, daß man unsere Hilfe suchen würde, sobald man erst Vertrauen gefaßt hätte.

Natürlich konnte niemand erkennen, daß Andor nicht wirklich blutete. Was ihn da so mitleiderweckend aussehen ließ, war weiter nichts als rote Lebensmittelfarbe aus meiner Konditorei.

Ein weiterer großer Trumpf war unser Nasenbär. Ursprünglich wollten wir einen Papagei mitnehmen, weil man ihn mühelos erwerben kann. Daß wir an einen Nasenbären gerieten, war Zufall und unser besonderes Glück. Während wir den Papagei ständig auf der Schulter hätten tragen müssen, lief unser Bär von allein mit. Nach einer kurzen Eingewöhnungszeit trippelte er neben uns her wie ein Hund. Ohne Leine. Mit seiner feinen Nase spürte er die dicksten Maden auf, witterte Schlangen und wäre in Notzeiten unser Nahrungssuchgerät geworden. Ja – er fand sogar nach acht Stunden noch unseren Pfad zum Camp zurück (Was unter anderem auch zeigt, wieviel Schweiß wir verloren haben mußten).

Nasenbären leben meist in größeren Familienverbänden. Allein sind sie furchtsam. Deshalb kuschelte sich unserer immer eng an uns an. Durch sein bezauberndes Äußeres und seinen Charme war er uns bald so ans Herz gewachsen, daß wir Kummer hatten, wenn wir an die Trennung dachten. In Wolfgangs Film wurde unsere »Chica« die Hauptdarstellerin. Ein wahrer Star. Sie gab dem Film Pep und Fröhlichkeit. Als Wolfgang beim Bayerischen Rundfunk den in Auftrag gegebenen 45-Minuten-Rohschnitt vorführte, sahen sich seine Vorgesetzten überrascht an und befahlen einstimmig: »Der Film muß um ⅓ verlängert werden! Der Nasenbär ist 'ne Wucht!«

Nach der Reise fanden wir einen Tierpark, wo er in freier Wildbahn bei Artgenossen Anschluß fand.

Indianer sind Tierfreunde. Sehen sie, daß man selbst ebenfalls Tiere mag, kann das ein Steinchen mehr sein für das positive Mosaik, das sie sich zusammenpuzzeln. Welcher Soldatentrupp, der in böser Absicht durch den Wald zieht, nimmt schon ein Haustier mit? Es ist anstrengend zu hacken, zu singen, zu spielen, auf Tier, Richtung und Pfad zu achten. Aber all das ist wichtig, will man nicht plötzlich einen Pfeil in der Brust haben.

Wer im Regenwald auf demselben Weg zurückgehen will, den er gekommen ist, muß ihn besonders deutlich kennzeichnen. Die Kerben, mit der Machete in Augenhöhe in die Stämme getrieben, müssen von beiden Richtungen aus zu sehen sein: für den Hingehenden und den Rückkehrenden.

Im Urwald ist der Kompaß eine große Hilfe. Da man die Sonne nicht sieht, verliert man schnell die Orientierung. Notfalls muß alle paar Kilometer auf hohe Bäume gestiegen werden. Da hohe Bäume gleichzeitig dicke Bäume sind, ist es gut, sich mit dem Klettern auszukennen.

Bäume helfen auch, Spuren zu verwischen. Wer sich nicht unmittelbar verfolgt glaubt, aber doch mit einer Verfolgung rechnen muß und seine Richtung ändern will, kann das ein- zweihundert Meter weit mitunter über Bäume tun. Er wird scharfäugige Verfolger zumindest lange aufhalten, weit länger jedenfalls als er selbst zum Klettern benötigt. Kommt er wieder zur Erde und muß weiterhin Spuren vermeiden, tut er gut daran, rückwärts zu gehen und jede einzelne Spur mit trockenem Laub zuzudecken.

Auch Lagerstellen werden so nach dem Aufbruch unsichtbar gemacht. Feuer macht man in sanften Mulden, weil sie sich dort später besser mit Erde und Laub kaschieren lassen. Überhaupt werden Feuer nur dann entzündet, wenn der Rauch senkrecht aufsteigt. Kriechender Rauch ist weithin zu riechen.

Im Urwald darf kein Ausrüstungsgegenstand auf die Erde gelegt werden. Er würde schnell im Laub verschwinden und übersehen werden. Man hängt alles auf (vor allem Lebensmittel wegen der Termiten), sticht es in einen bestimmten Stamm, macht sich einen Platz laubfrei oder/und versieht alles mit Signalbändern in rosa oder gelber Schock-Farbe. In einem Farbton jedenfalls, der für den Urwald ungewöhnlich ist.

Für den Fall, daß unsere Rückkehr absolut hoffnungslos sein sollte, hatte jeder, neben der Mundharmonika und dem feuchtigkeitsempfindlichen Zyankali noch eine Art »Talisman« am Hals baumeln. Bei genauerem Hinsehen war es unser chromglänzendes Raketengerät. Nicht größer als ein Kugelschreiber. Aber: per Schraubgewinde verlängert um einen 7 cm langen Abschnitt eines 6 mm-Gewehr-Laufes, bestückt mit einer KK-Patrone, die mit Zaponlack gegen Feuchtigkeit isoliert war. Ein einziger wirksamer Schuß für den allerletzten Ausweg. Die Feinmechanikerarbeit eines Drehers in Manaus am Rio Negro.

Nun, wir haben den Schuß nie gebraucht. Bis auf einen Schlangenbiß, den der Körper selbst verkraftete, verlief unser Marsch ruhig.

Irgendwann erreichten wir einen Fluß. Wo das Dickicht an den Ufern undurchdringlich wurde, schwammen wir. Trotz einer Wasserwärme von 26° spürte man nach wenigen Stunden das Verlangen, an Land zu müssen. Das war wirklich unser einziges Problem. Und nicht etwa die Piranhas, Rochen, Elektro-Fische und Kaimane. Die Angriffslust dieser Tiere existiert nur unter bestimmten Bedingungen und in Abenteuer-Romanen.

Wer die Verhaltensweisen der »riskanten« Tiere kennt, kann ihnen mühelos begegnen (s. Kap. 45, Gefahren durch Tiere).

Urwaldregionen sind unendlich groß. Aber sie sind voller Wasser. Und

Wasser bedeutet Leben. Jedes noch so kleine Rinnsal fließt in ein anderes, größeres. Jeder Nebenfluß vereinigt sich mit einem Hauptfluß. Und jeder Fluß führt zu Menschen.
Über kurz oder lang wird irgendwann die erste Gummisammler-Hütte auftauchen. Ist sie bewohnt, hat die Irrfahrt ein Ende. Ist sie unbewohnt, ergibt ihr Holz ein Floß. Und das bringt dich heim zur Zivilisation.

41. Arktis

»Wer friert, ist faul oder dumm«, meinte mein Freund Peter Lechhart. Peter ist Bergführer und muß es wissen.
Wir hockten gerade während eines mehrtägigen Gletschertrainings im sturmumtosten Zelt am Mont Blanc und wärmten uns mit einem Becher heißer Brühe.
»Wenn's einem kalt wird, zieht man sich besser an. Wenn man die Klamotten zwar hat, aber nur zu bequem ist – dann ist man faul. Und wenn man die Klamotten nicht hat, ist man dumm. Ist doch ganz logisch, oder? Und wer faul oder dumm ist, gehört bestraft. Der soll frieren!«
Peter wärmte sich seine Hände am warmen Becher und seinen Magen mit dessen Inhalt. Er grinste. »Das sind keine Polarforscher- Weisheiten. Das weiß jeder vernünftige Bergsteiger. Ich mag Kälte lieber als Hitze. Gegen Kälte kann man sich schützen. Gegen Hitze nicht.«
Peter Lechhart wollte mich unterweisen im Eisklettern. Eine faszinierende Angelegenheit. Hatte ich doch bisher fast ausschließlich mit Speiseeis zu tun gehabt. Aber auch eine kalte Angelegenheit. Es war Winter und wurde früh dunkel. So hatten wir viel Zeit und Peter erzählte mir in allen Einzelheiten wie er 1970 mit drei Freunden zu Fuß Grönland durchquert hatte. Ohne Hunde und mit einem selbstgebauten Schlitten-Boot. Da war es schon wichtig, die Kälte und ihre Grausamkeit genau zu kennen, wenn man lebend zurückkehren wollte. Diese Erfahrungen hatte er in erster Linie durch seinen Beruf als Bergführer und

durch seine Teilnahme an Himalaya-Expeditionen erworben. Dann hatte er sich in Grönland umgesehen und auch dort Erfahrungen gesammelt. Vor allem aber kannte Peter Lechhart sämtliche Literatur über polare Unternehmungen. So wußte er haargenau Bescheid über alles, was mit der Arktis zusammenhängt. Er wußte von Expeditionen, die sich drei Jahre hingezogen hatten und deren Teilnehmer überlebt hatten, und er zählte aus dem Stegreif mehrere Dutzend Expeditionen auf, wo die Teilnehmer sich um die letzte dragierte Tablette (wegen des Krümels Zucker) geschlagen haben, wo sie ihre Schuhe und schließlich sich gegenseitig verzehrt hatten, wo einfach der Hunger sie in Wahnsinn und Tod getrieben hatte. Aber allen Unglücken war eins gemeinsam: irgendwo hatten die Verunglückten ein arktisches Gesetz nicht beachtet. Irgendwo hatte man eine kleine Fahrlässigkeit begangen. Und das war bestraft worden. Mit arktischer Unerbittlichkeit. Wer Glück hatte, der hatte nur Erfrierungen davongetragen.

Die Gesetze gliedern sich – wie überall auf Extremreisen –, hier aber besonders – in drei Kategorien:

>die der guten Vorbereitung,
>die der richtigen Reaktion auf ein hereinbrechendes
>Unglück und
>die der geeignetsten Rettungsmethoden.

Zu den Vorbereitungen gehört das genaue Wissen um spezielle Probleme des Gebietes, das man zu durchlaufen gedenkt. Entsprechend wird ausgerüstet und die Garderobe gewählt. Die Nahrung soll leicht (dehydriert) sein, ergiebig (Stärke), kalorienreich (Fett) und reichlich. Es sind genügend Reservetage einzuplanen. Wasser steht genügend in Form von Schnee zur Verfügung. Man sollte ihn vorher in einem Gefäß, das man unter der Garderobe trägt oder auf dem Feuer schmelzen. Schnee, der im Mund aufgelöst wird, entzieht dem Körper unnötig Wärme, letztlich also Nahrung. Größere Mengen Schneewasser sollten mit Mineralien angereichert werden, denn Schnee ist destilliertes Wasser. Man kocht davon Brühe, Suppe, Tee, bereitet sich einen Saft. Warme Getränke und warme Nahrung sind durch die Wärme zusätzliche Kalorien, die dir Lebensmittel ersparen. Kaffee soll ein Drittel der getrunkenen Flüssigkeiten nicht überschreiten: Kaffee entzieht dem Körper Flüssigkeit und Wärme. Dasselbe gilt besonders für Alkohol. Er wärmt nur scheinbar. Denn er öffnet die Körpergefäße. Die Haut wird durch Alkohol gut durchblutet. Deshalb sehen Betrunkene gerötet aus. Von der Haut strömt die Hitze direkt ins Freie. Der Betrunkene kühlt sehr schnell aus. Er darf bei Kälte nie ohne Aufsicht gelassen werden, denn er wird gleichzeitig müde und legt sich irgendwo um Schlafen hin und erfriert.

Wer keinen Schnee hat, hat in polaren Regionen Eis. Gefrorenes Meereswasser ist nicht eßbar bzw. trinkbar. Eisschollen, die schon lange an der Luft liegen, setzen außen »Süßwasser« an infolge anfrierender Luftfeuchtigkeit.

Überhaupt soll der Arktiswanderer täglich ein bis zwei Liter Flüssigkeit zu sich nehmen.

In der Arktis geht man nie allein. Zu oft und zu schnell versinkt der Wanderer in einer Spalte, verstaucht seinen Fuß, kann er durchs Eis brechen. Dann braucht er einen zuverlässigen Begleiter. Auf dem Meereseis und in Gletscher-Gebieten sollten die Gruppen sogar mindestens aus drei Personen bestehen: zur gegenseitigen Seilsicherung. In spaltengefährdetem Gebiet ist das ständige Abtasten per Eispickel und Voranlaufen mit Skiern dringend anzuraten.

Lagerplätze in Spaltenzonen müssen besonders sorgfältig abgetastet werden. Erst dann schnallt man die Schneeschuhe ab und markiert den Campplatz deutlich.

Frierst du, dann tut Bewegung not: Gymnastik, ein kurzer Lauf, etwas Gepäck schleppen. Vermeide aber unnötige und übermäßige Transpiration. Schweißwasser beschleunigt die Abkühlung und erhöht die Erfrierungsgefahr. Nach allen schweißtreibenden Tätigkeiten soll die Garderobe gewechselt werden. Sie muß innen wie außen trocken sein. Zieh lieber drei dünne Hemden übereinander an als ein dickes. Die Luftschichten zwischen den Stoffen isolieren mehr als ein dickeres Kleidungsteil.

Grundsätzlich soll man lieber etwas zuwenig anziehen als etwas zuviel. Man transpiriert weniger und hat mehr zum Wechseln. Kleidung ist sauberzuhalten von Ölen und Fetten. Die einen wirken ätzend auf manche Kleiderfasern, leiten Kälte, die anderen erhärten den Stoff, machen spröde, führen zu Bruch.

Schuhe müssen bis zu vier Nummern größer sein als du benötigst. Du mußt in der Lage sein, mit deinen Zehen Gymnastik zu machen. Zieh mehrere Socken übereinander, wobei jeder darübergezogene Strumpf größer sein muß als der darunterliegende. Sonst gibt's Falten und Bewegungsenge.

Die Augen werden grundsätzlich mit einer Schneebrille geschützt. Notfalls macht man sich eine Augenklappe aus irgendwelchen Materialien, die ganz feine Sehschlitze haben. Wie hell es im Schnee, im Eis ist, zeigt dein Belichtungsmesser. Es ist ein Vielfaches dessen, was man Augen zumuten kann. Wer das nicht beachtet, wird über tränende Augen, große Schmerzen und Entzündungen bis zur (Schnee-)Blindheit gelangen. Blindheit wiederum gefährdet nicht nur den Betroffenen, weil er den Weg nicht mehr findet und in Spalten stürzen kann, sondern er gefährdet auch die Kameraden. Sie kommen langsamer voran und jede Verzögerung bei fehlender Nahrung kann den Tod bedeuten.

Das Gesicht ist neben der Brille mit einer Gesichtsmaske geschützt, wenigstens mit Ruß geschwärzt.

Die Mütze ist dicht und warm. 60% der Körperwärme verliert der Mensch über den Kopf, weil dieser ganz besonders gut durchblutet wird. Der Kopf hat einen eigenen Blutkreislauf mit einem Notmechanismus, der immer besser funktioniert als der Körperkreislauf. Denke daran besonders, wenn du wenig Nahrung hast. Jede Wärmeabstrahlung muß mit Nahrung wieder ausgeglichen werden.

Die Gesichtsmaske ist Pflicht bei trockener Kälte von mehr als minus 30° C sowie bei feuchter Kälte im Bereich von minus 5° bis minus 18° C. Drohen dir dennoch Gesichtserfrierungen, schneide Grimassen. Grimassen fördern die Blutzirkulation.

Solange du mit deinen Gliedmaßen noch Gymnastik treiben kannst, solange du Schmerz fühlst, solange bist du okay. Hast du aber irgendwo kein Gefühl mehr, ist das jeweilige Glied weiß – dann mußt du es sofort erwärmen, bewegen, warm verpacken.

Die Erfrierungsgefahr ist am größten für den, der ins Wasser gefallen ist. Ich sagte es an anderer Stelle schon: sie ist 250mal größer als bei dem, der an der weniger gut leitenden Luft bibbert. Und die Gefahr des Einbruchs ins Wasser ist vor allem in Küstennähe gegeben, im sogenannten Schelfgebiet. Meeresdünung und die Gezeiten lassen riesige Eisflöße in Sekundenschnelle abbrechen. Meist treiben diese Flöße seewärts. Eine gewisse Gefahr bilden leicht überfrorene Seehund-Atemlöcher und die Kanten der Eisflächen zum offenen Meer hin. Deshalb sollte man nie auf Meereseis campen.

Bist du trotzdem hineingefallen, dann behalte die Kleidung an. Solange du in dieser Kälte überlebst, gewährt die Garderobe dir einen leichten Auftrieb. Es sind jetzt nur wenige Minuten, die dir bleiben. Ein guter Schwimmer kann im Eiswasser maximal noch 200 m zurücklegen, ehe er stirbt.

Kannst du dich wieder aufs Eis ziehen, dann wälze dich im Schnee. Der Schnee bindet das Wasser. Du wirst ein wenig trockener. Und dann bewege dich! Lauf! Lauf um dein Leben! Nur so verhinderst du das Erfrieren. Nur so kehrt die Wärme des Körperinnern durch gesteigerte Herztätigkeit bis in deine Haut.

Hast du nun keinen Kameraden, keine Garderobe, kein Feuer, keine Sonne und schließlich keine Kraft mehr, dann kühlst du aus und erfrierst. Es wird dich überraschen: der Tod tritt oft erst ein bei 20 Grad Körpertemperatur! Hast du die ersten zwei Grad von deinen 37° C verloren, dann wirst du bewegungsärmer und die Auskühlung geht rapide voran.

Der durch Hunger allmählich erfrierende Polargänger, der in seinem Schlafsack, Zelt oder Iglu liegt, macht andere Stadien durch: Es friert ihn und er wird müde. Aus der anfänglichen Müdigkeit wird eine Schlafsucht. Das Denkvermögen wird beeinträchtigt. Man wird ohnmächtig. Puls, Herz und Atmung sind kaum noch wahrnehmbar. Der Körper wird eisig kalt.

Bei aufkommender Schlafsucht kann man sich nur noch retten mit ständiger Muskelbewegung. Der schon hochgradig unterkühlte Verunglückte muß sofort von außen aufgewärmt werden: im warmen Raum, am Feuer, mit dicker, trockener Garderobe, mit heißen Getränken, sofern sie geschluckt werden.

Im zweiten Stadium der Wiederbelebung werden dann kreislauf- und herzstärkende Mittel gegeben (in diesem Falle auch starker Kaffee). Sobald für Wärme gesorgt ist, muß auch der Atmung künstlich nachgeholfen werden. Sie muß besonders lange fortgeführt werden.

Anders zu behandeln sind die örtlichen Erfrierungen. Sie sind diejenigen Unannehmlichkeiten, die am häufigsten vorkommen. Betroffen sind alle Extremitäten: Nase, Ohren, Finger, Zehen, Beine.

Selbst wenn diese Teile über mehrere Stunden hart und weiß gefroren waren, müssen sie noch nicht verloren sein: wohl aber muß der Betroffene für den Rest des Lebens mit Gewebeschäden und chronischen Kreislaufstörungen rechnen.

Zunächst aber versucht man, das erfrorene Körperteil ganz langsam aufzuwärmen durch Massage der lebenden Nachbargewebe und Belebung des Kreislaufs, z. B. durch Kaffee, damit der Körper die Durchblutung von innen heraus durchführt.

Uriniere auf das erfrorene Teil, stecke es (sofern es geht) zwischen deine Schenkel, unter deine Achselhöhle.

Kuschel dich zwischen deine Kameraden oder zwischen die Hunde. Die Wärme, die in diesem Falle auf dich wirkt, soll 37° C nicht übersteigen. Auch das Einreiben mit Schnee bewirkt Wunder.

Der Polarwanderer sollte auch haut- und durchblutungsreizende Frostsalben bei sich haben. Wechselbäder mildern den Schmerz. Wiederbelebte Körperteile müssen in Zukunft über Jahre besonders umsichtig gegen Kälte geschützt werden.

Bleibt das Gliedmaß abgestorben, bleibt nur die Amputation. Wer keinen Arzt bei sich hat, muß sie selbst vornehmen.

So sorgfältig man auf seine Gesundheit achten muß, so gewissenhaft sollte man auch mit seiner Ausrüstung umgehen. Nichts darf achtlos herumliegen. In wenigen Augenblicken kann es verweht sein. Deshalb ist es ratsam, alles senkrecht zu stellen, zusammenzulassen oder zu markieren mit Leuchtbändern. Beim Packen und während des Marsches sollten Lebensmittel, Brennstoff, Rettungsgeräte, Zelte, Medikamente nie nur auf einem Schlitten, in einem Rucksack, liegen. Zu leicht ist alles verloren. Es muß also gleichmäßig verteilt werden. Dinge, die nur einmal vorhanden sind, werden auf dem letzten Schlitten befördert oder vom letztgehenden Mann getragen.

Wer sich Lebensmitteldepots für den Rückweg anlegt, tut gut daran, auf mehrere Kilometer querab Markierungen aufzustellen. Keinesfalls kennzeichnet man nur die eigentliche Vorratsstelle.

Wer Hunde mitnimmt, muß sich mit ihnen auskennen. Huskies und andere Polarhunde haben ihre eigenen Gesetzte. Es sind Rudeltiere von kaum bezähmbarer Wildheit. Obwohl sie von Menschen gezüchtet werden, steckt Wolfsblut in ihren Adern, das auf den langen Wanderungen durch Wölfe immer mal wieder aufgefrischt wird. Deshalb rechnet man Huskies auch eher zu den Wildtieren als zu den Haustieren. Sie brauchen ein Leittier und einen Herrn.

Wer mit ihnen wenig Erfahrung hat, sollte sie nie aus den Augen lassen, ihnen nie den Rücken zuwenden. Ihr chronischer Hunger macht vor nichts halt. Auch nicht vor dir.

Auf langen Märschen, wenn der Trockenfisch zur Neige geht, sollte der Mensch den Hunden seinen Kot geben, weil er noch viel Verwertbares enthält. Erst in äußerster Not schlachtet man die schwächsten Tiere und füttert damit die restlichen. Sie erhalten die anderen zwar am Leben, schwächen durch ihren Tod aber das Gespann.

Kontrolliere ständig den Sitz deines Gepäcks. Ein Mann hat immer das »Schlußlicht« zu bilden, um auf Verluste zu achten. Mußt du dein Gepäck auf dem Schlitten neu festbinden, dann vermeide, mit bloßen Händen Metall zu berühren! Sei besonders vorsichtig im Umgang mit Öl, Petroleum und Benzin, weil sie sofort Erfrierungen hervorrufen.

Nicht grundlos werden Polarwanderern von den Anrainer-Staaten arktischer Zonen ungewöhnlich strenge Auflagen erteilt: die Ausrüstung wird überprüft und Versicherungen müssen ein eventuelles Bergungsrisiko bis in Millionenhöhe abdecken. Die Beiträge für derartige Absicherungen sind so hoch, daß der Einzelwanderer sie kaum aufbringen kann, und Mäzene nur in Ausnahmefällen zu finden sind.

Die Bestimmungen sollen verhindern, daß durch den Leichtsinn einzelner das Leben anderer, nämlich der Retter, aufs Spiel gesetzt wird und daß solche kostspieligen Bergungsaktionen von unbeteiligten Steuerzahlern bezahlt werden müssen.

Der Grund für diese Vorsichtsmaßnahme ist einfach: es soll noch keine Polar-Expedition gegeben haben, in deren Verlauf nichts Unvorhergesehenes passiert ist.

42. Wüste

Was der Urwald im Überfluß bietet, nämlich Wasser, Pflanzen, Nahrung, fehlt der Wüste. Sie hat mit ihm nur eines gemeinsam: die Wärme. Allerdings eine trockene Wärme. Das bedeutet, man schwitzt scheinbar nicht. Daß man es doch tut, und nicht zu wenig, merkt man am Durst. Und gerade den zu stillen, das ist das Hauptproblem.

Der Nahrungsbedarf ist minimal, weil die Sonne fleißig mithilft, den Körper auf 37° Celsius zu halten. Auch hier, wie im Urwald, brauchen wir fast nur Nahrung für die Muskelarbeit. Übergewichtige, die ihr Gepäck nicht mit zu vielen Lebensmitteln belasten wollen, haben gerade dann Gelegenheit, sich von ihrem eigenen Fett zu ernähren. Aufkommende Hungergefühle lassen sich vorübergehend mit Appetitzüglern (Tabletten) unterdrücken. Vorsichtige können vorher einen Arzt konsultieren.

Der Weg ist sandig, steinig, vielleicht dornig oder gebirgig. Die Himmelsrichtungen sind klar auszumachen. Wüste ist meist offen und hat nichts von der bedrückenden Enge des Urwaldes. Dafür wird man von Horizont zu Horizont gesehen, was bei Verfolgung von Nachteil ist.

Wenn nur nicht die chronische Wasserknappheit wäre!

Ihr ein Schnippchen zu schlagen, ist unser Hauptproblem. Das macht man in erster Linie mit guter Planung. Der umsichtige Wüstenwanderer nimmt lieber fünf Kanister Wasser zuviel mit als einen Liter zuwenig. Er versichert sich eines guten Führers. Der weiß haargenau, welcher Brunnen um diese Jahreszeit garantiert Wasser hat und welcher nicht.

Er weiß, wo man mit den bloßen Händen noch Wasser findet und wo gerade jetzt Nomaden zu finden sind, die Wasser und Milch haben. Er weiß, was den Lasttieren aufzubürden ist, welche Stämme man um Hilfe angehen und welche man zu umgehen hat. Er liest Spuren so schnell wie wir ein Buch und ist bereit, sein Leben zu geben, um unseres zu schützen. Wer solch einen Mann hat, der braucht nichts zu fürchten. Der hat gut vorgebeugt, der hat sich gut abgesichert.

Aber wer hat schon einen Führer, wenn er mit seinem Wagen querfeldein gefahren ist und plötzlich in der Falle sitzt! Mit seinem Wagen, dessen Motor er genau kennt, der ihn noch nie im Stich gelassen hat, den er in Rekordzeit auseinandernehmen und wieder zusammenbasteln kann. Dieser Wagen, dessen Kolben sich unerwartet festgefressen haben, der plötzlich im Treibsand versinkt, dessen Benzin zu Ende ist, weil man die Strecke unterschätzt hat. Es gibt Beispiele dafür genug. Und es gibt Beispiele dafür, wie solche Verunglückten sich richtig oder falsch verhalten haben.

Da waren in den 60er Jahren jene Deutschen, die mit mehreren Wagen quer durch die »Libysche Wüste« in Ägypten wollten. Von Kairo sollte es durch die Kattara-Senke zur Oase Siwa gehen. Landeskenner hatten sie vor den Treibsänden gewarnt. Aber die Deutschen waren wohl zu dem Schluß gekommen, daß man mit mindestens zwei Wagen weniger gefährdet sei und wagten sich in die Senke. Irgend etwas muß dann schiefgegangen sein. Statt so weit hintereinander zu fahren, daß immer nur der erste Wagen versacken und der nachfolgende ihn dann herausziehen kann, ist man wohl parallel gefahren.

Jedenfalls steckten alle Wagen im Sand. Letzte Fotos und die Spuren des Schaufelns zeigen, wie verzweifelt die Leute darum gekämpft hatten, freizukommen.

Statt im Schatten der Wagen die klare und kühle Nacht für die Bergungsversuche abzuwarten, zogen sie ihre Hemden aus und wühlten während der Tagesglut. Das wenige Wasser, das für eine Autoreise ohne Hindernisse geplant war, nicht aber für einen Notfall, war im Handumdrehen getrunken, ausgeschwitzt, verbraucht.

Die Sonne glühte unbarmherzig weiter. Als die Männer erkannten, daß sie die Autos nie freibekommen würden, gerieten sie in Panik. Die einen blieben in der prallen Sonnenglut beim Wagen, andere marschierten los. Sie kamen nicht weit. Sie verdursteten alle innerhalb eines Tages.

Wie aus jedem Unglück, kann man auch aus diesem lernen. Eine Sandwüste durchquert man im Konvoi. Mindestens ist man mit zwei Autos oder mit zwei Kamelen unterwegs. Man fährt hintereinander und nicht nebeneinander.

Bleibt das vordere Fahrzeug stecken, so kann der nachfolgende Wagen rechtzeitig halten und beim Rausziehen helfen. Steht auch der zweite Wagen auf unsicherem Grund, so sollte er die Sandbleche benutzen und nicht der versackte Wagen. Um Treibstoff zu sparen, wird soviel Sand wie möglich beiseite geschaufelt. Zeigen die ersten Bergungsversuche keinen Erfolg, und ist das Wasser knapp, so wartet man auf den Abend, um bei kühleren Temperaturen weiterzuarbeiten. Kommt man auch dann nicht weiter, läßt man den Wagen stecken und fährt mit dem anderen weiter. Ist man steckengeblieben und mutterseelenallein und sind weder ein Baum oder ein Fels vorhanden, um den man das Seil schlingen könnte, um sich herauszuwinden, dann kann man womöglich sein Reserverad als Anker benutzen. Man befestigt das Seil daran und gräbt das Rad so tief ein, daß es belastet werden kann.

Man läßt tagsüber Luft aus den Reifen, damit das Fahrzeug eine breitere Auflage hat. Die flachen Reifen wirken wie Schneeschuhe. Sie vermindern das Risiko des Einsinkens.

Besteht die Gefahr der Überbelastung, lädt man alles Entbehrliche aus.

»Lieber arm und lebendig als reich und tot«, ein weises Beduinen-Wort.

Nachts, wenn es kühl wird, pumpt man die Reifen wieder auf, sonst verschleißen sie zu schnell. Sofern man weiterfahren will.

Ich habe schon Araber gesehen, die die riesigen Tankwagen-Reifen mit der Fußpumpe aufpumpten. Also, nur immer guten Mutes!

Es gibt Berichte von anderen Leuten, die ihren Wagen im Stich ließen und gleich loswanderten. Sie vergaßen in der Aufregung sogar, das Wasser der Motor-Kühlung mitzunehmen, das sie gerettet hätte. Sie gerieten in einen Wind, der die Spuren verwischte. Dabei hatten sie im Dorf eine Nachricht hinterlassen, die genau sagte, wohin sie fahren wollten und wann sie wo anzukommen gedachten. Eine sehr wichtige Vorsichtsregel für Wildnisläufer aller Couleur.

Infolgedessen wurde das Fahrzeug schon bald gefunden – man kann es leicht vom Flugzeug aus sehen – vom Manne jedoch erst nach Tagen der schwarzgebrannte, verdorrte Leichnam.

Ein anderer Verirrter im südlichen Libyen erinnerte sich immerhin seines Kühlwassers. »Gewiß, es schmeckte nicht gut. Aber ich dachte, das liegt am Rost und daran, daß es schon so lange im Tank war«, meinte er später. »Deshalb hatte ich lange gezögert, es zu trinken. Als ich dann aber vor Durst schon nicht mehr schlucken konnte und mir schwarz wurde vor Augen, habe ich es einfach runtergekippt.«

Es waren aber nicht der Rost oder das Alter des Wassers, was so ungenießbar schmeckte. Es war ein giftiges Frostschutzmittel. In Afrika braucht man diese Chemikalien nicht. Der Mann kam jedoch aus Europa.

Die späteren Überlegungen ergaben, daß ihm nach Genuß des Wassers wohl tatsächlich schwarz vor Augen geworden ist.

Er war bewußtlos geworden und hatte zumindest einen Teil des gefährlichen Cocktails ausgebrochen. Vielleicht war das seine Rettung.

Ein Hubschrauber der libyschen Armee fand ihn rein zufällig. Der Pilot war durch das glitzernde Auto auf das Unglück aufmerksam geworden und der Spur gefolgt.

Der Pilot ahnte, was geschehen war, denn er hatte den offenen Kühlwassertank gesehen und daran geschnuppert. Er flößte dem Verunglückten Salzwasser ein, das man schnell provisorisch angerührt hatte. Dadurch entleerte der Magen sich abermals. Dann erst reichte er ihm frisches Wasser und flog ihn schnell in ein Lazarett in Tripolis.

So kam der Mann ohne nennenswerte Schäden davon.

Trockenes Gras, das sich nachts mit Luftfeuchtigkeit und Tau vollgesogen hat, selbst der trockene Sand, enthalten Wasser. Auf dieser Erkenntnis basiert der Survival-Trick mit dem Loch und der Folie. Weil er so originell ist, wird er gern berichtet. Schon die alten Fremdenlegionäre praktizierten ihn. Statt Plastik verwendeten sie Gummi.

Man gräbt ein größtmögliches Loch. Darüber legt man ein Plastiktuch. Am Kraterrand wird es mit Steinen und/oder Sand beschwert und abgedichtet.

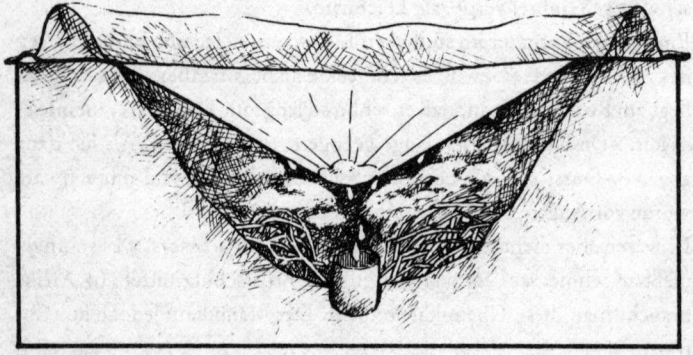

In die Mitte der Plastikfolie legt man einen Stein. Durch sein Gewicht hängt das Tuch in der Mitte trichterförmig durch und strafft sich gleichzeitig.

Wenn die Sonne darauf scheint, entsteht im Inneren des Kraters eine große Stauwärme. Du kennst das vom Auto, das man in der Sonne abgestellt hat.

Diese Hitze läßt die Bodenfeuchtigkeit verdunsten. Sie steigt nach oben und kondensiert an der kältesten Stelle des Loches: der Unterseite der Folie.

Die so entstandenen Wassertropfen rutschen peu à peu zum tiefsten Punkt. Darunter hat man vorher eine Dose gestellt.

Will man den Wassergewinnungsprozeß nicht unterbrechen, kann man das Wasser per Schlauch heraussaugen. Er muß dann vorher schon hineingegeben worden sein und während des Prozesses geschlossen werden.

Jede Undichtigkeit des Trichterrandes verringert den Erfolg. Wenn du krank im Bett liegst und schwitzen sollst und irgendwo unter der Bettdecke ein kleines Luftloch läßt, verpufft die Wirkung auf dieselbe Weise.

Das Wasser, das man mit dem Schlauch absaugt, ist destilliertes Wasser. Es ist ebenso unbekömmlich wie Meereswasser. Man muß es vorm Trinken wieder in ein Gefäß spucken und entweder mit etwas Salz mischen oder einfach Sand hineinstreuen und diesen gut verrühren. Schon nach wenigen Sekunden lösen sich die nötigen Mengen Mineralien vom Sand. Das Aqua destillata ist trinkbar geworden. Du kannst diese Methode an jedem heißen Sommertag an jedem Strand erproben.

Daß der scheinbar trockene Sand überhaupt Wasser hergibt, liegt daran, daß jede Luft Feuchtigkeit enthält. Tagsüber, in der Mittagshitze, weniger, morgens früh mehr.

Und so wie ein Topf mit heißem Wasser seine Hitze an die ihn umgebende Luft abgibt, so gleichen sich auch die Feuchtigkeitsdifferenzen bei Sand und Luft stets aus.

Will man sein Wasserloch effektiver machen, so kann man das leicht tun, wenn trockenes Gras oder Holz zu finden sind. Auch sie saugen sich nachts mit Luftfeuchtigkeit voll und müssen morgens ins Loch geworfen werden.

Wer auf keinerlei Pflanzen zurückgreifen kann, sollte abends sämtliche Garderobe flach auf die Erde legen. Besonders Wolle bindet allerhand Wasser.

Dieses Loch hat aber nur Zweck, wenn man es in nächtlicher Kühle gräbt. Tagsüber verliert man beim Graben mehr Schweiß als man Wasser gewinnt. Es hat ferner nur dann Sinn, wenn man am folgenden Tage bis kurz vor Mittag bleiben will, weil man für die Verdampfung die Zeit der Sonnenkraft abwarten muß. Das Loch hat also vor allem Sinn bei längerem Aufenthalt am selben Platz.

Nach dem Verdunstungsvorgang wird die Folie abgenommen, damit Sand, Pflanzen und Garderobenstücke sich nachts erneut vollsaugen können.

In diesen Sandtrichtern lassen sich auch Urin, verschwitzte Garderobe, Salz-, Schmutz- und das Wasser vergifteter Brunnen regenerieren.

Das Prinzip dieses Wasserloch-Kondensators brachte mich auf die Idee zu einer »Wassermaschine«. In meinem Buch »Danakil« habe ich sie näher erklärt und auch die Versuche, die wir im Rahmen eines Kamelmarsches durch die Danakil-Wüste in Äthiopien damit anstellten.

Mit Hilfe stark hygroskopischer Chemikalien wie Kieselgel oder Zeolith sammelten wir nächtliche Luftfeuchtigkeit. Beide Stoffe konnten 25% ihres Eigengewichts in ihrem kapillaren Röhrensystem binden. Mit Hilfe der Mittagshitze, unterstützt von einem Parabolspiegel, trieben wir das Wasser wieder aus und kondensierten es.

Die Chemikalien sind danach erneut aufnahmebereit. Besonders der Zeolith ist derart stark hygroskopisch, daß er sich sogar belädt, wenn die relative Luftfeuchte nur 30% beträgt. Das ist häufig mittags der Fall.

Wer Durst hat, zwei kräftige Hände oder eine Schaufel, kann nach Wasser graben. Aber nicht irgendwo, sondern an bestimmten Stellen. Da sind z. B. Talsohlen, auf denen Pflanzen stehen. Und wenn sie noch so trocken sind, ihre Wurzeln könnten Wasserkontakt haben.

In Außenkurven der Trockenflußbetten (Wadis) wird man ebenfalls häufig fündig. Wo Mücken schwärmen, wo Vögel fliegen, wo frische Gazellenspuren zusammenlaufen, da dürfte man Erfolg beim Graben nach Wasser haben oder gar auf ein offenes Wasserloch stoßen.

Sieht man Gebirge, sollte man sie aufsuchen. Zerklüftete Felsen haben Risse, Spalten, Höhlen, in denen man Regenwasser- oder Taureste finden kann. Wer einen Überlebensgürtel bei sich hat, kann mit Hilfe des Schlauches in tiefe Spalten gelangen und flachste Pfützen genüßlich ausschlürfen. Wer den Schlauch nicht hat, nimmt sein Hemd und saugt das Wasser damit auf. Mit Stoff kann man auch feuchtem Sand das Wasser entziehen.

Ist das Hemd zwar feucht geworden, aber nicht so feucht, daß man es auswringen könnte, so zieht man es an. Nasse Hemden kühlen den Körper und verlangsamen die Verdunstung. So beugst du dem Durst vor.

In seinem Buch »Die überlistete Wildnis« empfiehlt Meissner für nassen Sand, eine Blechdose hineinzustecken, die oben ringsherum gelöchert ist. Ist der Sand feucht genug, soll das Naß durch die Löcher in die Dose dringen.

Schmutzwasser, das einem ungenießbar scheint, filtert man mehrfach durch möglichst baumwollene Taschentücher oder durch Sand. Hat man die Gelegenheit, es zu kochen, so tötet man die Keime auf diese Weise.

Auch Tabletten (Micropur, Certisil, Jod, Chlor) entkeimen Wasser. Sie töten in der Regel aber nicht nur die schädliche Bakterienflora, sondern auch die nützliche. Auf die Dauer kann chemisch trinkbar gemachtes Wasser unser Innenleben negativ beeinflussen, Widerstandskräfte brechen, krank machen.

In diesem Zusammenhang sei darauf hingewiesen, daß es diverse Filter gibt. Da ständig neue auf den Markt kommen, informiert man sich darüber am besten bei den Globetrotter-Ausrüstern. Sie führen auch die Entgiftungstabletten.

Als ich mich in jungen Jahren südlich der Kufra-Oasen in Libyen einer Beduinen-Karawane zum Tschad angeschlossen hatte und das Wasser knapp wurde, gruben die Männer neben den Salzseen fünfzig Zentimeter tiefe Mulden.

Das Sickerwasser war zwar noch salzig, aber die Kamele tranken es. Je weiter entfernt vom See man grub, desto »süßer« wurde der Trunk.

Wegen der großen Hitze haben viele Wüstenpflanzen ihren Wasserspeicher unterirdisch: in Wurzeln und Knollen. Ihren Saft gewinnt man ebenso wie den der Blätter grüner Pflanzen oder den aus dem Fleisch der saftigen Kakteen: man zermust die Pflanzen mit Steinen und versucht, die Flüssigkeit per Tuch auszuwringen. Sind die Säfte jedoch milchig, ist Vorsicht geboten (s. Kapitel 54, Vegetarische Notnahrung, Tests).

Der Durstige sollte sich eines immer vor Augen führen: jede Bewegung kostet den Körper Schweiß. Also sollte er sich so wenig wie möglich bewegen, so dick wie möglich und erträglich anziehen, auf keinen Fall entblößt gehen. Nicht ohne Grund sind Beduinen ganz verhüllt. Da der Körper beim Transpirieren Salz verliert, sollte man es ihm beim Trinken wieder zuführen. Eine Prise Salz kann mitunter mehr beleben, vor allem aber nützlicher sein, als eine Schmerztablette oder ein Stück Brot.

Wer bei extremer Hitze unter starkem Durst leidet, neigt dazu, maßlos zu trinken. Ist der Wasservorrat begrenzt, birgt das eine große Gefahr. In derselben Sekunde nämlich schwitzt man das meiste Wasser wieder aus. Unnötig schnell. Man kann förmlich sehen, wie es aus den Poren schießt. Man braucht sich nur noch auszuziehen und zu arbeiten – dann sind 20 Liter (!) Trinkwasser schnell getrunken und verdunstet! Darum soll man die goldene Regel der Beduinen beherzigen: Trinke häufig, aber nur schluckweise. Bei außergewöhnlichen Strapazen hatten wir unsere Trinkgewohnheiten auf den Wüstendurchquerungen auf einen Becher = 75 g pro ½ Stunde eingependelt. Das hält man recht lange aus.

Rein biologisch betrachtet, ist Durst der Drang des Körpers zur Flüssigkeitsaufnahme. Der Körper verliert sein Wasser u. a. durch Urin, Stuhl, Haut- und Lungenatmung. Wer eine Glasscheibe anhaucht, kann am ehesten ermessen, wieviel Wasser pro Atmung seinen Körper verläßt.

Laut Grzimek (s. Grzimeks Tierleben, Band 13, Seite 150) verliert ein Mensch bei extremer Hitze von 50° C im Schatten pro Stunde 1,14 Liter Wasser. Bei 4½ Liter, nach gut 3 Stunden also, hat er über 5 % seines Körpergewichtes verloren. Das hat neben starkem Durstgefühl zur Folge, daß erste körperliche Behinderungen auftreten: der Speichel fließt schon längst nicht mehr. Der Mund ist trocken. Das Schlucken wird unmöglich. Panik entsteht. Die Stimme wird rauh, heiser, Mund- und Rachenschleimhaut und die Augen röten sich, der Puls geht schneller, Benommenheit und Desinteresse kommen auf.

Erhöht sich der Wasserverlust auf 10 %, hört man nichts mehr, verspürt schreckliche Schmerzen und wird wahnsinnig.

Nur zwei Prozent mehr – also 12 % – und man stirbt durch Verdursten in Verbindung mit Hitzschlag. Das Blut ist überhitzt. Es fehlt die Wasserkühlung.

Verdurstete Menschen sehen schlimm aus. Sie sind eingefallen und schwarz. Sie wirken verbrannt.

Wer in kühlen Zonen verdurstet, kann 20 % Flüssigkeitsverlust hinnehmen, weil es hier nicht zusätzlich zum Hitzschlag kommen kann.

Zusammenfassend sollen dieses und die anderen Beispiele dem »studierten« Überlebenskünstler zeigen, daß er – gegenüber dem völlig unvorbereiteten Verdurstenden – einige gute Chancen mehr hat, wenn er weiß, daß er vor allem grundsätzlich die Verdunstung seines Körperwassers so gut wie möglich reduzieren muß.
Erst in zweiter Linie kommt dann die Wasserbeschaffung.

Praxis 2:
Fertigkeiten

43. Camps

Der schönste Augenblick des Tages ist der Moment, wo angehalten und Camp gemacht wird. Es ist wie der Feierabend nach harter Arbeit.
Damit es das auch bleibt und das traute Heim sich nicht urplötzlich in eine Falle verwandelt, aus der es kein Entrinnen gibt, sind Lagerplätze besonders sorgsam zu wählen.
Sie sollen zwar romantisch sein, die Psyche will sich schließlich auch laben, sie sollen aber nie in regenwassergefährdeten Mulden oder Schluchten liegen, nie an hochwasserträchtigen Urwaldflüssen, in Ebbe-Zonen oder am Rande des Eises.
Man säubert sie ggf. von Dornen, Gestrüpp, Gestein und macht sie übersichtlich. Man sollte von den Zelten aus die Umgebung übersehen, um noch Reaktionszeit bei Überraschungen zu haben. Man hält bei drohender Gefahr das Feuer mit trockenem Holz rauchlos und klein und baut einen Sichtschutz um den Lichtschein. Nachts wird das Feuer gelöscht oder gut bedeckt.
In besonders unsicheren Gebieten sucht man sein Camp erst so spät wie möglich, am besten in der Dunkelheit. Man verzichtet auf den Aufbau der Zelte, rollt sich ins Dickicht und verzichtet ausnahmsweise auch auf die Romantik.
Man hält sein Gepäck übersichtlich und griffbereit zusammen. So ist es weitgehend geschützt gegen Tiere und Diebstahl. Im Notfall kann man es schnell schnappen und ohne Verlust fliehen.
Den Überlebensgürtel dreht man auf den Bauch, wenn man auf dem Rücken schlafen möchte. Aber man legt ihn nicht ab. Die Hosentaschen sind verschlossen (Klettverschluß). Man möchte ja nichts verlieren. Vorm Einschlafen vergewissert man sich noch mal kurz, wo sich was befindet. Man programmiert sich darauf, entweder beim leisesten Geräusch oder vorm Morgengrauen aufzustehen. Wenn möglich, sollte jemand wachen. Oft empfiehlt sich die Begleitung eines Hundes (Futterproblem).
Je unsicherer die Umgebung erscheint, desto eher solltest du wieder aufbrechen, am besten während der Dunkelheit.

Das Messer steckst du neben dich in den Boden. Der Revolver ist angebunden am Holster. Das Gewehr liegt unterm »Kopfkissen«. Die Reservepatronen hast du in der oder jener Tasche. Die Taschenlampe ist griffbereit. Beim leisesten Geräusch bist du wach. Wer nicht total erschöpft ist – und Erschöpfungen solltest du in Krisentagen vermeiden – wird wach, wenn eine Maus durchs Gras läuft. Spätestens aber vorm Hellwerden greifst du »blind« deine Siebensachen und verläßt den Platz.

Wirst du verfolgt und hast gerade noch dein bißchen Leben gerettet, wirst du manches anders machen müssen. Du mußt dich mit weit weniger Komfort begnügen.

Es gilt, dieses bißchen Leben zu erhalten. Die Verfolger hast du abgeschüttelt, oder du hast einen guten Vorsprung erreicht und kannst dir eine Verschnaufpause leisten. Gleich kommt die Nacht mit ihrer Kälte. Dann folgen Durst und Hunger. Ein voller Bauch nützt dir wenig, wenn du nachts erfrierst. Neben der Kälte ist es der Wind, der dich auskühlt. Scharre dir eine Mulde. Wirf den Aushub als Wall auf die Windseite. In Felswüsten läßt sich eine Steinmauer bauen oder eine Ritze finden. Mußt du immer noch mit Verfolgung rechnen, tarne den Aushub mit welkem Laub oder laß ihn verschwinden: im Fluß, in Spalten. Tarne dein Gesicht mit Schmutz oder Ruß.

Das nächstwichtige ist eine Matratze, denn der kalte Boden raubt dir ebensoviel Körperwärme wie der Wind. Sofern vorhanden, pack zuunterst Reisig und darauf Laub, Gras, überflüssige Garderobe, Papier oder wenn du deinen Überlebensgürtel noch hast: die Aluminiumfolie. Sie erspart dir Muldenbau und Matratze. Es sei denn, du möchtest weich liegen. Ist dein Gebiet regnerisch, so versuchst du, eine Hütte zu bauen. Für eine Nacht genügen die einfachsten Unterschlüpfe: Schräg gegen Felsen gestellte dicke Äste, dicht bei dicht, oder gefallene Bäume, die dann mit Grassoden abgedeckt werden.

Wem der Erdboden zu sumpfig ist, der sucht sich ein Nest im Baum. Wichtig dabei ist, daß die Füße während des Schlafens eine feste Auflage haben, sonst staut die Blutzirkulation. Genauso wichtig ist es, sich anzubinden. Nachteil des Baumverstecks: im Falle der Entdeckung ist jeder Fluchtweg abgeschlossen. Und auf Bäumen sucht man Verfolgte zuerst.

An Erdabbrüchen lassen sich auch sehr gut mittels der Hände und eines kräftigen Grabstockes Höhlen scharren.

Der Eingang bleibt klein oder wird – je nach Sicherheitsbedürfnis – bis auf ein Luftloch ganz zugeworfen.

Höhlen lassen sich besonders gut im Schnee machen. Man legt sich auf den Rücken, wühlt sich zappelnd ca. einen Meter senkrecht hinunter und gräbt sich dann waagerecht weiter. Auch bei der Schneehöhle wird besonders die Decke der Schneehöhle angeklopft und zwar kuppelartig. Diese Bögen schützen sehr stabil gegen Einsturz. (Mit der Bogenbauweise haben unsere Vorfahren – in Ermangelung von Eisenträgern – die herrlichsten Häuser, Dome, Paläste gebaut.)

Künstliche Höhlen sollten klein und dicht gehalten werden. Besonders Schnee ist ein guter Isolator; das liegt an seiner lockeren und lufthaltigen Struktur. Und da jeder menschliche Körper ungefähr soviel Wärme abgibt wie eine 70-Watt-Elektrobirne, wird es bald schon erträglich mollig.

Häufig findet man fix und fertige Höhlen unter weitausladenden Tannen, wohin der Schnee nicht wehen konnte.

Eine andere Notbehausung ist der simple Windschutz aus Ästen und Blättern. Dazu rammt man im Abstand von 2,50 m zwei Astgabeln in die Erde. Von Gabel zu Gabel wird ein gerader Ast gelegt, gegen den wiederum schräg andere angelehnt werden.

Siehe Abbildung Seite 165 oben

Diese verbindet man in Flechtweise oder aber man hat astreiche Schrägstöcke gewählt, über die man wiederum Querlatten legt. Über die Querlatten hängt man große Blätter, wie Hufflattich, Ahorn oder Schilf. Oder man nimmt Baumrinden. Viel Flechtarbeit läßt sich sparen, wenn man sich einen Tunnel aus biegsamen Zweigen baut oder eine Kuppel oder das Tepée der Indianer: kreisförmig zusammengestellte lange Rundhölzer und Baumrinde. Sie werden entweder dicht bei dicht gestellt oder etwas auseinander und mit Querhölzern und Blättern ab-

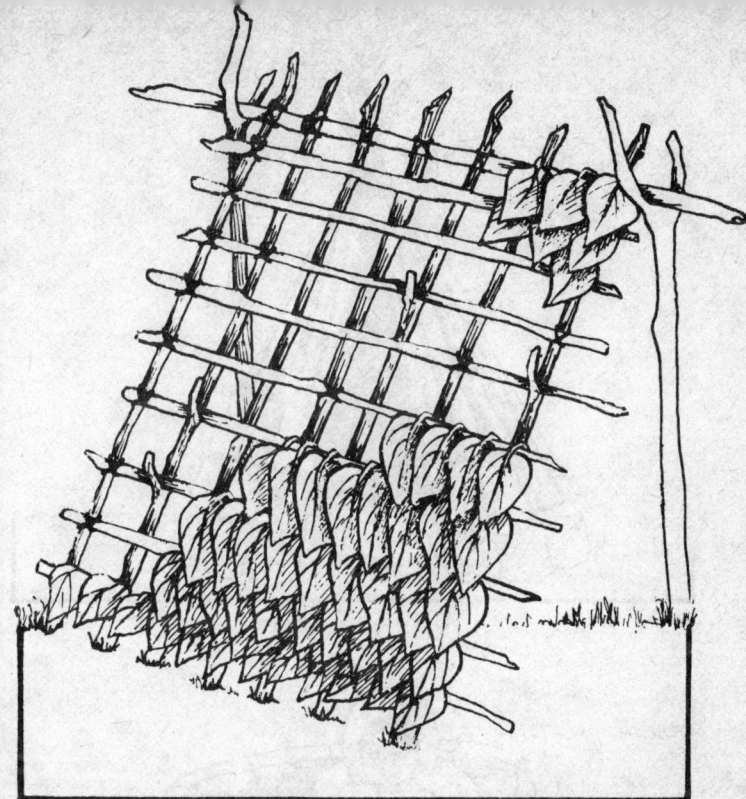

gedichtet. Der Fantasie sind keine Grenzen gesetzt, und je länger man an einem Ort zu verweilen gedenkt, desto sorgfältiger wird man seine Unterkunft bauen. Das reicht über den Iglu bis zur Blockhütte mit Feuerstelle und Vorratslagern.

Siehe Abbildung auf S. 166

Diejenigen Waldläufer, die sich für die Tundren der Polarzone interessieren und dort in einer eigenen Blockhütte leben möchten, sei

        Hans-Otto Meissner
        »Die überlistete Wildnis«
        Bertelsmann Verlag

empfohlen. Es enthält genaue Bauanweisungen.

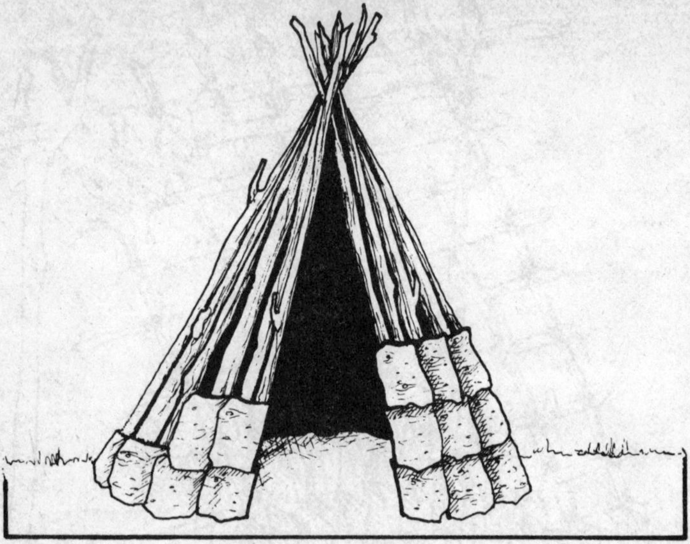

Für jugendliche Waldläufer, die in heimischen Wäldern trainieren möchten, gibt es ein sehr ausführlich bebildertes Bastelbuch von
>Andrea Mercanti
»Abenteuer unter freiem Himmel«
Mosaik-Verlag.

Ihm kann man unendlich viele praktische Bauanleitungen entnehmen.

44. Alarmanlagen

Wer keinen Hund mit sich führen will oder kann, wer infolge Erschöpfung zum Wachen nicht imstande ist, wer sich nachts nicht sicher fühlt, der sollte sich mit einer Alarmanlage schützen. Für Globetrotter empfehlen sich vier Methoden:

>Man stapelt viel brüchiges Reisig-Holz um sich herum, das niemand geräuschlos überschreiten oder forträumen kann.
>
>Man spannt über die gefährdeten Anschleichpfade einen Nylonfaden (Angelschnur), der bei Berührung etwas Lärmendes vom Baum fallen läßt oder
>
>man bedient sich der praktischen Alarmkugel, die in den Globetrotter-Shops zu haben ist. Dabei handelt es sich um eine Metallkugel. Sie wird batteriegespeist und enthält eine Sirene. Der Heulton geht in dem Moment los, wo sie geringfügig angestoßen und von ihrer winzigen ebenen Standfläche gestoßen wird.
>
>Billiger und ebenso wirkungsvoll, und nach demselben Prinzip einsetzbar, ist der allbekannte japanische Lachsack. Er wird meist in Spielwarengeschäften gehandelt. Er muß so mit der Stolperschnur verbunden sein, daß der Lachmechanismus bei Berührung der Schnur ausgelöst wird.

Der Erfolg des Lachsackes ist deshalb so verblüffend, weil er in der Wildnis unbekannt ist und Lachen das allerletzte ist, auf das der Anschleicher vorbereitet ist.

Wer sein Auto mit simplen Mitteln schützen will, besorge sich eine möglichst echte künstliche oder eine harmlose echte Schlange und lasse diese auf dem Fahrersitz liegen. Die panische Angst Einheimischer vor Schlagen wirkt Wunder.

45. Gefahren durch Tiere

Ich wußte, der Biß einer Buschmeister-Schlange ist tödlich. Serum hatten wir nicht dabei. In der feuchtheißen Luft des Dschungels würde es bald verderben. Und Trockenserum hatten wir nirgends bekommen.

Im übrigen kenne ich mich mit Schlangen etwas aus. Schon von Kindesbeinen an haben sie mich fasziniert, hielt ich sie in Käfigen oder Tropenräumen: Riesenschlangen, Kobras, Mambas, Puffottern, Klapperschlangen, um nur einige zu nennen.

Auch hier in Brasilien hielten wir ständig die Augen offen, gingen wir leise, um für Wolfgangs Film Schlangen zu finden.

Und nun hatten wir den Buschmeister. Ein wahres Schmuckstück für jeden Farbfilm. Er lag auf einem Baumstamm und sonnte sich. Unser kleiner Nasenbär war über ihn hinweggelaufen, ohne ihn zu sehen und ohne gebissen zu werden.

Ich hatte den Buschmeister schnell aber behutsam mit der Machete festgehalten und in einem Strumpf verstaut.

Wolfgang war begeistert. Dieser herrlich quicklebendige Farbtupferl würde seinen Film beleben. Bis wir das Camp erreichten, hatte er im Geiste bereits drei »Drehbücher« erstellt und sagte mir, wie die Schlange nun zu agieren habe.

Es war ein junger Buschmeister. Nur 70 cm lang. Nicht größer als unsere heimische Kreuzotter. Mit einem kleinen Stöckchen dirigierte ich sie hierhin und dorthin. Genau, wie Wolfgang es wollte.

Allmählich wurden die Schlange und ich müde. Ich sagte ja schon, Wolfgang wollte drei Versionen drehen, und das braucht seine Zeit. Einen Moment lang hatte ich nicht aufgepaßt. Da hing der Buschmeister an meinem Finger. Obwohl er *mich* gebissen hatte, stieß Wolfgang einen Fluch aus. Nicht aus Sorge oder Mitleid. Wolfgang fluchte, weil er genau in dem Moment die Kamera nicht laufen hatte. Typisches Filmerschicksal.

Ich hatte andere Sorgen. Die erste Reaktion war: aussaugen. Ich wußte, viel bringt das nicht. Gift, mit den feinen Giftnadeln einer Schlange unter Druck ins Blut injiziert, tritt seinen Weg in die Blutbahn an. Außerdem durfte ich nicht zu stark saugen, denn dann würde mein Zahnfleisch bluten und das Gift konnte durch den blutenden Kiefer in den Kreislauf geraten. Schon während ich saugte, band ich mir hastig ein Seil ums Handgelenk, um das vergiftete Blut zu stauen. Sollte ich mehr als verträglich abbekommen haben, würden sich die Folgen auf die Hand beschränken. Irgendwie würde man damit schon fertig werden. Angst hatte ich im Moment nicht. Vielleicht infolge der Gewohnheit im Umgang mit den Reptilien. Die Schlange war relativ klein, hatte also entsprechend geringe Giftmengen. Die ein, zwei Tropfen würde mein Körper sicher neutralisieren können.

Und ich hatte recht gehabt. Zwar sah ich deutlich die beiden Einstiche – aber auch nach zehn Minuten merkte ich keinerlei Wirkung. Ich lockerte die Stauung.

»Wenn du dich wieder beißen läßt, sag vorher Bescheid. Dann halte ich voll drauf«, bat Wolfgang auf seine bescheidene Art.

Wir drehten weiter und als alles im Kasten war, ließen wir das Tier weit entfernt vom Camp wieder frei.

Zwei Stunden später wurde es dunkel. Ich schrieb Tagebuch. »Verflixt«, dachte ich, »woher kommt denn bloß die Schmiere auf den Papierseiten?« Rötlich-wässriger Saft verunstaltete die sauberen Blätter. Hatte ich mich irgendwo gekratzt? Blutete es? Bei dem Insektenandrang wäre das kein Wunder. Aber diesmal waren nicht die Insekten die Urheber. Die Schlangeneinstiche bluteten und lymphten. Jetzt erst, nach genau zwei Stunden, kam die erste Reaktion.

Also hatte ich doch was abgekriegt. Und dann merkte ich auch, daß der Finger dicker geworden war. Er puckerte und schwoll jetzt zusehends weiter an. Wahrscheinlich war das Gift nicht direkt ins Blut gegangen, sondern in weniger durchblutetes Gewebe. Und jetzt hatte der Körper es sich dort weggeholt.

Zunächst fand ich den Vorgang noch interessant. Doch dann bemerkte ich mein Herzklopfen. Im totenstillen Wald dröhnte es mir wie Hammerschläge in den Ohren.

»Mensch, wir haben ja noch dieses Anti-Schlangengift-Getränk mit«, fiel es mir plötzlich ein. Ich hatte mich dessen nicht erinnert, weil ich nicht daran glaubte. Aber in Brasilien gibt es dieses »Wundermittel« in jeder schlechteren Apotheke: »Specifico pessoa contra veneno de cobras« stand auf dem Etikett. Keinen Gummizapfer gäbe es, der ohne diese Medizin in den Wald ginge und deshalb, so riet uns ein Freund, sollten wir es auch mitnehmen. »Erstens wiegt es nichts und zweitens kann es zumindest nicht schaden.« Da hatte er recht. Mit dieser goldenen Regel läßt sich jeder Nonsens als Heilmittel gegen irgend etwas versilbern. Der Ertrinkende klammert sich an den Strohhalm. So albern es klingt. Jetzt, in der Patsche, dachte ich auch: »Vielleicht hilft es ja doch. Schaden wird es jedenfalls nicht.« So trank ich den Saft. Er erinnerte an Kräuterschnaps, an Magenbitter oder so was.

Natürlich half er nicht die Spur.

Später habe ich in Deutschland ein Fläschchen untersuchen lassen. Am 24. 1. 1980 schrieb mir Herr Dr. Konrad Klemmer vom Forschungsinstitut Senckenberg in Frankfurt u. a.: »... bei allen Versuchen konnte keine schützende oder auch nur vergiftungsverzögernde Wirkung festgestellt werden ... Dieses Ergebnis ist nicht überraschend, ist es bisher doch niemals gelungen, bei oral anzuwendenden Präparaten eine Wirksamkeit gegen Schlangengifte nachzuweisen ...«

Außer Abwarten konnte ich also nichts machen. Ich wollte schlafen und morgen früh weitersehen. Doch der laute Herzschlag hinderte mich daran.

Der Finger war nun extrem dick, hatte sich verfärbt und war nicht mehr zu krümmen.

Jetzt wurde ich doch nervös. Ich weckte Wolfgang. »Kommst du an deine Schlaftabletten ran? Ich will zwei essen, damit ich schlafen kann. Wenn es morgen früh nicht schlimmer geworden ist, lasse ich's von allein abklingen. Sonst mußt du ihn mir amputieren.«
Ich sagte das betont lässig, weil ich hoffte, daß es dazu gar nicht kommen würde.
Ich schlief tief und gut und stellte morgens fest, der Finger war nicht dicker geworden. Aber er klopfte stark.
»Hoffentlich ist es keine Blutvergiftung«, gab Andreas, der Zahnarzt, zu bedenken, »behalte die Wunde gut im Auge nach dem obligatorischen roten Streifen. Wenn du ihn siehst, müssen wir gleich Penicillin in dich reinpumpen.«
Nach zwei Wochen klang die Schwellung ab. Nach vier Wochen hörte auch das Jucken auf. Ein Schaden blieb nicht zurück. Ich hatte wenigstens eine kleine neue Erfahrung gesammelt.
Anderen Wildnisläufern gegenüber hatte ich den Vorteil, Schlangen zu kennen. Wer Tiger züchtet, den werden Tiger nicht aus der Ruhe bringen. Aber grundsätzlich sollte man sich beim Biß oder Stich durch giftige Tiere, wie auch Skorpione, Bienen, Wespen, Spinnen oder Muränen nicht aus der Ruhe bringen lassen. Es ist wissenschaftlich erwiesen, daß viele Gebissene nicht am Gift, sondern an Herzversagen durch Angstschock sterben.
Binde das von Schlangen gebissene Körperglied zwischen Bißstelle und Herz ab. Der Puls muß tastbar bleiben. Die einzige echte Hilfe ist Serum. Je schneller es gespritzt wird, desto wirksamer ist es, desto weniger Schaden richtet das Gift an. Serum neutralisiert das Gift wie Säuren die Basen. Jeder menschliche Körper hat aber auch die Fähigkeit, gegen einige Tiergifte ein eigenes Gegengift zu erzeugen.
Wer entsprechende Mittel zur Hand hat, sollte darüber hinaus kreislaufstärkende bereithalten. Ein letzter Ausweg kann der Blutaustausch sein. Gegen Sekundärinfektionen sind Tetanus-Spritzen und Antibioticum (Blutvergiftung) anzuraten.
Unangebracht und falsch sind das Aufschneiden der Bißwunden (Gewebezerstörung) und der Genuß von Alkohol.

In schlangenreichen Gegenden sollte man laut und krachend gehen. Nicht, weil Schlangen der Lärm stören könnte. Sie hören gar nicht. Aber sie spüren die Vibration und suchen das Weite. Wie jedes Tier zieht auch die Schlange die Flucht einem Angriff vor. Viele Schlangenunfälle passieren, weil man die Tiere nicht zufrieden läßt.

Dazu kommt die panische Angst, die viele Menschen vor allem Getier haben. Typisch für die Angst mancher Möchtegern-Abenteurer ist diese Geschichte: »Mister Gamewarden, Mister Gamewarden, come quickly, there is a scorpion in my tent. You must shoot it. You must kill ist!« (»Herr Wildhüter, Herr Wildhüter, kommen Sie schnell, in meinem Zelt ist ein Skorpion. Sie müssen ihn töten!«) Der kleine dicke Amerikaner zitterte wie ein klappriger Motor und schwitzte vor Aufregung wie ein Bäcker bei der Ofenarbeit. Er war ins Zelt des Wildhüters gekommen und verlangte Hilfe aus höchster Not.

Ich suchte für Freunde dringend einige Skorpione und lief gleich mit, um mir das Spinnentier zu reservieren. »Wo ist er denn?« Der Wildhüter sah nichts außer den weitaufgerissenen Augen des Touristen. »Da! Da! Sehen Sie ihn denn nicht?«

Er deutete aus sicherer Distanz oben an die Zeltdecke. Kaum konnte er seinen Arm stillhalten.

Der Wildhüter war ein höflicher Mensch. Er verzog keine Miene, ging auf das Tier zu und nahm es mit bloßer Hand von der Plane. »Das ist ein Grashüpfer, Mister.«

Schlangengifte sind teilweise Nervengifte (Kobra, Mamba ...). Das heißt, sie lähmen das Nervensystem. Es kann dem Gebissenen passieren, daß er noch weiß »Ich muß mir eine Spritze geben« – daß aber die Hand den Befehl des Hirns nicht mehr ausführt. Schließlich hört die Lunge zu atmen auf, während das Herz noch schlägt. Wenn Serum zu erwarten ist, kann man hier entscheidende Minuten mit Mund-zu-Mund-Beatmung gewinnen.

Andere Schlangen (Vipern) haben Blutgifte, die Blut und Blutgefäße zerstören.

Darüber hinaus gibt es noch die verschiedensten Mischungen zwischen den beiden Hauptsorten.
In Ermangelung jeglicher Hilfe, vor allem von Serum, helfen im Ernstfall nur das sofortige Abbinden und Amputieren.

Andere Wechselblütler mit schlechtem Ruf, wenngleich dieser schlechte Ruf nicht berechtigt ist, sind die Piranhas.
»Das Wasser war ein brodelndes Chaos. In siebzehn Sekunden hatten sie die Kuh bis aufs Skelett abgenagt!«
Wer hätte nicht solche oder bessere Storys schon gehört? Entsprechend war auch mein erster Schwimmversuch in einem südamerikanischen Fluß.
»Warum fressen die Piranhas denn nur Weiße?«, fragte ich mich im stillen selbst. »Warum können Indianer ungestört darin herumplanschen?«
Nun, ich hatte es bald heraus. Piranha-Geschichten sind durchweg erfunden. Kein Piranha greift einen gesunden Schwimmer an. Wir haben das stundenlang erprobt. Auch kein Elektrowels oder -aal tut dem Schwimmer etwas zuleide, es sei denn, er reizt sie, wenn er sie aufgespürt hat.
Angriffe von Piranhas soll es geben bei frischen Verletzungen, und wenn man sich wie tot treiben läßt. Offensichtlich werden sie auch durch rote Farbsignale zur Attacke verleitet.
Als ich morgens nach dem Zähneputzen meine Bürste im Fluß kurz hin- und herwedelte, gab es einen Ruck – und die Hälfte war weggebissen.
Der schwarze Piranha beißt einen Finger durch wie wir eine Semmel.
Ich hörte von einer Frau, die ein rotes Korallenhalsband trug und am Hals gebissen wurde.
Um Piranhas zu fangen, verwenden Indianer gern rote Papageienfedern, in denen sie einen Angelhaken verstecken.
Größer ist das Risiko, beim Baden auf einen Rochen zu treten. Dann schnellt sein Schwanz mit dem Giftstachel hoch und bringt dem Badenden böse Verwundungen bei.
Rochen liegen sandbedeckt auf dem Grund des Wassers. Sie schlagen

nur zu, wenn man auf sie drauftritt. Schlurft man hingegen durch den Sand, dann gerät man mit dem Fuß *unter* sie und veranlaßt sie zur Flucht.

Sogar Großkatzen gehen dem Menschen aus dem Weg. Zusammen mit Wolfgang geriet ich im Omo-Nationalpark einmal unerwartet zu Fuß in eine Gruppe von zweiundzwanzig (!) Löwen. An eine Umkehr war nicht zu denken. Angst reizt Raubtiere zum Nachsetzen. Also gingen wir weiter, schräg auf sie zu. Ehrlicherweise will ich dazusagen, daß wir jeder einen schweren Revolver trugen. Der untermauerte unseren »Mut« etwas. Aber was sind im Ernstfall zwölf Kugeln gegen zweiundzwanzig Löwen? »Laß uns quatschen!« schaltete Wolfgang sofort. Und so redete er wirres Zeug von Blenden und Filmempfindlichkeiten. Ich sang »Mein Vater war ein Wandersmann«, obwohl er Banker war.
Aber es wirkte. Wir trotteten auf sie zu, lachten verkrampft, tranken Wasser und gingen weiter. Diesmal mußte ich Wolfgang recht geben als er wettete: »Scheiße, ich hab' ganz vergessen zu filmen!«
Ein großer, fast 100%iger Schutz gegen Großwild ist das Zelt. Bären machen da eine Ausnahme. Deshalb hängt man Lebensmittel weit vom Zelt entfernt pendelnd an Bäumen auf, hoch genug, daß kein Bär rankommt. Man achtet beim Zeltaufbau auch darauf, nicht gerade auf dem Wechsel der Flußpferde zu campen. Diese Kolosse walzen bei einer Flucht alles nieder.
Wo Flußpferde sind, gibt es mitunter auch Krokodile. Vor ihnen ist man im Zelt sicher. Keinesfalls legt man sich ins Freie ans Ufer. Krokodile können unglaublich leise herankommen und wirklich blitzartig zuschnappen. Was sie zwischen den Kiefern haben, sitzt fest wie in einem Tellereisen. Entweder ziehen sie dich dann ruckartig ins Wasser und ertränken dich, oder sie drehen sich um die eigene Längsachse und kurbeln dein gefaßtes Bein ab. In jedem Falle ist das dann dein Ende. Sofern es dich noch interessiert:
Bist du smart genug und das Krokodil hingegen groß, schluckt es dich sofort. Abbeißen kann es nichts. War es ein kleines Tier, gegen das du groß bist, wird es dich unter Wasser verstecken und bewachen. Nach

drei Tagen tropischer Wärme bist du dann so soft, daß es dich nun stückweise demontieren kann.

Dem Hai sind solche Probleme nicht bekannt. Er beißt sich gleich das ab, auf das er Appetit hat.

Als ich als Jugendlicher vor Saudi-Arabiens Küste meine ersten Schnorcheleien versuchte, in der ständigen Furcht vor Haien, sah ich auch bald meinen ersten. Verglichen mit dem kleinen Getier um mich herum in den bizarren bunten Korallenästen erschien er mir wie der Riese Goliath dem Kartoffelkäfer. Langsam schwebte der Hai auf mich zu. Statt, wie gelernt, zumindest zu verharren, oder auf ihn zuzuschwimmen, drehte ich auf dem Absatz und schoß an Land. Dazu muß ich sagen: ich tauchte vor einer Steilküste und hatte nur vier Meter Weg. Hätte ich eine Hose angehabt – sie wäre gestrichen voll gewesen.

Herzklopfend saß ich nun im heißen Sand und blickte erleichtert in Richtung Hai. Seine Flosse schnitt eine saubere Linie in die Wasseroberfläche.

Plötzlich machte er einen Sprung. Dreiviertel seines Körpers hoben sich aus dem Wasser. Mein Schreck wandelte sich in Staunen und Erleichterung: es war kein Hai. Es war ein Delphin. Eines hatte ich richtig gemacht. Ich war, als Unerfahrener, in der Nähe des rettenden Ufers geblieben. Und eines hatte ich falsch gemacht: Ich war geflüchtet. Das löst selbst bei harmlosesten Tieren zwangsläufig eine Angriffsreaktion aus.

Haie sind ernstzunehmende Gegner. Am gefährlichsten sind sie für Schwimmer ohne Maske und Schnorchel, die an der Wasseroberfläche herumplanschen und Haie damit geradezu anlocken, ohne sie sehen zu können, ohne reagieren zu können. Besser ist es, wenn man langsam und regelmäßig schwimmt. Hast du noch einen Rettungsring, ist es besser, die Garderobe anzubehalten. Erst, wenn die Kleidung dich hinunterzieht, solltest du sie ablegen.

Ständiges hastiges Herumhampeln und Richtungswechseln alarmieren den Hai. Solches Schwimmverhalten ähnelt dem kranker Fische. Das löst in ihm Interesse aus.

Die Gefahr für dich ist um so größer, wenn du wirklich verletzt bist.

Schwimmt man in Gruppen mit Verletzten, so gibt es nur zwei Möglichkeiten: entweder die Gesunden bilden einen schützenden Kreis um sie und schrecken die Haie zurück, oder aber die Gesunden meiden die Nähe des Verletzten.

Den Hai abschrecken? Wie kann man als hilf- und wehrlos dahintreibendes Angstbündel bei Schiffbruch einem solchen großen, eleganten und schnellen Schwimmer entgegentreten? Es mag dem Laien chancenlos erscheinen. Aber alle Taucher wissen, daß dem nicht so ist. Natürlich ist der maskenlose Schwimmer der gefährdetste. Schon viel sicherer ist der Schnorchler mit seiner Maske und den Flossen. Er kann ohne Kraftvergeudung an der Oberfläche dahinpaddeln und das Wasser unter sich kristallklar im Auge behalten. Er kann alle Fische sehen so wie sie ihn, und er kann rechtzeitig und entsprechend reagieren.

Hat er gar Preßluftflaschen dabei und kann mühelos tauchen, ist er fast so sicher wie in Abrahams Schoß.

Haie sind nämlich ebenso vorsichtig wie draufgängerisch. Obwohl sie nur in ihrer Jugend Feinde haben, bleibt die dort gelernte Vorsicht lebenslang erhalten.

Ihre Normalkost sind Fische. In ihrer Gier schnappen sie auch nach allem, was Schiffe über Bord werfen. Haie haben schon Anker während des Falls verschlungen.

Schiffbrüchige in unsicheren Booten sollten deshalb nie Abfälle ins Meer schütten. Schon gar nicht Fischreste. Sie locken damit Haie an. Zwar ist es fast ausgeschlossen, daß Haie Boote attackieren. Aber wenn sie überladen sind, gar ein Bein, ein Arm achtlos ins Wasser gehängt wird, dann kann ein Hai nicht widerstehen und auch einem Boot gefährlich werden.

Einen Arm, ein Bein blitzschnell vom Körper zu »amputieren«, ist für ihn eine seiner lichtesten Übungen. Kaum nimmt der Gebissene es wahr. Es geschieht in Bruchteilen von Sekunden mit mehreren Reihen rasiermesserscharfer Zähne. Folge: 49% aller so Angegriffenen sterben an Blutverlust und Schock. Daß es nicht mehr sind, liegt daran, daß viele solcher Unfälle in Boots- und Küstennähe geschehen und Soforthilfe möglich ist: Abbindungen, Bluttransfusionen, herzstärkende Mittel.

Des Alleinschwimmers Chancen sind weit geringer.

Sie liegen im Vorbeugen: Er schwimmt ruhig. Er sucht die Oberfläche stetig nach herannahenden Hairückenflossen ab. Sieht er eine, schwimmt er darauf zu. Es muß auf den Hai nicht unbedingt wie ein Angriff wirken. Es genügt, ihm zu zeigen, daß man keine Angst hat. Das macht den mutigsten Hai instinktiv vorsichtig. Der Schwimmer paßt nicht in sein übliches Beute-Schema. Und das ist die Hoffnung des Schwimmers. Behalte ihn im Auge, wenn er dich nun umkreist. Schreie ihn an. Das kennt er nicht. Das irritiert ihn. Selbst wenn er auf Tuchfühlung herankommt, zwinge dich zu größter Ruhe: hätte er keine Angst vor dir, würde er nicht kreisen, sondern gleich zuschnappen. Also ist er sich zumindest unsicher. Vermeide Verletzungen an seiner raspelartigen Haut. Behalte schon deshalb die Kleidung an. Boxe ihn mit einem Gegenstand: deiner Unterwasserkamera, deinem Schuh oder der stoffumwickelten Faust.

Solltest du ein chemisches Haiabwehrmittel besitzen, so neble dich damit ein. Es hat angriffshemmende Wirkungen auf die Tiere und gibt dir psychologisch Kraft.

Das wirksamste Mittel dieser Kategorie ist Ammonium-Azetat. Es ist diejenige chemische Substanz, die sich in faulendem Haifleisch bildet. Und das schreckt Haie bis zu einem gewissen Grad ab. Auch der dunkle Farbstoff Nigrosin wirkt abweisend und freßhemmend. Bootsfahrer sollten es mit sich führen (Fa. Autoflug).

Aber Chemikalien sind grundsätzlich keine 100%igen Hilfen, keinesfalls langfristig. Es gibt Fälle, wo die Haie sogar die ganzen Abwehrpakkungen verschlungen haben.

Der Hans-Hass-Stock kann optimal nur benutzt werden in Verbindung mit Brille, Flossen, Schnorchel oder gar Preßluft. Erst dann sieht man den oder die Haie deutlich, bewegt sich sicher wie ein Fisch und kann gezielt reagieren.

Ist man zu zweit, gibt man sich Rückendeckung. Ist man allein, versucht man eine Felswand als Rückenschutz zu erreichen. Niemand hat 360°-Augen, und ständiges aufgeregtes Herumwirbeln des Kopfes signalisiert Angst, reizt zur Attacke. Bei einer Prügelei von Mensch zu Menschen würde man sich genauso zu decken versuchen.

Taucher gehen grundsätzlich nie allein ins Wasser und sind – mit etwas Erfahrung – dann so gut wie nicht gefährdet.

Sie sollten aber auch daran denken, harpunierte Fische schnell aus dem Wasser zu bringen und auf keinen Fall einfach an den Gürtel zu hängen.

Wer mehr über Haie wissen will, mag sich das Heftchen

Haie
Angriff
Abwehr
Arten
von Eibl-Eibesfeldt beschaffen
(Neptun-Bücherei).

Er wird sein Vorurteil gegen diese »blutrünstigen Killer« nach Ablegen der instinktiven und anerzogenen Angst revidieren und die Eleganz und Schönheit der Haie erkennen und bewundern lernen.

46. Suchaktion/Notsignale

Wenn man sein Leben in Sicherheit gebracht hat, tauchen früher oder später die Fragen auf: »Wird man mich suchen? Oder muß ich den Weg allein finden?«

Sicherheitshalber hattest du bei Freunden Ziele und Zeiten deines Vorhabens hinterlassen. Oder du bist mit dem Flugzeug abgestürzt, aber man kennt deine Route. Unter Umständen konntest du sogar noch eine Positionsmeldung funken.

Da du seit Tagen überfällig bist, müßte man dich längst suchen. Aber wird man dich auch hier suchen? Hier in der Abgeschiedenheit, wo es möglich ist, daß du vom geplanten Weg abgeirrt bist? Du weißt, daß man dein abgestürztes Flugzeug, das liegengebliebene Auto aus der Luft am ehesten ausmachen wird. Viel eher als dich selbst. Deshalb hast du daneben so lange wie möglich ausgehalten. Aber allmählich beginnst du, daran zu zweifeln, daß man dich noch sucht. Weit und breit ist weder ein Suchtrupp zu Fuß noch in der Luft auszumachen. Und das nun schon seit Tagen. Deine Sinne sind gespannt. Sobald du etwas hörst oder siehst, willst du den Rettern Zeichen geben. Du hast alles gut vorbereitet. Ein Riesenholzstoß wartet nur darauf, blitzschnell angezündet zu werden. Deinen Spiegel zum Blinken hast du griffbereit. Und deine Alu-Folie. Du hast mit allen zur Verfügung stehenden Mitteln gewaltige geometrische Muster in die Umgebung gelegt: Kreise, Kreuze, Dreiecke. Mit Ästen, Tüchern, Steinen. Du hast die Zeichen überdimensional in den Schnee getrampelt. Regelrechte Gräben hast du so gebildet. Je tiefer, desto wirksamer, weil sie mehr Schatten werfen, der sich deutlich aus der weißen Monotonie des Schneefeldes, der Landschaft, abheben wird.

Mit deinem kleinen Lagerfeuer hast du vergeblich Rauchzeichen gegeben. Du hast Wasser hineingespritzt und damit helle Wolken erzeugt. Im Wechsel dazu hast du mit Öl, Benzin, Fett, Plastik, Styropor, Harz oder Laub dunkle Rauchwolken hochgeschickt. Sogar bei bedecktem Himmel hast du dich nicht entmutigen lassen, weil du weißt, daß deine Signale sehr hoch steigen können und Flugzeuge über den Wolken sie wahrnehmen können.

Nachts hast du dein Feuer von der Anhöhe aus abwechselnd hell leuchten lassen und wieder abgedeckt. Hell, dunkel, hell, dunkel. Glühende Astfackeln hast du geschwenkt. Jede Regelmäßigkeit, jedes normalerweise nicht Übliche hast du erprobt, um irgendwelchen Rettern ein Zeichen zu geben. Du hast sogar geschossen, als du noch genug Munition hattest: dreimal alle dreißig Sekunden. Dann hast du gewartet und die drei oder wieviel regelmäßigen Schüsse wiederholt. Kein Jäger würde so schießen. Eine solche regelmäßige Schußfolge muß als Signal gewertet werden. Aber nie ist eine Antwort gekommen. Allmählich kommst du zu dem Entschluß, nicht noch mehr Zeit fürs Warten zu opfern, sondern dir selbst weiterzuhelfen.

Die Nahrungssuche und die Notsignal-Aktivitäten haben dich in Trab gehalten. Kaum hast du bemerkt, wie die Zeit verflogen ist. Und das war gut so. So war auch keine Gelegenheit, groß ins Grübeln zu verfallen. Resignation ist der Anfang vom Ende.

Für alle Fälle hinterläßt du nun auch hier am Startpunkt, wo es von deinen Spuren so wimmelt, einen Zettel mit Hinweisen für Suchtrupps.

Und dann gehst du los. Wo immer sich die Gelegenheit bietet, verdeutlichst du deinen Weg: tiefe Fußabdrücke, gebrochene Äste, Steinhaufen, Richtungspfeile.

Ein guter Waldläufer würde dich auch ohne die Markierungen auffinden, aber du machst es lieber narrensicher, weil eine deutliche Spur den Suchenden nicht unnötige Zeit raubt.

47. Orientierung

Für die Orientierung sind zwei Feststellungen wichtig: Wo bin ich? Wohin will ich?

Wer einen Kompaß hat, kann die Fragen leicht beantworten: er visiert einen markanten Punkt an. Zum Beispiel einen Berg. Der liegt genau im Norden. Somit steht man selbst genau im Süden des Berges. Dann braucht man nur von dort, wo der Berg in der Karte verzeichnet ist, nach Süden eine Linie einzuzeichnen. Irgendwo auf dieser Linie ist der eigene Standpunkt. Vielleicht kann man ihn abschätzen. Besser ist es, einen zweiten Punkt anzuvisieren. Der Einfachheit halber sei es hier wieder ein Berg, der genau im Osten liegt. Ergo befindet man sich von diesem Berg aus gesehen im Westen. Wieder zeichnet man die Linie in die Karte. Beide Linien schneiden sich dort, wo man steht. Jetzt kann man feststellen, in welcher Richtung auf der Karte das anzusteuernde Ziel liegt. Dazu muß man wissen, daß alle Ortsnamen von West nach Ost ausgedruckt sind. Die Breitengrade verlaufen genauso. Die Längengrade von Nord nach Süd. Mit einigen Geometriekenntnissen kann man dann die Himmelsrichtung errechnen, in die man zu laufen hat.

Wer einen Kompaß besitzt, hat auch eine Gebrauchsanweisung erworben. Voraussetzung für jede solcher Reisen ist, daß er sie studiert hat und den Umgang mit dem Kompaß beherrscht.

Dann weiß er auch, daß jeder Ort der Erde eine andere »Mißweisung« hat. Die Mißweisung ergibt sich aus dem Auseinanderliegen von magnetischem und geographischem Nordpol. Bei uns beträgt sie max. drei Grad; viel krasser sieht das in Vancouver (Kanada) aus: Mißweisung 25° in Richtung Ost! Also, vorher erkundigen!

Viel wichtiger ist die Orientierung ohne Kompaß. Auch dabei ist es vor allem wichtig, die Himmelsrichtungen zu ermitteln. Sie sind die Grundlage der meisten Orientierungen. Hilfsmittel sind die Gestirne und Charakteristika der Natur, die sich erstlinig aus dem Wind ergeben.

Die Sonne geht um 6.00^h im Osten auf, um 12.00^h steht sie im Süden, um 18.00^h geht sie im Westen unter. Geht sie – im Sommer bei uns – früher auf, dann geht sie auch später unter. Aber ihren Höchststand hat sie um 12.00 Uhr.

Haben wir das Aufgehen verpaßt oder sind wir marschiert und müssen uns neu orientieren, so schätzen wir die Mittagszeit ab. Etwas bevor die Sonne ihren höchsten Stand erreicht, stecken wir auf einer sauberen, ebenen Fläche ein fingerlanges, oben zugespitztes Stäbchen, in den Boden. Dann beobachten wir, wohin der kürzeste Schatten zeigt: das ist Norden, weil die Sonne jetzt im Süden steht. Uhrzeit: 12.00^h.

Wer länger an einem Ort ist und keine Uhr mehr hat, kann sie sich bauen. Der Schatten des Stabes zeigt, wenn die Sonne im Zenit steht, um 12.00 Uhr, wie gesagt nach Norden. Die Verlängerung in Richtung Sonne weist nach Süden. Die übrigen beiden Himmelsrichtungen lassen sich dann leicht ergänzen. Um 18.00 Uhr wird der Schatten sich mit der Ostlinie decken. Um 6.00 Uhr morgens weist er nach Westen.

Hast du deine Uhr noch, hast du auch einen Kompaß. Du richtest ganz einfach den kleinen Zeiger auf die Sonne. Dann liegt Süden genau zwischen dem kleinen Zeiger und der 12, vormittags auf der linken Uhrhälfte, nachmittags auf der rechten Uhrhälfte (12- bis 18-Uhr-Hälfte).

Ein anderer Behelf, den die US-Air-Force empfiehlt, ist der Wasserglas-Kompaß: man füllt ein Glas Wasser. Die Spitze einer feinen Nähnadel wird auf Wolle, Seide, Haar, Haut oder an einem Magneten gerieben, damit sie magnetisch wird. Mit etwas Fett (Ohrenschmalz, Knochenmark) wird die gesamte Nadel dünn »gefettet«. Dann setzt man sie behutsam auf die Wasseroberfläche. Das läßt sich am besten mittels zweier lockerer Fadenschlaufen machen. Hat man kein Garn, so nimmt man Pflanzenfasern, Grashalme oder zupft sich einen Faden aus dem Hemd.

Hat man alles richtig gemacht, geht die Nadel nicht unter. Sie schwimmt und die Spitze pendelt sich nach Norden ein.

Nachts richtet man sich nach dem Polarstern. Er steht genau im geographischen Nord. Aber wie ist der Polarstern zu finden? Dazu solltest du den Großen Wagen (Großer Bär) kennen. Die Linie der Rückfront, sechsfach verlängert, kreuzt den auffallend leuchtenden Polarstern, der gleichzeitig das Vorderlicht an der »Deichsel« des »Kleinen Wagens« ist.

Ist der Himmel bedeckt oder herrscht Nebel, nutzen dir die Gestirne wenig. Dann heißt es aufpassen und all die vielen Kleinigkeiten addieren, die die Natur uns sonst noch anbietet.

Addieren deshalb, weil jedes einzelne ein nur unzuverlässiges Hilfsmittel ist. Gerade auf diesem Gebiet ist es notwendig, schon beim Überlebenstraining Proben aufs Exempel zu machen, weil man dabei die Beobachtungen noch mit dem Kompaß kontrollieren kann.

Da sind zunächst die *allein*stehenden Bäume. Nicht also solche, die in großen Gruppen stehen! Einzelbäume sind von Geburt an den Winden am meisten ausgesetzt. Ihre Stämme biegen sich unter seinem Druck. Allmählich wachsen sie schräg. Äste, die dem Wind entgegenstehen, brechen. Zur windabgewandten Seite hingegen gedeihen sie besser.

In unseren Regionen herrscht Wind aus Nordwest vor. Nordwest ist die Wetterseite. Also neigen sich unsere Bäume nach Südosten. In diese Richtung weisen auch die längeren Äste.

Die moosbewachsenen Seiten der Bäume weisen in Windrichtung, also Nordwest. Moos findet man auch an Zaunpfählen. Die Mitte des Bewuchses ist leicht zu ermitteln, wenn man die äußeren Begrenzungen feststellt.

Sand, Schneewehen und Dünen haben ihre flach ansteigende Seite in der Richtung, aus der der Wind bläst und fallen zur Gegenseite steil ab.

In Jugoslawien wird die Windseite an der Dalmatinischen Küste landeinwärts liegen. Dort weht im Winter die gefürchtete Bora als Fallwind vom kalten Hinterland zum warmen Meer hinunter.

Oder zwischen den Wendekreisen die Passatwinde: der Nordost-Passat südlich des nördlichen Wendekreises und der Südost-Passat nördlich des südlichen Wendekreises.

Das Wissen um die landestypischen Naturgeschehen gehört zu den Reisevorbereitungen.

So muß man wissen, daß die Sonne nur bei uns des Mittags im Süden steht. Im Äquatorgebiet steht sie senkrecht, auf der südlichen Halbkugel im Norden.

Natürlich zeigen umgestürzte Bäume ebenfalls an, in welche Richtung der Wind bläst.

Kiefern haben auf ihrer windzugewandten Seite eine besonders rissige und grobe Rinde.

Auf der Sonnenseite, Süd bis Südwest, findet man infolge der Wärme unter der Rinde abgestorbener Bäume die meisten Insekten, vor allem Ohrenkäfer.

Hast du das Glück, eine Säge bei dir zu haben, dann entdeckst du beim glattabgetrennten Baum, daß seine Jahresringe zur Wetterseite hin besonders eng zusammenliegen.

Eine einmal festgelegte Richtung läßt sich bei Tage auf ebenen Flächen gut beibehalten. Man visiert in der Ferne einen markanten Punkt an und läuft darauf los. Dort angekommen, verlängert man die Marschlinie, indem man die gegangene Strecke (zurückschauend) zu Hilfe nimmt.

Wenn es dunkel wird, aber ein konstanter Wind weht, kann man ebenfalls seine Richtung gut beibehalten. Man hat nur darauf zu achten, daß er den Körper immer von derselben Seite trifft.

Sehr schwer ist die Orientierung im dichten Wald. Die festgelegte Richtung muß alle paar Meter neu gepeilt werden, weil die Bäume keine weite Sicht erlauben. Es wird sich nicht vermeiden lassen, hin und wieder einen hohen Baum zu ersteigen, um Ausschau zu halten.

Überhaupt sollte man Höhen aufsuchen, um bessere Übersichten zu gewinnen. Es mag beschwerlich sein, erspart aber oft Riesenumwege.

Wer durch Sümpfe muß, versucht erkennbaren Tierpfaden zu folgen. Das Hochwild kann sich das Einsinken ebensowenig erlauben wie der Mensch und hat die besten Wege vorgetrampelt.

Der Wüstenwanderer wird aufmerksam Menschen- und Tierspuren beobachten. Menschenspuren führen zu Camps, zu Ansiedlungen, so auch manchmal zu Wasser. Es gehört für Ungeübte viel Erfahrung und Fantasie dazu, Spuren so zu lesen wie Naturvölker.

Natürlich führt jede Menschenspur letztlich wieder zu Menschen – aber halten wir eventuelle Umwege durch? Haben wir noch so viele Wasserreserven?

Fährten der Tiere verfolgt man dann, wenn sie immer zahlreicher werden. Zu Wasserstellen hin laufen sie sternförmig zusammen, vom Wasser weg strömen sie auseinander.

Der Schiffbrüchige erkennt an der Häufigkeit von Vögeln, ob Land in Reichweite ist oder nicht. Gewisse Verschmutzungen (Müll) können

ebenfalls wegweisend sein. Wenn er natürlich ohne Segel wehrlos dahintreibt, nützen ihm diese Erkenntnisse wenig (s. Kap. 38, Meer).
Grundsätzlich sollte man bei jeder Exkursion die Landkarte auch im Kopf und nicht nur in der Tasche haben. Man sollte wissen: im Norden kreuzt ein Fluß meinen Weg, in Südost verläuft eine Bergkette und wenn ich daran langgehe, komme ich da und da hin.
Die große Hoffnung Verirrter sind Flüsse. Sie fließen bergab. Sie münden in größere, enden in Seen, im Meer. Sie enthalten Fisch, stillen Durst, spenden trockenes Schwemmholz und führen zu menschlichen Ansiedlungen.
Nur in Wüsten verlieren sich die Bäche im Sand. Dort geht man entgegengesetzt, flußaufwärts.
Mündet der Fluß in einen See, so erkundet man von der Höhe herab die tiefste Stelle der Ebene – den Abfluß des Wassers.
Verläßt man sein Lager und will es abends wieder erreichen, so muß man mit besonders wachen Augen marschieren. Jede Besonderheit der Landschaft ist wichtig: der charakteristische Berg, der krumme Baum, die Flußkurve. Ohnehin sollte ein Dauerlager an weithin erkennbaren Landmarken aufgeschlagen werden. Wo die Natur keine hervorragenden Anhaltspunkte hergibt, müssen Wegweiser hinterlassen werden: Steine, Äste, fußgekratzte Pfeile (sofern kein Sturm, kein Regen zu befürchten sind, die alles verwischen).
Im Wald helfen Kerben. Von jeder Kerbe muß die nächste leicht erkennbar sein. Der sicherste Weg zurück ist der auf der eigenen Spur.
Für Tagesausflüge gilt neben der Wegsicherung auch der Grundsatz: kehre früh zurück! Im Falle der Unsicherheit sollten ausreichend Zeitreserven bleiben, um nach Auswegen zu suchen. Hat man das Gefühl, sich dennoch total festgelaufen zu haben, dann muß man rechtzeitig aufhören und noch bei Helligkeit sein Lager einrichten. Sonst wird es unnötig unkomfortabel, vielleicht gar kalt (kein polsterndes Laub mehr gefunden) und gefährlich (Tierhöhle, überschwemmungsgefährdetes Wadi, Ungeziefer).
Gibt es menschliche Behausungen in der Nähe, so steuert man auch diese nur bei Helligkeit und nicht nachts an. In der Danakil-Wüste

(Äthiopien) gilt die Regel: »Der gute Gast kommt bei Tageslicht. Nachts kommen deine Feinde.«

In Gebieten, wo Stammesfehden an der Tagesordnung sind, ist das ein wichtiges Gesetz, das man kennen muß (s. Kap. 64, Urrecht in der Wildnis und Kap. 65, Menschen!).

Ebenso unerläßlich ist eine Kenntnis des Wetters. Sie erspart einem böse Überraschungen.

48. Etwas Wetterkunde

»Kräht der Hahn auf dem Mist, ändert sichs Wetter oder es bleibt wie es ist.«

Diese Weisheit ist zwar wahr, aber auch nur das. Etwas mehr sollten wir schon wissen. Wir geraten sonst unnötig in Unwetter, die uns gefährlich werden können. Andererseits kann es gerade der Frost, der Sturm, der Regen sein, auf den wir warten, um spurlos verschwinden zu können.

Schlechtwetter-Anzeichen sind Schwalben, wenn sie niedrig fliegen und Fische, die aus dem Wasser springen. Beide Tierarten jagen Insekten, die vor Regenfällen niedrig fliegen.

Die Bergschafe im Gebirge spüren den Regen an der zunehmenden Luftfeuchtigkeit und klettern von hochgelegenen Weiden talwärts.

Des Morgens aufdringliche und besonders stechfreudige Insekten verkünden Gewitter.

Auf Schlechtwetter deuten auch hin

    Morgenrot
    Mondhof
    regenbogenfarbener Sonnenschleier
    fehlender Morgentau im Sommer
    flimmernde Sterne
    fahlgelber Sonnenuntergang
    klare Fernsicht

    schwitzendes Gestein
    West- und Südwind (bei uns)
    Aufzug und Durcheinander verschiedenster Wolkenarten
    schnell- und tieffliegende Wolkenfetzen
    Federwolken bei aufkommendem Wind
    nach Schönwetter plötzlich um mindestens 45° umschlagender Wind
    aufsteigender Gebirgsnebel
    wechselnde Quellwolken am tiefblauen Himmel bei aufkommendem Wind
    zunehmender Geruch aus der Kanalisation
    schnell aufziehendes Gewölk aller Art
    auffallend weite Schallübertragung

Frost ist zu erwarten, wenn sich in Tälern abends und nachts bei Windstille Bodennebel bildet und Rauch kerzengerade aufsteigt. Anhaltend kaltes und klares Wetter verrät tagsüber nachlassender und gegen Abend wieder ansteigender Frost. Denselben Rückschluß lassen die gelblichbraune Verfärbung der Morgenröte zu oder aufkommende Hochnebel an klaren und windstillen Wintertagen.

Schönwetter kündigen die hochfliegenden Schwalben an, desgleichen die Froschkonzerte. Aber auch

    klares, sauberes Abendrot
    Nebel am Abend bei Schlechtwetter
    sinkender Frühnebel
    sich auflösender Frühnebel
    am Abend aufreißende Wolkendecke
    starker Tau in der ersten Nachthälfte
    einzelne, mit dem Wind ziehende Haufenwolken
    Morgentau
    das Ablösen kleiner Wolkenfetzen von großen Wolken
    das Verschwinden entfernter Berge im Dunst
    wolkenarmer, mattblauer Himmel
    abends sich ausbreitende Haufenwolken

morgens sich rasch auflösende Schäfchenwolkenbänke
Schleierwolken, im Uhrzeigersinn drehend

Es gibt natürlich noch mehr Wettertips, ganze Bücher voll. Es gibt auch den täglichen Wetterbericht im Radio. Obwohl die Wetterforschung wissenschaftlich betrieben wird, zeigt sie am deutlichsten, wie schwer treffende Vorhersagen zu machen sind. Zu viele Faktoren spielen eine Rolle. Sicher im Griff hat man nur die kurzfristige Vorhersage.

Und kurzfristig können wir uns unser Bild mit Hilfe der aufgezählten Wetterregeln recht gut selbst machen. Am unsichersten sind Vorhersagen im Gebirge, wo die Sicht versperrt ist. Praktisch ist hier ein Taschenbarometer.

In den Bergen ist es auch, wo die gefürchtetsten Gewitter niedergehen. Die Luft knistert vor elektrischer Spannung, man spürt den Strom durch den Körper kriechen und leise knisternd an den Fingerkuppen austreten. Blitz und Donner schlagen fast gleichzeitig zu und scheinen die Erde spalten zu wollen. Wer das zum erstenmal erlebt, wird Angst kaum vermeiden können. Schon bei Erkennen eines solchen Unwetters hat der Bergwanderer sich schleunigst in Sicherheit zu bringen. Er muß verschwinden von Gipfeln, Graten und Wasserrinnen.

Man neigt dazu, unter Überhänge, Bäume und in Höhlen zu kriechen. Das ist falsch. Die sicherste Zone befindet sich zwei bis acht Meter vor Steilwänden von mindestens fünfzehn Meter Höhe.

Man legt alle Metallteile von sich, weil sie die gefürchteten Erdströme unnötig gut weiterleiten. Entgegen weitverbreiteter Ansicht ziehen Metallteile aber keinen Blitz an.

Dann schafft man sich aus Seil, Kleidung oder Rucksack einen Isolationsklumpen zur feuchten, leitenden Erde. Darauf kauert man sich. Die Füße sind durch Gummistiefel oder Gummisohle der Schuhe passabel geschützt.

Wer die Möglichkeit hat, trocken zu bleiben, tut gut daran. Denn Nässe leitet den Strom besser.

Somit empfiehlt sich für den Bergwanderer stets ein großes Isolationstuch mitzunehmen. Das kann eine dicke Plastikfolie sein oder ein Gummimantel.

49. Überwinden von Hindernissen

Unerwartet stehst du wie ein Ochs' vorm Berg. Im wahrsten Sinne des Wortes. Oder vor einem Fluß, einem See, einem Schneefeld, einer Schlucht, einem Eisloch oder Sumpf. Was nun?

Während du noch überlegst, könntest du die Zeit nutzen und dich eigentlich schon mal freuen. Denn was wäre ein Überlebensduell mit der Wildnis ohne Schwierigkeiten? Nichts als ein fader Marsch. Und das ist's doch nicht, was dich reizt. Oder?

Berge sind dir ohnehin kein Hindernis mehr. Du bist ja bereits ein Mini-Bergsteiger wie ich, ein Hügelstürmer oder so was. Fangen wir also mit dem einfachsten an: Sumpf und Schnee. Denn beide Hindernisse haben eines gemeinsam: man versinkt darin. Folgt man den Spuren des Wildes, wird man relativ guten Boden haben.

Eine andere Möglichkeit besteht darin, sich Sumpf- oder Schneeschuhe zu basteln. Fingerdicke mehr oder weniger biegsame Äste werden zur sogenannten Flosse, zum Teller oder zum Rechteck geflochten. Diese

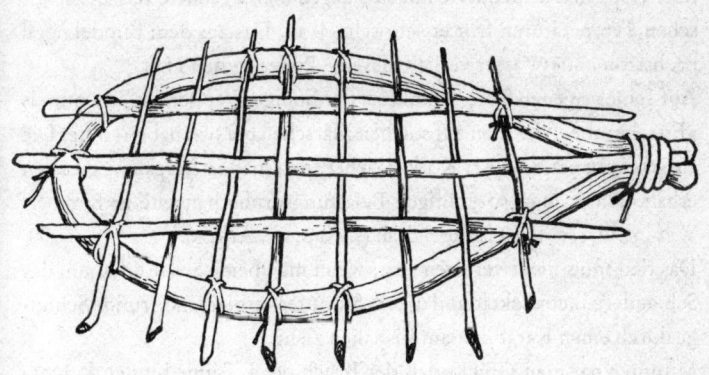

Gebilde befestigt man irgendwie am Schuh. Eine Perlonschnur solltest du ja eigentlich im Überlebens-Gürtel haben. Sonst tun es Baumrinde oder Fadenwurzeln.

Mit Zweigen oder Gras – in die freien Felder geflochten – läßt sich die Tragfähigkeit der Teller erhöhen, die Spur wird undeutlicher werden, nie aber verwischen. Ein guter Fährtensucher entdeckt sie immer.

Schwieriger ist es schon, eine Eisrinne auf dem Wasser zu überwinden. Zunächst beobachtet man, ob sie konstant ist, d. h. ob sie sich nicht öffnet oder schließt. Gibt es keine Möglichkeit für einen Brückenschlag, so kannst du versuchen, eine Eisscholle als Floß zu benutzen. Hast du deinen Eispickel noch, kannst du dir ein eigenes Floß aus dem Festeis hacken. Eine Mordsarbeit, aber wiederum nicht so schlimm wie sie zunächst scheinen mag, weil deine Scholle möglicherweise schon abbricht, wenn du die Rinne rundherum auf halbe Tiefe gebracht hast.

Einen anderen Trick hat ein kanadischer Trapper mit Erfolg praktiziert. Er nahm ein überflüssiges Bündel Garderobe – wohl dem, der es hat! – und band daraus ein kompaktes Paket. Kompakt deshalb, weil es sich weit schleudern läßt. Das Ganze hängte er an ein starkes Seil und tauchte es ins Wasser. Bis es sich vollgesogen hatte.

Dann wirbelte er den schweren, nassen Klumpen wie ein Lasso über dem Kopf und schleuderte ihn aufs gegenüberliegende Ufer. Bei arktischen Temperaturen fror er sehr schnell an. Das aus dem Bündel noch nachströmende Wasser verlieh diesem »Poller« guten Halt.

Auf seiner eigenen Seite verankerte der findige Trapper das Tau mittels »Eisschraube«, die man auf solchen Märschen bei sich haben sollte. Die Eisschraube ist eine Art Korkenzieher, den man in Bergsteiger-Läden erhält. Nach einer sorgfältigen Belastungsprobe hangelte er hinüber. Wer ins Wasser fällt, ist übel dran (s. Kap. 41, Arktis).

Das Seil muß nicht verloren sein, wenn man beide Seil-Enden um das Schleuderpaket wickelt und die am Startufer verbleibende runde Schlinge durch einen Karabiner am Eishaken zieht.

Mitunter hat man Glück, daß der Bruch der Eisrinne binnen kurzem wieder zufriert. Dann wartet man nur die Tragfähigkeit ab, die man mit Skiern, Schlitten, Schneeschuhen u. ä. erhöhen kann.

Eine weitere Möglichkeit – zur Wasserüberquerung schlechthin – ist der Floßbau. Dazu eignen sich geradezu ideal Weithals-Schraubkanister.

Sie sollten in keinem Expeditions-Gepäck fehlen, weil sie vielseitig einsetzbar, leicht und stabil sind. Mit derart fundierten Flößen bewältigt man Eislöcher wie Flüsse und Seen.

Ohne Kanister im Reisegepäck muß man sich anderweitig behelfen. Aus Ästen wird ein korbähnliches Gebilde zusammengebunden. Mit einer möglichst wasserdichten Folie (Plastiktuch, Tierhaut, Zeltbahn) bedeckt und als Boot verwendet. Selbst einfacher Stoff, nach dem Bespannen mehrfach mit Wasser benetzt (das sofort gefriert), gibt ein Boot ab.

Steht am anderen Flußufer ein Baum, ein Strauch, so wirft man einen »Anker« rüber. Das kann ein kurzer, dicker Ast sein. Irgendwo verfängt er sich im Geäst und ist belastbar.

Sind Äste Mangelware, tun's Steine ebenso. Sehr gut ist eine Bola (s. Kap. 52, Provisorische Waffen in der Natur), die das dicke Seil nachzieht. Man muß das Seil vorher nur sorgfältig aufgerollt hinlegen. Von Fall zu Fall mag ein Baum so günstig am Ufer stehen, daß er, über den Fluß gefällt, eine Brücke ergibt.

Gibt es keine anderen Möglichkeiten und ist das Wasser noch so kalt, muß man rüberschwimmen. Sofern andere noch nachkommen wollen, schwimmt man mit einem Seil um den Körper, dessen anderes Ende am Startufer bleibt. Direktkontakt mit dem Eiswasser hält der Körper nur sehr kurze Zeit aus.

Deshalb gut vorbereiten mit Warmlaufen und trockener Garderobe, die man entweder im wasserdichten Pack mitnimmt, nachzieht oder vorher rüberwirft (was ein unwiderruflicher Grund für Zauderer ist, hinterherzuschwimmen).

Gibt es erst ein Seil von Ufer zu Ufer, können sich die Kameraden leicht daran entlang ziehen. Je höher es gespannt ist, desto besser. Denn dann kommt man trocken hinüber. Gegen Absturz (bei Schluchten, reißendem oder kaltem Wasser) sichert man sich mit einem kurzen Seil, das um den Brustkorb geht und mittels Karabinerhaken (oder Schlaufe) über das Hangelseil rutscht. Zu Hause, von Baum zu Baum, geübt (erst mal in ein Meter Höhe) ist das ein Klacks. In der Not spielt es dann keine Rolle, wenn die Höhe plötzlich zehn Meter beträgt.

Kann man zwei parallele Seile übereinander spannen, hat man eine Brücke. Auf dem unteren Seil geht man, am oberen hält man sich fest.
Flache, reißende Ströme durchquert man mit dem Wanderstock. Er muß kräftig sein und wird strom*abwärts* zum Stützen angesetzt.
Für Nichtschwimmer wird entweder ein Seil gespannt, an dem sie sich übers Wasser ziehen können (sichern mit Brustseil) oder sie bekommen einen schwimmenden Gegenstand in die Hand gedrückt (Mantel oder Kochtopf in Plastiktüte, Baumstamm...).
Sofern Schwemmholz am Ufer liegt, kann man ein Baumstammfloß bauen. Ich erwähne es deshalb nur nebenbei, weil ich es für selbstverständlich halte, daß darauf jeder von selbst verfällt, wenn sich Holz anbietet.
Bei Schwemmholz, wie frisch zu fällenden Bäumen, sollte man jedoch immer erst eine Holzprobe (Ast, Splitter) ins Wasser werfen. Überraschend viel Holz geht unter. Mit Proben erspart man sich Zeit und falsche Hoffnungen.
Als Paddel für alle Flöße und Boote dienen Äste, Hände, Spaten....
Wer eine Axt hat, hat auch die Möglichkeit, sich ein schlankes Boot aus einem Baumstamm zu machen. Die Aushöhlung erfordert viel Zeit und Geduld. Dafür ist solch ein Boot stabil und langlebig, etwas für endlose Urwaldströme.

50. Feuer

Feuer in der Wildnis zu haben, ist nicht nur physisch wichtig, sondern auch psychisch von hohem Wert. Es strahlt Wärme aus und Gemütlichkeit. Es unterhält sich mit dir, ermutigt und tröstet dich und macht deine Speisen genießbar.
Zu Hause, wo Streichhölzer, trockenes Papier und Windstille in Mengen zu Diensten stehen, ist es kein Problem, ein Feuer zu machen.
Draußen, wo du kein Papier hast und ein Wind bläst und alles naß ist – da ist es eins.

Ich gehe zunächst davon aus, daß du deine Streichhölzer sorgfältig in einem wasserdichten (z. B. Agfa-Filmdöschen oder kleine leere PVC-Fläschchen aus Apotheken) Schraub-Behältnis aufbewahrt hast (s. Kap. 17, Überlebensgürtel). Konventionelle Feuerzeuge mit Benzin sind zu störungsanfällig, wogegen die neuen Gasfeuerzeuge sich zu bewähren scheinen. In den Tropen sollte man den Schraubdöschen ein paar Krümel des wasserbindenden Silicagels mit Farbindikator beigeben. Es hält die Luft im Schraubbehälter trocken und wird, wenn seine Aufnahmekapazität erschöpft ist, kurz im Kochtopf durch Erhitzen »entwässert«. Das ist der Fall, sobald die blauen Kristalle eine rote Farbe angenommen haben.

Ein Streichholz bedeutet noch kein loderndes Feuer. Zunächst beschafft man sich das Brennmaterial.

Holz, das auf der Erde liegt, scheidet im allgemeinen aus. Es ist feucht und brennt allenfalls, wenn schon viel Glut vorhanden ist. Was du suchst, ragt als toter Ast in die Luft. Sowohl vom gestürzten Baum, wie vom lebenden. Selbst bei Regen sind diese Äste verwendbar, weil sie ihren trockenen Kern behalten und nach einem Regen im Wind sofort trocknen.

Ist das Holz beisammen, wird ein Feuernest gebaut. Es ist das Herz eines jeden Feuers und muß mit Herz und Verstand gemacht werden.

Das Feuernest besteht aus feinstem Geäst. Die äußersten Spitzen der trockenen Ästchen sind gerade gut genug dafür. Hat man sie nicht, werden mit dem Messer, den Zähnen oder Fingernägeln Spänchen abgefasert, der dickere Ast mit einem Stein faserig geschlagen oder Löckchen geschnitzt.

Siehe Abbildung Seite 194

Hat man weder Streichholz noch Feuerzeug, beginnt die eigentliche Kunst. Dann benötigt man außerdem Zunder.

Als Zunder eignet sich vieles: Trockene Grashalme, Moose, Flechten, Tierlosung, Vogelnester, die äußere Birkenrinde und der verdorrte Milchsaft in Pflanzenstengeln. Womöglich hast du noch Patronenpulver. Jedes einzeln, oder vieles gemischt, ergibt den Zunder in Ermange-

lung von Papier. Notfalls opfere ein paar Wollfäden aus deiner Kleidung oder ein Büschel deiner Haare.

Bevor du den Funken zündest, muß das Feuernest noch windgeschützt werden. Wenn alles richtig vorbereitet worden ist, muß das Feuer mit einem einzigen Streichholz oder einer einzigen Zündung vom Feuerzeug brennen.

Behandle jedes Streichholz so, als sei es dein letztes!

Erst, wenn die Flammen das stärkere Holz entfacht haben, reguliere den Windschutz so, daß mehr Wind = Sauerstoff einbläst.

Vielleicht scheint die Sonne, dann könnte man sich mit dem Brennglas behelfen.

»Wer hat ein Brennglas, wenn er schon keine Streichhölzer hat?«, wirst du richtig fragen.

Dann vergiß nicht, daß dein Feldstecher, deine Kamera und deine Brille Linsen enthalten. Diese teilweise nur gering gewölbten Linsen lassen sich in ihrer Wirkung verstärken, wenn man zwei – mit den Wölbungen nach außen – zusammensetzt, nachdem man sie vorher noch mit Wasser gefüllt und zusammengeklebt hat (Mit 2-Komponenten-Kleber aus dem Überlebensgürtel, Leukoplast ...). Mit diesem Patent werden sogar Uhrgläser zu Brenngläsern. Hans-Otto Meissner berichtet in seinen Büchern

>>Die überlistete Wildnis<< und

>>Alatna – Abenteuergeschichte aus der Arktis<<

sogar von Linsen, die erfahrene Polarläufer sich mit der Hand aus blankem, blasenfreiem Eis geschmolzen haben.

Wer mit seinem Wagen liegengeblieben ist, der kann mit Hilfe seiner Batterie Funken erzeugen: er muß nur die Kabel des Plus- und Minuspols aneinanderreiben. Wer ein Auto hat, hat meist auch ein paar Tropfen Benzin als Zunder.

Auch derjenige, der eine Waffe und Patronen hat, hat es einfacher als jener, der nur seine nackte Haut gerettet hat. Er öffnet eine Patrone und schüttet die Hälfte des Pulvers über seinen Zunder. Den Rest in der Patronenhülse verstopft er mit einem Fetzen Baumwoll- oder Chemiegewebe, das gut brennt. Dann schießt er diese »Rakete« ab. Der Stoffetzen entzündet sich und schwebt glühend oder gar brennend zur Erde.

Eine weitere Möglichkeit des Feuermachens ist das Feuerschlagen. Mit dem Rücken des Dolches schlägt man gegen Stein, am besten Feuerstein. Die Funken müssen direkt in den Zunder geschlagen und dann mit vorsichtigem Blasen entfacht werden.

Ebenso schwierig – und nur mit Übung möglich – ist das Feuerreiben. Bei diesem Vorgang wird die Hitze durch Reibung erzeugt. Man schnitzt in ein relativ weiches Brett ein fingerhutartiges Loch, das aber nicht durchs Brett hindurchgehen darf. Vom 1 bis 3 cm entfernten Rand aus wird eine Rinne zum Loch geschnitzt, die sich zum Brettrand hin trichterförmig weitet.

Dann steckt man in das Loch einen passenden, abgerundeten Stock aus möglichst hartem Holz. Und jetzt zwirbelt man den Stock zwischen den Handflächen hin und her. Je schneller die Umdrehungen und je mehr gleichzeitiger Druck ausgeübt wird, desto eher fängt das Holz im Loch an zu glühen.

Feuerreiben ist eine Kunst, die man unbedingt zu Hause üben muß. Selbst unter optimalen Bedingungen wird es selten auf Anhieb gelingen.

Als Hilfsmittel ist zu empfehlen, einige Körnchen Sand ins Loch zu geben und ein paar trockene Körner Holzmehl. Ein zweiter Mann sollte, sobald Rauch aufsteigt, vorsichtig pusten, damit über die geschnitzte Rinne Sauerstoff zum Brandherd gelangt. Ist man allein, dreht man die Rinne dem leichten Wind entgegen. Die auf diese Weise erzeugte Glut gibt man auf den vorbereiteten Zunder.

Die Araber am Schott-el-Dscherid in Tunesien packten Glut und Zunder in ein Knäuel aus heuartigem Palmfasergespinst, wie es außen an manchen Palmstämmen zu finden ist.

Und dieses Knäuel, das noch mit einem Stein beschwert wird, wirbelten sie mit einem Faden um den Kopf. Nach wenigen Augenblicken hatte sich die Glut durch die intensive und gleichmäßige Sauerstoffzufuhr vermehrt und entzündete sich zur Flamme.

Wenn ein Anfänger auf diese Weise sein erstes Feuer machen will, wird er kein Feuer herstellen, sondern Wasser. Und zwar Wasser in Form von Wasserblasen an den Händen und Schweiß am Körper. Deswegen sollte er den Stock besser von oben mit einem Stein oder Stück Holz drücken und die Umdrehungen mittels eines Flitzbogens erreichen.

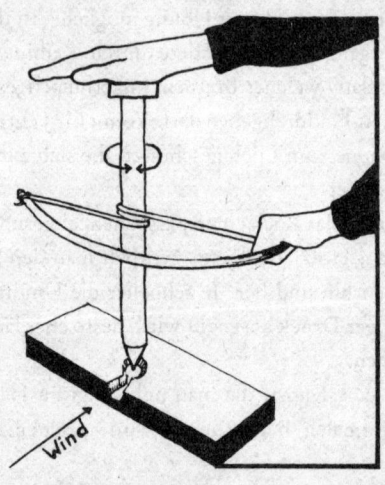

Wenn eine kräftige Schnur für den Feuerbogen nicht zur Verfügung steht, und wer in den Händen nicht genug Kraft hat, dem bleibt das Feuerreiben in der Rinne.

Das geriebene Holzbrett muß wiederum weich und trocken sein, der Reibestab hart, trocken und kräftig.

Man kniet sich hin und legt das Brett von den Oberschenkeln auf die Erde. Am unteren Teil des Brettes hat man eine ca. zwanzig Zentimeter lange und ein bis zwei Zentimeter breite, flache Rinne geschnitzt. Sie muß nicht tief sein, denn sie soll nur den Reibstock führen. Und dann muß mit aller Kraft schnell hin- und hergerieben werden.

Wer ein Auge und Gefühl für die geeigneten Hölzer entwickelt, wer beim Training schon wirklich so Feuer gemacht und Vertrauen in diese Fertigkeit hat, der kann in weniger als fünf Minuten Feuer haben.

In der Danakil-Wüste hatten wir einen Begleiter, der sich aus reinem Spaß auf diese Weise seine Zigaretten in zwei Minuten anzündete. Obwohl wir reichlich Streichhölzer zur Verfügung hatten.

Apropos Streichhölzer. Einige Überlebensratgeber empfehlen, den schrumpfenden Streichholzvorrat zu verdoppeln, indem man rechtzeitig die letzten Hölzchen halbiert.

In der Praxis sieht das so aus, daß die Hölzchen meist schräg splittern, daß der Schwefel abbröckelt und daß man mehr Verlust als Gewinn macht. In solchem Notfall dürfte es angebrachter sein, einmal vorhandenes Feuer zu bewahren. Wer viel Glut hat, weil er ganze Baumstämme verheizt hat, hat solche Probleme nicht. Der hat morgens noch händeweise herrliche Rotglut unter der Asche.

Wer wenig Glut hat, deckt sie sorgfältig mit Grassoden und Erde so zu, daß nur noch wenig Sauerstoff ans Holz kann. Wer weitermarschieren muß, kann sich Glut in einer mit wenigen Nagelstichen durchlöcherten Dose mitnehmen.

Naturvölker verstehen es sehr geschickt, angeglühte Holzscheite einen Tag lang mitzunehmen. Sie tragen sie in der Hand und halten sie durch den Marschwind am Glühen.

Mitunter läßt sich Feuer auch stehlen, denn in jedem Feindescamp und in jeder Hütte der Einheimischen brennt es.

Wer sich nachts ans Feuer kauert, weil ihn friert, wird nur schwer Schlaf finden. Am liebsten würde er ins Feuer hineinkriechen. Im Halbschlaf tut er's oft. Schon mancher hat sich unter solchen Umständen böse Verbrennungen geholt.

Dann ist man endlich ein wenig eingedöst und da scheint die Glut zu verglimmen. Ob man will oder nicht – man muß aufstehen und Holz nachlegen.

Bei solchem Feuer sind zwei wichtige Dinge von großem Nutzen:

Erstens: Man kann eine automatische Schütte bauen.

Das zu verbrennende Holz, dicke Stämme, werden auf einer schiefen Ebene aus Frischholz gelagert. Am Sockel der Ebene brennt das Feuer. Vorm Feuer liegt der Schläfer. Gegen das Abrutschen der Balken sichern dicke Steine. Diese Steine müssen trocken sein, dürfen keinesfalls aus dem Flußbett geholt werden. Denn solche Steine sind voll Wasser. Bei Erhitzung bringt der entstehende Wasserdampf den Stein explosionsartig zum Platzen und birgt somit die Gefahr der Verletzung.

Zweitens: Der Schläfer hat sich vor eine Felswand, vor große Steine, eine senkrechte Alufolie, Zeltbahn, eine Holzwand, einen Sandhaufen gelegt. Sie alle werfen die Hitze, die vom Feuer ausgeht, zurück und wärmen den Schläfer auch auf seiner feuerabgewandten Seite.

Mit dieser Kombination von automatischer Schütte und Reflektoren kann man sich auch mit wenig Kleidung und bei einiger Kälte eine recht passable Nacht bereiten.

Gute Nacht!

51. Wasser

Über Wasser haben wir in den Kapiteln unter Wüste, Meer und Arktis schon einiges gelesen. Vor allem, wie wichtig es ist, und was Verdursten bedeutet.

Es gibt noch mehr Möglichkeiten, zu Wasser zu gelangen. Wenn der Durst beginnt und der Vorrat begrenzt ist, sollte man sparen. Da ein trockener Mund zum Trinken herausfordert, muß man ihn beruhigen mit Wasser, das sich schon (oder noch) im Körper befindet.

Dazu müssen die Mundspeicheldrüsen angeregt werden. Das einfachste Mittel ist das Lutschen eines Steinchens oder eines Stückchen Holz beispielsweise. Denselben Effekt bewirken aber auch saure Pflanzen, wie Sauerampfer, Sauerklee.

Da der Körper dessen ungeachtet weiter Wasser verdunstet, wird der Durst allmählich quälender. Der Kieselstein bringt keine Linderung mehr. Dann sollte man Klettergewächse testen. Lianen, sogar unser Efeu, spenden Flüssigkeit. Man kappt, so hoch wie möglich, eine Ranke. Dasselbe macht man dann über dem Erdboden. Und läßt den Saft aus dem Stengel direkt in den Mund tropfen. Wenn der Quell versiegt, mag das daran liegen, daß der obere Schnitt sich durch Trocknen verschlossen hat. Dann muß man nachschneiden. Sonst nimmt man die nächste Ranke.

Schneidet man die Rinden einiger Bäume tief und senkrecht ein, kann man Glück haben, daß Saft herausquillt. Eine Birke füllt einen Becher pro Tag. Den Becher oder ein Blatt muß man zum Auffangen unter den Schnitt hängen.

Wenn es regnet, läuft an Felsen, vor allem an Baumstämmen Wasser herunter. Wenn man einen Stoffschal schräg um den Baum schlingt, wird an der tiefsten Stelle das Wasser abtropfen. Daß abends ausgebrei-

tete Garderobe nächtlichen Tau aufnimmt, wissen wir schon aus dem Kapitel Wüste. Wer in pflanzenreichen Gebieten Durst leidet, kann durch mühsames Abstreifen der Tautropfen per Hand einige Tropfen einsammeln. Wer mehr braucht, kann seine Wollgarderobe durchs feuchte Gras ziehen und so das wertvolle Naß sammeln. Er wringt das Tuch aus oder verdampft das Wasser im Verdunstungsloch (s. Kap. 42, Wüste).

Das Tuch kann auch dann helfen, wenn irgendwo in engen Spalten Wasser steht und man keinen Schlauch zum Absaugen dabeihat. Dann läßt man an einem Faden Stoffetzen hinunter. Nicht unwesentlich ist das

Auffangen von Wasserdampf mittels Garderobe. Wer schlechtes Wasser zur Verfügung hat (Salzwasser, faules Wasser, Urin) und Brennstoff genug, bringt es zum Kochen. Über dem Kochgefäß wird satteldachartig der Stoff ausgespannt, an dem das Wasser kondensiert und festgehalten wird.

Abschließend sei auch noch erwähnt, daß Insekten, insbesondere Mükken und Bienen, zum Wasser führen können. Man muß nur mit viel Geduld ihren Zickzack-Flügen folgen.

52. Provisorische Waffen in der Natur
(s. auch Kap. 90, Behelfswaffen und Ausbruchgeräte im Gefängnis)

Verglichen mit der Wehrhaftigkeit der Tiere, ist der Mensch ein bedauernswerter Wurm: Er ist langsam, Geruch und Gehör sind ihm abhanden gekommen, und seine Zähne reichen gerade zum Kekseknabbern. Sein einziges Plus: der Verstand, die Anpassungsfähigkeit, das Improvisationstalent. Mit einem Wort – seine Intelligenz.

Wer in der Natur plötzlich allein ist, fühlt sich unsicher, schwach. Erst recht, wenn er verfolgt wird von Menschen, Tieren oder Naturgewalten. Der Wildnisläufer braucht eine Waffe und sei es nur ein Stein zum Werfen oder Schlagen, ein Stock zum Wühlen, Abtasten von Höhlen oder für den Nahkampf: Kleinigkeiten zum Mutmachen, wie das Lied, das man nachts im Dunkeln singt.

Der Stock muß aus frischem Holz sein, nicht zu kurz und nicht zu lang. Sonst kommt der Gegner zu nah heran oder man ist zu plump, zu wenig wendig damit. Die Ideallänge dürfte zwischen 100 und 130 cm liegen und kann am Ende gern einen bis drei Astansätze haben.

Die Steigerung des einfachen Stockes ist die Keule. Keulen haben die Wirkung eines Hammerschlages – wenn sie richtig gearbeitet sind. Wer sie sich schnitzen will, muß nur darauf achten, daß er einen kräftigen Ast findet. Dort, wo er aus dem Mutterstamm sprießt, schneidet man ihn samt Mutterstück rund. Von durchschlagender Wirkung kann ein

Stein sein, den man an ein Seil hängt, um so – in Ermangelung einer Keule – zuschlagen zu können. Nachteil: Der Seilstein verheddert sich schnell und ist nicht so ununterbrochen und schnell zu handhaben wie die Keule.

Drei Steine an drei 1-m-Seilen oder Riemen, deren unbeschwerte Enden sternförmig zusammengeknüpft sind, ergeben eine Bola. Die Bola, eine südamerikanische Wurfwaffe, wird an einem Stein gehalten und über dem Kopf herumgewirbelt.

Man zielt damit auf die Beine flüchtiger Vierbeiner. Beim Auftreffen wickeln sich alle Riemen um das oder die Beine und bringen das Opfer zu Fall. Bolawürfe können so kräftig sein, daß sie Beine brechen.

Der Bola ein wenig ähnlich ist die Steinschleuder. Sie wird ebenfalls über den Kopf gewirbelt. Dann läßt man ein Seil los. So geschleuderte Steine haben eine immense Wucht. Aber Bola und Schleuder erfordern Übung.

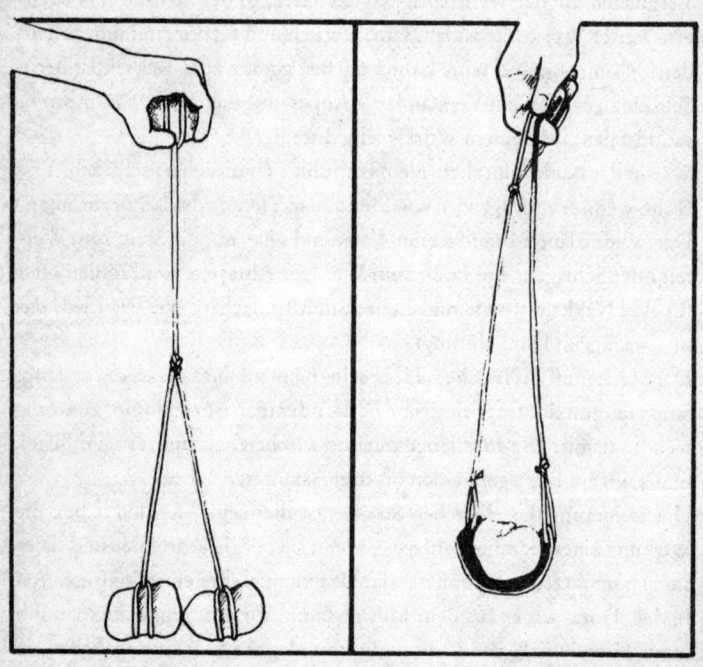

In die Kategorie der Wurfgeschosse gehört der Bumerang der australischen Ureinwohner. Er ist aber bereits so speziell und erfordert soviel Übung, daß ich ihn hier nur erwähnt haben will.

Weit brauchbarer ist dagegen der Speer. Sein Schaft soll gerade und stabil sein. Man spitzt ihn vorne an oder setzt künstliche Spitzen aus Steinsplittern, Dornen, Gräten an. Sehr nützlich können eingeschnitzte oder angesetzte Widerhaken sein. Will man, daß die (vergiftete) Spitze im Opfer bleiben soll, sorgt man für eine Sollbruchstelle. Sollbruchstellen sind Kerben, die die Spitze bei geringsten seitlichen Bewegungen abbrechen lassen.

Bekommt ein Speer während des Fluges zu viel Übergewicht, kommt er zu schnell aus der Bahn, muß man ihn hinten beschweren mit einem parallel untergehängten zusätzlichen Stock oder ihn mit Federn in Richtung halten wie den Pfeil.

Die nächste Steigerung wären Pfeil und Bogen. Der Bogen soll Mannsgröße haben und so kräftig sein, daß man viel Kraft braucht, um ihn zu spannen. Um so wirkungsvoller ist der Schuß.

Als Pfeilspitze läßt sich alles mögliche verwenden: Steinsplitter, Knochensplitter, Gräten, Zähne, Dornen, zugespitzte Äste. Oder der Pfeil wird einfach mit dem Messer angespitzt.

Damit ein Pfeil die Richtung hält, muß er am Ende mit drei Federaufsätzen versehen sein. Dazu verwendet man gerade Vogelfedern, deren Kiel man längs halbiert. Die halbierten Kiele werden mit feinstem Faden um den Pfeilschaft gewickelt. Sicherheitshalber kann man die Fädchen zusätzlich mit Harz oder Blut verkleben.

Auch das Blasrohr ist eine gute Waffe. Aber der landesunkundige Verirrte wird selten das Glück haben, die richtigen Pflanzen dafür zu finden. Ein echtes Blasrohr besteht aus dem drei Meter langen Schaft (ähnlich einem Bambusrohr), in den der glatte Lauf (bestimmte Schilfart) gesteckt wird. Auf ein Ende wird das Mundstück gesetzt, das dem einer Blockflöte ähnelt.

Wer Gift zur Verfügung hat (Kap. 91), dem genügt auch ein winziges Blasrohr (10–30 cm) mit einem Mini-Pfeil nebst Widerhaken.

Die Pfeile sind aus den Rippen bestimmter Palmen. Sie ähneln einer

Stricknadel, sind hart, meist vergiftet und werden am Ende mit Baumwolle umwickelt. Die Wolle sorgt dafür, daß der Luftdruck ganz auf den Pfeil übertragen wird und daß der Pfeil die Richtung behält.

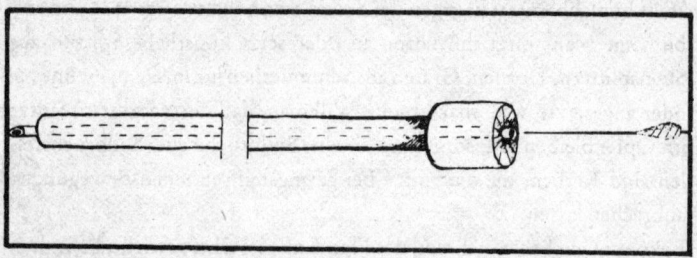

Mit dem Blasrohr treffen Indianer noch auf sechzig Meter bei guten Bedingungen.

Weit handfester für den Anfänger ist der Dornen-Schlagring. Er wird aus dornenbesetzten Ästen gefertigt. Etwa zwanzig Stück dieser Äste werden zu einem Ring verflochten. Nach innen stehende Dornen werden entfernt. Benutzt wird diese Waffe wie ein Schlagring. Von nicht zu unterschätzender Wirkung ist auch der Boxhandschuh aus dem Panzer des Igels! Er hat die Wirkung einer splitterigen Glasflasche.

Als Nahkampfwaffe sei schließlich auch der Dolch erwähnt, den man aus Hartholz schnitzt.

Statt des flachen Messers läßt sich aber auch der eispickelartige Langdorn mit Quergriff wirkungsvoll einsetzen.

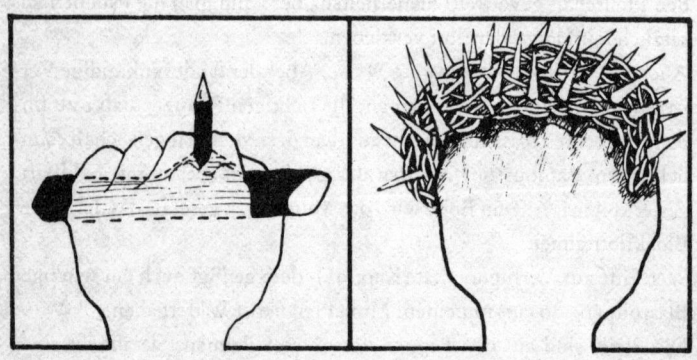

53. Notkleidung

Wer nur sein nacktes Leben gerettet hat, braucht bald Kleidung. Um sie zu erlangen, ist es gut, sich mit Jagd und allem was dazugehört, auszukennen. Man muß Felle erbeuten. Felle wärmen wirklich. Man trägt die Haare auf der Haut, die Beine des Tieres sind Ärmel und Hosenbeine. Da man zum Gerben keine Zeit hat, stülpt man sie frisch abgezogen über und läßt sie am Körper trocknen. Dadurch schrumpfen sie etwas und werden spröde. Durch ständiges Tragen dehnen sie sich aber auch wieder aus.

Zwischen Tierfell und deiner Haut lassen sich viele Wärmepolster einfüllen: Laub, Moos, Gras, Papier. Denk daran, daß besonders der Kopf viel Hitze abstrahlt. Mach dir eine Mütze und sei sie nur ein simpler Windschutz. Ähnlich einer Plastiktüte, die zwar nicht wärmt, aber die wenigstens keinen Wind durchläßt. Für solchen Behelf eignet sich notfalls der Tiermagen. Mit Laub unterlegt, ist er sogar mehr als ein bloßer Windschutz. Vergiß jetzt nicht, daß du in diesem Aufzug Raubtiere anlockst!

Schuhe lassen sich ideal aus dem Fell der Tierbeine machen. Man schlüpft hinein wie in einen Pantoffel. Zum Binden lassen sich Därme oder Fellstreifen verwenden.

Wer nur ein kleines Stück Fell hat und daraus einen langen Riemen fertigen will, schneidet ihn sich kreisförmig davon ab.

So wird man sicher nicht nach dem neuesten Stand der Mode gekleidet sein, aber die Nachbarn, die darauf Wert legen, sind ja weit weg.

54. Vegetarische Notnahrung/Genießbarkeitstests

Wo es Pflanzen gibt, braucht niemand zu verhungern. Jedenfalls vorübergehend nicht. Mit Pflanzen kann man sich einen respektablen Tisch decken. Surviver mit Stil und Spleen verzichten nicht einmal auf die Tischdecke und den Blumenstrauß oder aufs Kerzchen, das sie mit Öl oder Speck, einem Wollfaden und der Agfa-Aluminium-Filmdose zaubern.

Leichter als ans Fleisch gelangt man an Pflanzen. Die Welt ist voll davon. Die allermeisten sind eßbar. Aber die meisten davon füllen nur den Magen mit grünem Saft aus Wasser und Mineralien. Doch auch sie, die nutzlosen, geben deinen Kauwerkzeugen, dem Magen und dem Darm Arbeit. Sie sind zumindest psychologisch wertvoll.

Um zu wissen, was von welcher Pflanze in jedem Land unter welchen Bedingungen (ob gekocht oder roh) eßbar ist, müßte man gewiß dreißig Semester Botanik studieren. Ersparen wir uns diese lange Zeit und auch das Aufzählen halbwegs bekannter Gemüse und Salate aus Löwenzahn, Sauerampfer, Algen, Tang, Moos, Entengrütze oder Brennesseln. Wer das lernen will, kauft sich die massenhaft im Handel befindlichen Taschenbücher und Farb-Prachtbände über Nähr- und Heilpflanzen.

Der Alleinstehende in ferner Wildnis braucht nur den Pflanzentest zu beherrschen. Je mehr botanisches Spezialwissen er hat, desto besser natürlich. Sonst verfährt er so:

Da steht eine Pflanze. Sie könnte lecker schmecken, denn nichts an ihr widert ihn an: Weder durch einen stacheligen Pelz, Klebrigkeit, Schleimigkeit, Gestank oder totes Getier, das darunter liegt.

Du brichst die Pflanze ab. Fließt »Milch« aus Stengel oder Blättern, verzichte darauf, wenngleich es trinkbare Milchsorten gibt.

Fließt keine Milch heraus, dann rieche nun dran. Ist der Geruch neutral oder angenehm, zerreibe sie zwischen den Fingern und rieche erneut. Stößt einen auch jetzt nichts ab, macht man die erste Genußprobe.

Alles was einen nun stört, läßt man lieber ungegessen: zu sauer, zu bitter oder zu ätzend.

Schmeckt die Probe hingegen gut, versucht man nach einer halben Stunde mehr davon, etwa vom Volumen einer Zigarette. Nach einer weiteren Stunde erhöht man die Dosis auf zwei »Zigaretten«. Nun muß man sich bis zu acht Stunden gedulden. Das hat den Sinn, negative Langzeitwirkungen abzuwarten.

Nach diesen acht Stunden nimmt man eine solide Handvoll. Wenn auch diese Nahrung ohne Nebenwirkungen im Körper bleibt, ist sie mit an Sicherheit grenzender Wahrscheinlichkeit genießbar.

Wer auf Pflanzennahrung angewiesen ist, muß Geduld haben. Er kann sie auch haben. Denn niemand verhungert binnen drei Tagen. Überstürzung kann böse Folgen haben. In jedem Zweifelsfalle würgt man dann den Mageninhalt wieder aus. Das geht am besten mit einer Tasse kräftigen Salzwassers und einem zusätzlich in den Hals gesteckten Finger.

Es empfiehlt sich, mit dem Testen schon anzufangen, solange man noch über herkömmliche Nahrung verfügt. Ein knurrender Magen macht viele Wildnisläufer unsicher, nervös, besorgt.

Eines ist noch wichtig bei Pflanzentests. Es sind nicht immer die Blätter, die eßbar sind. Sie geben oft die wenigsten Nährstoffe ab. Probiere die Wurzeln, die Zwiebeln, die Knollen, die Rinden, das Mark, die Sprossen, Keime, Kolben, Blüten und die Früchte.

Manches wird erst durch Kochen genießbar und besser verdaulich. Im Notfall ist das natürlich Nebensache.

Es gibt ein weises Wort:

> Alle Pflanzen sind eßbar.
>
> Manche nur einmal.

Daran mag derjenige denken, der zuwenig Geduld beim Pflanzentest mitbringt.

55. Tierische Notnahrung

Daß man bei großem Hunger sogar seine eigenen Schuhe verzehren würde, ist nichts Neues, nichts Ekeliges. Hauptsache, man hat was zu kauen. Hunger verdrängt jedes Vorurteil, jeden moralischen Grundsatz.

Daß Fleisch gut schmeckt und wertvolles Eiweiß enthält, ist ebenfalls nicht neu. Das Problem ist, es zu erhaschen. Gutes Fleisch läuft schnell.

Wer es ohne Waffe erlangen will, muß sich Fallen oder Notwaffen fertigen und Geduld haben (s. Kap. 56, Fallenbau und Kap. 52 Provisorische Waffen in der Natur). Und wer es überlistet und gefangen hat, der weiß auch ohne meinen Rat, wie es gut schmeckt.

Was der Überlebenskünstler lernen muß, ist die Überwindung jeglichen unbegründeten Ekels. Damit meine ich z. B. die Abneigung gegen Insekten. Damit meine ich aber nicht den Widerwillen gegen faules Fleisch.

Ekelüberwindung beginnt geistig. Wer sich vor der Spinne ekelt, ist noch nicht hungrig genug. Es darf dir, dem Surviver, selbst beim Training mit vollem Magen nichts ausmachen, Würmer, Wasserflöhe, Ratten, Schlangen, Raupen, Mücken, Ameisen, Frösche und die dicken grünen Schmeißfliegen zu essen. Du mußt beim Training in der Lage sein, den flachgefahrenen Hund von der Straße zu kratzen und zu essen. Geht sein Fleisch bereits in Verwesung über, wirf es nicht weg, wenn du in Not bist. Es ist aus zwei Gründen immer noch wertvoll: Als Köder für andere Fleischfresser und als Brutstätte für Maden. In vielen Gegenden der Erde werden sich einige Fliegen mit wahrer Wonne über jeden Kadaver stürzen und ihre tausend Eier hineinlegen. Mitunter dauert es keinen Tag und die herrlichsten fetten Maden kriechen zutage. Die reinste Kompaktnahrung für dich.

Es gibt einen Negerstamm südlich der Sahara, dessen Menschen ihre Toten ausgraben und die Maden aus dem Schädel schlürfen.

Wem nichts bleibt als der Fliegenfang, der kann sie mit Kot oder eigenem Blut anlocken.

Schlangen, Hunde, Katzen, Vögel, Frösche und Muscheln sind woanders eine Delikatesse wie bei uns Lachs, Kaviar, Filet.

Selbst in der Wüste, wo scheinbar nichts lebt, gibt es doch immerhin noch Skorpione und Fliegen (s. Kapitel 56, Fallenbau). Du wirst sie mit vor Glück verdrehten Augen verzehren, sofern du nicht Wasserprobleme hast. Durst rangiert vor Hunger.

Auf einen Nenner gebracht, kann man sagen:

Von der Filzlaus über die Wanze bis zum Wal ist mit wenigen Ausnahmen alles eßbar.

Fleischfresser, wie Hund, Katze, Schwein, Ratte, Igel usw. müssen wegen Trichinengefahr gut gebraten oder gekocht werden.

Bunte Raupen läßt man lieber ungeschoren. Meist sind sie giftig. Haben sie Haare, entfernt man sie.

Fische, die nicht fischtypisch aussehen, wie Igelfisch, Drachenkopf und Kofferfisch, laß schwimmen. Sei auch vorsichtig mit dir unbekannten Fischen, die keine Schuppen haben, wobei ich hoffe, daß Aal und Wels dir bekannt sind.

Verzichte auf die Innereien der Fische. Auch auf Kröten verzichte. Laß sie hüpfen! Salamandern zieh vorher die Haut ab. Sie enthält Gifte.

Ideal für den Hungrigen sind Schildkröten, Krebse, Schlangen, Frösche und dergleichen Getier, weil man sie lebend aufbewahren kann.

In Südamerika lohnt es sich, Bienennester zu suchen, weil man sie gefahrlos ausnehmen kann. Südamerikanische Bienen stechen nicht.

Als allerletzten Ausweg haben Verhungernde schon den eigenen Kot gegessen. Sofern man infolge langanhaltenden Hungers überhaupt noch Ausscheidungen hat, enthält Normalkot noch allerhand unverbrauchte Nährstoffe. Zumindest ist Menschenkot noch eine Notnahrung für deinen Hund (von Fall zu Fall läßt sich getrockneter Kot wenigstens als Brennstoff nutzen).

Die Kunst des Überlebens mit tierischer Not-Nahrung liegt dennoch eigentlich im Kleinen, bei den Insekten.

56. Fallenbau

Wer nicht nur von den munteren Maden seines toten Hundes leben will, wer vom großen Fleisch träumt, um endlich ohne Nahrungsprobleme weiterlaufen zu können, muß Fallensteller werden. Fallenbau erfordert Geduld und Wissen um das Tierverhalten; das Tierverhalten kann man durch geduldiges Beobachten und beispielsweise in Jagd-Kursen erlernen.

Nur selten wird man gänzlich ohne Werkzeug sein. So kann man wenigstens mit dem Grabstock, den Händen oder Steinen Fallgruben bauen. In Fallgruben muß das Tier durch künstliche Hindernisse hineindirigiert werden, oder die Gruben müssen genau auf dem »Wechsel« des Tieres angelegt sein. Dazu sollte man wissen, daß besonders pflanzenfressende Tiere die Angewohnheit haben, haargenau dieselben Pfade zu benutzen, die sogenannten »Wechsel«. Manchmal ist es angebracht, die Grube mit Wasser zu füllen, mit Matsch oder mit angespitzten Pfählen zu bespicken, damit das gefangene Tier nicht hochspringen kann.

Die simpelste Fallgrube ist nur armtief und fünfundzwanzig Zentimeter im Durchmesser. Aber sie muß genau auf dem besagten Tierwechsel liegen. Auf der Abdeckung, aber ebenfalls getarnt, liegt eine kräftige Schlinge von nur ca. 20 cm Durchmesser, die irgendwo an einen Baum festgebunden ist. Das Tier bricht mit einem seiner Beine ein und fängt sich in der Regel in dieser Fußschlinge. Die Fußschlinge ist die fairste aller Schlingen. Sie quält das Tier nicht wie die Halsschlinge und gibt dem Jäger Gelegenheit, das eine oder andere Opfer wieder freizusetzen, wenn er nicht so dringend darauf angewiesen ist. In Äthiopien passierte uns das mal mit einem Ozelot.

Die unfairste Schlinge ist die Halsschlinge. Sie wird aus Stahldraht oder kräftigem Seil gemacht. Die Öse, durch die das Seil läuft, das dann irgendwo fest angebunden ist, muß klein sein, damit sich die Schlinge nicht von allein wieder öffnet, wenn der Zugdruck nachläßt.

Siehe Abbildung Seite 211 oben

Schlingen stellt man vor Höhlen und auf Wechseln auf. Mit Gräsern oder leichten Fäden werden sie offengehalten. Sie werden so hoch oder tief gehängt, daß das zu fangende Tier mit dem Oberkörper hineinläuft. Bei allen Fallen müssen Menschenspuren verwischt werden, der Menschengeruch muß sich verflüchtigen.

Das gefangene Tier gerät nach dem Fang in Panik und versucht zu entkommen. Dabei hält es die Schlinge meist auf Spannung und erwürgt sich. Es ist also eigentlich nicht nötig, die Schlinge noch zusätzlich durch elastische Äste »auf Zug« zu halten oder zuschnellen zu lassen. Das ist jedoch angebracht für Laufvögel. Man lockt sie durch ausge-

streutes Futter in die aufgestellte Schlinge, die im Moment der Berührung vom hochschnellenden Ast zugezogen wird.

Siehe Abbildung Seite 212 oben

Mitunter mag es angebracht sein, Schlingen auch per Hand zu bedienen. Dann braucht man ein gutes Versteck unter Berücksichtigung der Windrichtung.
Wer kein ausreichend langes Seil für eine Schlinge zur Verfügung hat, kann sich eine Steinfalle (für kräftige Tiere) bauen, oder nach demselben Prinzip eine Kastenfalle, bei der ein Deckel über einem Loch, einem »Steintopf« oder einem Kasten aus Geflecht zuschlägt.

Siehe Abbildung Seite 212 unten

Wer einen Bären fangen will, muß Bärenkräfte haben. Der baut entweder eine enge, tiefe Fallgrube, die sich nach oben verjüngt und deren Wände mit Stämmen eingefaßt sind. Oder er baut eine schwere Baum-

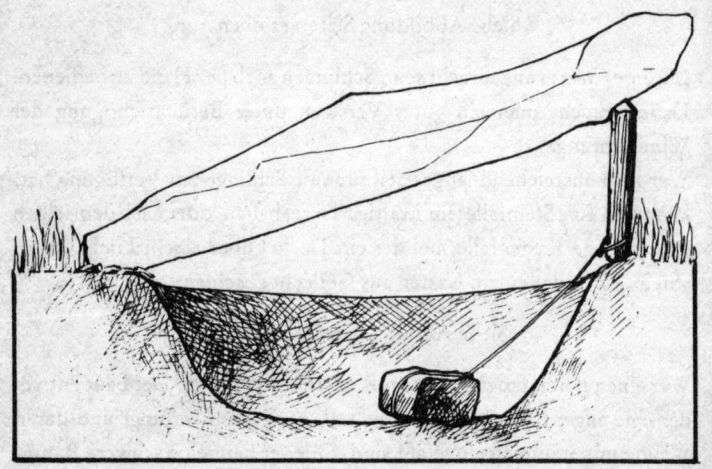

212

Schlagfalle nach dem Prinzip der Zeichnung. Das Problem dabei ist für die Einzelperson, einen solch gewaltigen Stamm, wie die Zeichnung ihn zeigt, in diese Lage zu bringen. Das geht mit Geduld und Geschick auf zweierlei Weise: Man befestigt schon vor dem Fällen eines Baumes ein Seil um ihn und sichert ihn so gegen das Umstürzen, oder man rollt den gefällten Stamm mit Hebeln über eine schiefe Ebene aus leichteren Baumstämmen hinauf. Wer Rollen bei sich hat, dem mag ein Flaschenzug von großem Nutzen sein.

Siehe Abbildung Seite 214

Das genaue Gegenstück zur Bärenfalle ist die Insektenfalle. Sie ist ein Trichter aus Moskitonetz oder Draht. Der Trichter sitzt auf einem Gefäß. Seine Öffnung ragt in dieses Behältnis, in dem sich ein Stück faules Fleisch, eigenes Blut (s. Kap. 58, Köder), Kot oder gärendes Obst als Köder befinden (Abb. S. 215).

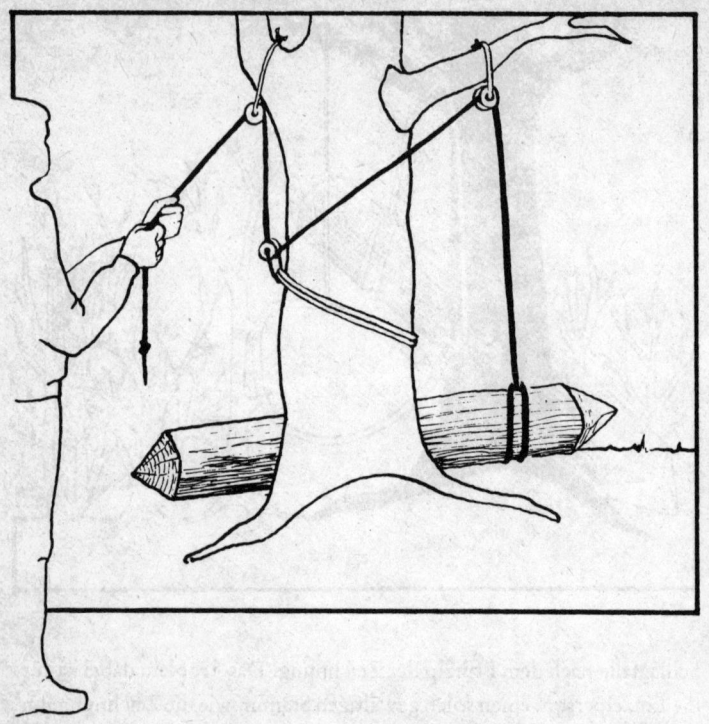

Abends lassen sich Insekten gut mit der Lampe oder am Lagerfeuer fangen, deren Licht sie anzieht.

Fallenbau gehört zum Überlebenstraining. Man kann ihn ideal an Mini-Modellen üben, die man sich zu Hause bastelt und die überdies eine individuelle Wohnungsdekoration sein können.

57. Fischfang

Wenn Warmblütlern schwer beizukommen ist und man für Insektenmenüs noch nicht hungrig genug ist, bieten sich oft Fische an. Vergiß beim Fischfang alles, was du von zu Hause kennst. Zu Hause, wo die Fische nur noch mit hochtechnischen Tricks aus dem Wasser zu holen sind. Wo du ein Riesensortiment künstlicher oder natürlicher Köder benötigst, die wahnsinnigsten, fast selbstdenkenden Haken, Spezialleinen und Superruten und audiovisuelle Schwimmer. Also solche, die Blinkzeichen geben und Alarmtöne.

Die Fische in der unberührten Wildnis haben noch nie am Haken gehangen. Sie sind nicht annähernd so vorsichtig und beißen auf alles Mögliche.

Wer noch einen einzigen Haken besitzt, ist glücklich dran. Er sollte ihn hegen wie seinen Augapfel. Er sollte sich nicht scheuen, ihn schon vor der Reise an einer WC-Kette zu befestigen oder an einem soliden Draht, auf daß kein Fisch ihn abbeißen kann. Denk nicht, daß der Draht – du hast ihn doch in deinem Überlebensgürtel, oder? – ihn stören könnte.

Wer zwar einen Haken aber nur einen Meter Schnur hat, hängt seine Angel an ein schwimmendes Holz und läßt es treiben. Flußabwärts fängt man es wieder heraus. Ist keine Strömung vorhanden, baut man Segel auf den Stamm.

Wer keinen Haken hat, macht sich einen aus Draht, einer Sicherheitsnadel oder einem Nagel. Ein Widerhaken ist zwar optimal, aber entbehrlich. Angeln mit Haken ohne Widerhaken müssen lediglich vom Moment des Bisses an kräftig auf Zug gehalten werden. Das macht man, indem man die Leine und den daranhängenden Fisch schnell laufend aus dem Wasser bringt.

Widerhaken lassen sich ideal aus Dornen und Gräten fertigen. Sie werden an einem Ästchen in eine Kerbe gesetzt und gut befestigt.

Aber auch ein beidseitig gespitztes Hölzchen, das in der Mitte von der Angelschnur gehalten wird, ergibt einen brauchbaren Haken, weil es sich nach dem Schlucken im Körper des Fisches querstellt.

In den klaren Wassern unbewohnter Landstriche lassen sich Fische gut speeren. Ein Fischspeer sollte geschnitzte oder angesetzte Widerhaken haben und möglichst ein Zwei- oder Dreizack sein.

Siehe Abbildung Seite 217

Beim Zustechen ist die Wasserbrechung zu berücksichtigen. Nur beim senkrechten Stich entfällt die Strahlenbrechung. Man sticht tiefer als der Fisch einem erscheint. Fischstechen übt man mit einem versenkten Pflanzenblatt.

Nach dem Prinzip der Fliegenfalle funktionieren die Fischfallen. Steine oder gerade, armdicke Äste werden V-förmig in den Bach gebracht. An ihrem Schnittpunkt bleibt eine Öffnung. Dahinter ist ein Auffangbehältnis aus dem Netz einer Hängematte oder ebenfalls aus Steinen und Ästen (Abb. S. 218 oben).

Die Fische werden stromabwärts in diese Falle hineingetrieben. Die Leitwände müssen nicht V-förmig, sondern können auch in einer schrägen Geraden durch den Bach laufen.
Der geschickte Bastler flechtet sich eine Reuse.
Sie hat den Vorteil, daß man sie mitnehmen kann, wenn man weitermarschieren muß. Man flechtet sich einen länglichen, runden oder kastenartigen Korb und verschließt die Öffnung mit einem Geflechttrichter.

Siehe Abbildung Seite 218 unten

Nachts läßt es sich gut fischen mit Hilfe einer Lampe. Fische, Krebse, Frösche, Schildkröten werden vom Licht hypnotisch angelockt und können dann mit dem Speer erlegt oder mit der Hand herausgefischt werden. In der Zivilisation gilt diese Methode berechtigt als unwaidmännisch.
Um Krebse zu fangen, genügt ein dünner Ast mit einem Insekt daran, notfalls einem simplen Blatt. Der Krebs greift es mit der Schere und klammert sich fest. Schwupp – ist er draußen. Bei Molchen wartet man,

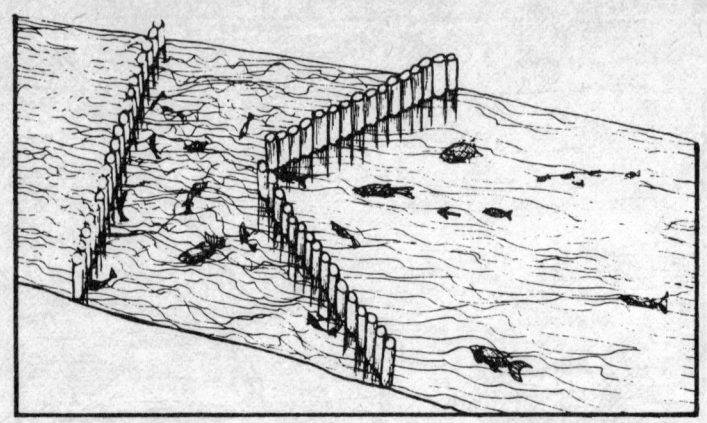

bis sie den lose zappelnden Wurm halb verschlungen haben. Dann zieht man sie raus.

Im gezeitenbeeinflußten Gewässer baut man bei Flut halbmondförmige Steinwälle, mit der Öffnung zum Land. Mitunter verfangen sich bei ablaufendem Wasser einige Tiere in dieser Halbschale.

In Bächen eignet sich die Netz-Hängematte auch gut als Fangnetz, wenn man sie auf dem Flußgrund befestigt und mit Hilfe von Stöcken schräg aufspannt. Die Fische werden hineingetrieben (Abb. S. 219).

Bei zugefrorenem Wasser läßt sich mit gutem Erfolg an Eislöchern fi-

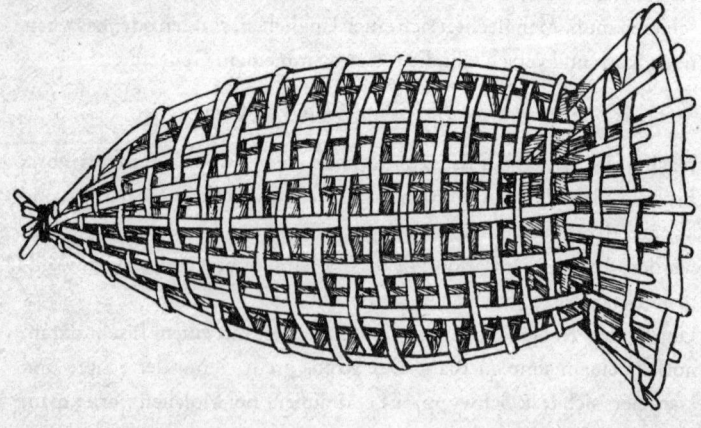

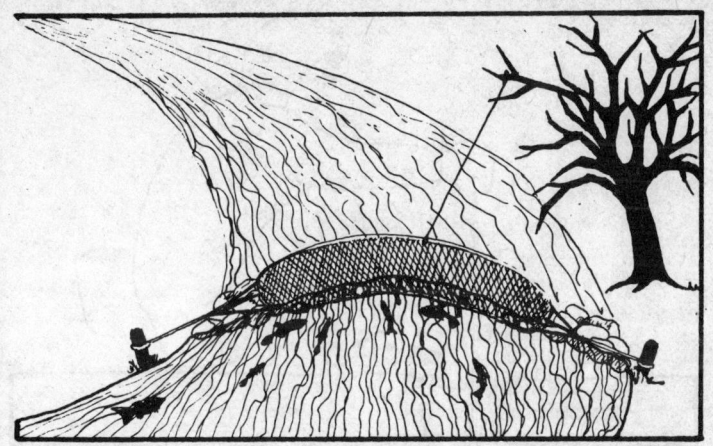

schen. Wer keine Axt hat, aber Feuer, kann sich sein Loch ins Eis schmelzen. Er baut sich aus frischem, also nicht brennendem Holz ein Minifloß, eine Plattform. Auf ihr wird Feuer entzündet, das das darunterliegende Eis schmilzt. Das Schmelzwasser wird ständig ausgeschöpft.

Durch das Himmelslicht angelockt, wird der Fischer hier gute Beute machen. Wer genügend Haken hat, hängt sie in wilder Anordnung übereinander an die Schnur. Die Schnur ist am Ende beschwert und hängt senkrecht im Wasser. Alle paar Sekunden wird sie stark angeruckt, bis sich einer der Haken in einem der Fische feststicht (Abb. S. 220). Diese Methode läßt sich gut ohne Köder praktizieren.

Aber in aller Regel braucht man zum Angeln wie zum Tierfang Köder.

58. Köderbeschaffung

»Solange du selbst noch lebst, hast du auch einen Köder«, lehrte mich ein erfahrener Trapper. An diese Worte erinnerte ich mich zweimal.

Das eine Mal lagerte ich am Blauen Nil. Ich hatte Appetit auf Fisch. Im Fluß wimmelte es davon. Ich hatte auch einen Angelhaken. Aber weit

und breit war kein Köder aufzutreiben. Zu Anfang meiner Reise hatte ich noch eine künstliche Maus dabeigehabt. Damit wollte ich mir Welse fischen. Aber diese cleveren Räuber interessierten sich nicht im geringsten dafür. Weder roch meine Maus nach Fleisch, noch bewegte sie sich. Welse brauchen echtes Fleisch: vom Insekt bis zum frischen Knochen. Deshalb warf ich die Maus fort und ging auf die Suche nach einem ersten Insekt. Aber wie das manchmal so ist – die waren offensichtlich alle auf einer Party. Keine Fliege, kein Grashüpfer, nichts.

Da fiel mir der Rat des alten Trappers ein. »Solange du noch lebst, hast du auch einen Köder, nämlich dich selbst.« Es war eine gute Gelegenheit, ihn auszuprobieren. Damals hatte ich gerade einen tiefen Furunkel. Das Wundpflaster darauf war ständig klatschvoll Eiter und roch auch entsprechend. Normalerweise, d. h. wenn ich nicht angeln wollte, war ich der meistumschwärmte Mann unserer Gruppe: umschwärmt von Fliegen, die einen Schluck Eiter naschen wollten. Aber jetzt, wo ich die Fliegen gebraucht hätte, waren sie weg. Auf einer anderen, fündigeren Party.

So hängte ich das eitrige Pflaster an den Haken. Mehr aus Jux. Dann wollte ich los, ein Insekt suchen. Aber im selben Moment schnappte bereits ein Wels zu.

Hat man den ersten Fisch gelandet, ist das Köderproblem behoben. In der Wildnis trug seitdem jeder von uns ständig ein Stück Fischgedärm in einer Dose bei sich. Du kannst dir ausmalen, wie man dann mitunter duftet.

Im zweiten Falle, am Rudolfsee, hatte ich kein Geschwür. Da es hier auch ungezählte Sorten anderer Fische gab, wäre ich jetzt froh gewesen, ein künstliches Insekt (oder die Maus) bei mir zu haben. Ich wollte es mir schon basteln aus Gras, Federn, Fasern meines Stoffes. Ich dachte auch daran, einen Blinker zu bauen aus einem glänzenden Metallstück oder Silberpapier. Aber dann fiel mir wieder der alte kanadische Schnack ein: »Nimm dich selbst als Köder!«

So zapfte ich mir am Ohrläppchen Blut ab. Ich tränkte damit ein Stückchen Stoff meines Taschentuches und steckte es an den Haken. Mein Fleiß lockte sogar zwei dicke Fliegen an. Aber die interessierten mich im Moment nicht, wenngleich sie mir ein Trost waren, leisteten sie mir doch wenigstens Gesellschaft. In anderen Situationen kann eine Fliege als Köder von ausschlaggebender Bedeutung sein. Nur, wie lockt man sie sonst noch an, außer mit eigenem Blut? Schweiß, Urin und Kot strömen hier geeignete Lockdüfte aus.

Übersieh und verachte auch keinesfalls die Würmer, die der eine oder andere im Stuhl hat. Sie sind ideale Köder.

Ich ließ das Blut gerinnen und warf die Angel aus. Nach genau einer Minute hatte ich den ersten Fisch! Wirft man solche Blutköder zu früh aus, sind sie zwar saftiger – aber es besteht die Gefahr, daß der kostbare Saft fortgespült wird.

Wichtig im Überlebensgürtel ist ein kleiner Haken. Ein Winzling, auf den man eine Fliege setzen kann, um im seichten Wasser zunächst einen der Jungfische zu fangen. Mit ihm und einem großen Haken läßt sich dann bequem das handfestere Abendbrot an Land ziehen.

Frösche als Köder lassen sich manchmal gut unter Kleidungsstücken fangen. Man legt sie abends wahllos am Ufer aus. Genau neben das Wasser. Auf der ständigen Flucht vor Feinden und der Suche nach Verstecken kriechen sie gern darunter und sitzen da auch noch am Morgen.

Mit all diesen und anderen, z. B. pflanzlichen Ködern (Körnern), unter Zuhilfenahme von Angelhaken oder Fallen lassen sich auch Warmblütler anlocken und fangen: Vögel, Ratten, Schakale .... Reichen Miniköder, wie Insekten, nicht aus, dann »opfere« dich selbst. Kratz dich etwas blutig, sichere dich mittels eines stabilen Palisaden-Zaunes, setz deine frische Losung in die Gegend – dann wird der Bär vielleicht kommen.

59. Jagdtricks

Vier Tage waren wir von Antonios Hazienda aus gelaufen, um die Panare-Indianer zu erreichen. Der Weg hatte uns quer durch dichten Regenwald geführt. Wir hatten einige Grundnahrungsmittel im Rucksack mitgenommen, um nicht ausschließlich auf Wild und Fisch angewiesen zu sein. Waffen hatten wir nicht. Nur einen Dolch und eine Machete. Wie immer, wenn wir Indianer besuchten.

Wir waren kaum bekleidet, um uns den Indianern anzupassen, trugen allerdings Turnschuhe, weil wir im Barfußgehen nicht geübt waren. Der elastische Urwaldboden verschluckte jeden Laut. Wir bildeten uns ein, lautlos zu gehen. Wir sprachen kein Wort. Das aggressive Klima und der schwierige Weg hatten uns ohnehin ermüdet.

»Jetzt sind wir bereits vier Tage unterwegs und haben noch kein einziges Wild gesehen«, beklagte sich Andreas. »Wenn wir auf Wildbret angewiesen wären, sähe es schlecht für uns aus.«

Wir waren zu dritt. Andreas, mein alter Freund und Mitstreiter, Zahnarzt aus Zürich, und Wolfgang, seines Zeichens Kameramann beim Bayerischen Rundfunk in München.

Wir waren in Südwest-Venezuela. Was wir hier vorhatten, war gegen den Willen der Regierung, aber das sind interessante Ausflüge ja meistens. Ein altes Lied. Das Problem war uns nicht neu.

Deswegen hatten wir auch nur unser Notgepäck. Damit konnten wir jederzeit blitzschnell im Dickicht verschwinden.

»Unsere mitgenommene Nahrung reicht nur für eine Woche. Wir sollten lieber jetzt schon anfangen mit Sammeln und Fischen«, schlug ich vor. Aber Wolfgang, der Besonnenste von uns, sah die Sache realistischer. »Damit sollten wir keine Zeit vergeuden. Im Notfall gibt es hier bestimmt Tiere genug. Wir gehen einfach zu laut. Ihr habt doch heute nacht die Brüllaffen gehört, manchmal schreit auch ein Papagei über den Wipfeln, und im Manapiare tanzen die Delphine. Wenn wir uns hier verstecken, würden wir doch viel mehr zu sehen bekommen.«

Wolfgangs Meinung wurde bald bestätigt. Wir trafen auf eine Gruppe Panare-Indianer. Sie leben noch in ursprünglichster Weise vom Sammeln und der Jagd.

Die Menschen nahmen uns freundlich auf. Gerade noch rechtzeitig bauten sie uns eine regenfeste Blätterhütte. Dann öffnete der Himmel seine Schleusen. Es goß wie aus Eimern und wollte gar nicht wieder aufhören.

Wir dösten in unseren Hängematten und erwarteten die Sonne. Aber die ließ lange auf sich warten. Zwei Tage lang!

»Ob die Regenzeit dieses Jahr eher begonnen hat?« machte sich Andreas Gedanken. »Das wäre filmisch ja 'ne Pleite.« Aber Wolfgang ließ sich nicht erschüttern. »Regenzeit hin, Regenzeit her. Auch in der Regenzeit scheint manchmal die Sonne. Außerdem habe ich 400er Filme mit, die ich noch um zwei Blenden forcieren kann. Das sind 1600 ASA! Wenn es erst aufhört zu regnen, reicht das Licht bereits aus. Wichtig ist nur, daß die Indios uns mitnehmen auf die Jagd.« Das war Wolfgangs Wunsch. Er sollte und wollte den Alltag einer Indianergruppe filmen: wie sie zieht, einen Unterschlupf baut, wie sie sich ernährt. Seine Filmausrüstung war entsprechend: sensible Filme, wasserdichte Fotokanister und reichlich Silicagel, um das Ton- und Filmmaterial trocken zu halten in dieser Waschküchenatmosphäre.

Jemand rüttelte behutsam an unseren Hängematten. Es war einer der Panare-Männer. Er deutete optimistisch zum Himmel, fing mit der Hand etwas herabtropfendes Wasser auf und prophezeite mit Hilfe einiger Gesten, daß der Regen bald vorbei sei. Sprachlich konnten wir uns nicht verständigen.

Natürlich hatte er recht. Und kaum war die wohltuende Stille in den Wald gekehrt, kaum hatte sich ein Sonnenstrahl durch das dichte Blattwerk bis auf den Boden vorgewagt, da zogen die einzelnen Familien bereits los. Die Männer mit Blasrohren und Hunden, die Frauen mit Macheten und Körben. Man hatte zwei Tage nichts zu essen suchen können. Nun wollte man es nachholen.

Wir wurden von zwei etwa fünfzehnjährigen Jungen mitgenommen. Sie trugen jeder ein drei Meter langes Blasrohr und einen Köcher vergifteter Pfeile.

Zunächst gingen wir schnell und ohne Vorsicht aus dem Lärm- und Geruchbereich des Lagers. Hier war sowieso nichts mehr zu finden. Hier war bereits »geerntet«.

»Jetzt im Gänsemarsch«, machten uns die Begleiter bald klar, »und nicht mehr sprechen.«

Barfuß folgten wir ihnen durch ein winziges, aber munteres Bächlein. Durch sein Plätschern übertönte es gnädig unsere Marschgeräusche, denn wir konnten noch nicht gleichzeitig schnell und lautlos laufen.

Hin und wieder blieben die Indianer stehen, durchdrangen die Baumkronen mit ihren Röntgenblicken und stießen verschiedene Tierrufe aus. Irgendwann kam die erste Antwort. Zu sehen war noch lange nichts.

Jeder Nerv an ihnen war gespannt. Wolfgang fummelte ganz aufgeregt an seinen Blenden herum. Alle paar Meter änderten sich die Lichtverhältnisse unglaublich krass.

Eine Eidechse, sieben Meter über der Erde, wurde anvisiert und mit einem Schuß vom Baum gepustet. Das Tier war sofort tot und wurde liegengelassen. Die Jungen wollten uns lediglich eine Probe ihres Könnens zeigen.

Der Antwortruf der Affen kam nun ganz aus der Nähe. Die Bewegungen der Indianer gleichen dem Schleichgehabe eines Jaguars. Sie teilten sich, umstellten die Baumgruppe, in der die Affen sein mußten. Wir hatten sie noch nicht gesehen. Und dann legten sie schon die Rohre an. Ein kurzes Zielen, die Backen schwollen an und in derselben Sekunde ab. Der Schuß war draußen. Oben im Laubwerk entstand eine Bewegung.

»Bleibt still und wartet«, gebot uns der Schütze.

Wolfgang versuchte mit seinem längsten Teleobjektiv der Sache näher zu kommen. Aber aussichtslos.

Nach fünf Minuten raschelte es wieder, ein Ast wippte. Ein darunterliegender federte kurz. Das Gift wirkte. Der Affe konnte sich nicht mehr halten. Er fiel. Wolfgang entdeckte ihn gerade noch rechtzeitig vorm Sturz.

Weiter oben in den Kronen brach eine Panik aus. Der Rest der Affenherde, die den Schuß nicht wahrgenommen hatte, tobte davon.

»Der Motor der Kamera war zu laut«. Der Indianer zeigte auf Wolfgangs Kamera, machte »drrrrr...«, zeigte auf die fliehenden Affen und sein Ohr.

Gegen Abend kehrten wir ins Lager zurück. Nach und nach trudelten auch die anderen Gruppen ein. Die Frauen schleppten körbeweise Pflanzen, meist Früchte, herbei.

Eine alte Frau hatte ungefähr zwanzig welsartige Fische auf einen Schilfhalm gezogen. Sie hatte sie mit der bloßen Hand aus den Erdhöhlen am Bachufer gezogen.

Ein anderer Jäger trug zwei Tukane (Vögel) über der Schulter, ein weiterer hatte ein Schwein erbeutet und zwei Männer schleppten sogar einen Tapir an. Der Tapir ist das größte Säugetier Südamerikas und wird so groß wie ein Kalb. Sie hatten ihn in einem Sumpf aufgestöbert. Die Hunde versperrten dem Tier den Weg, bis die beiden Männer mit Messern heran waren.

Eine erfolgreiche Jagd. Überall zufriedene Gesichter, blutige Hände,

Myriaden schmarotzender Fliegen und dampfende Töpfe. Die mageren Hunde kriegten ihren wohlverdienten Anteil. Auch uns vergaß man nicht. Wir wollten uns gerade mit Zucker revanchieren, als man uns eine Schale wilden Honig servierte. Nicht mal das Dessert fehlte also.

Wir lernten in den nächsten Tagen noch viel über die Jagd. Wer wildlebende Tiere überlisten will, muß allen Grips zusammennehmen und Geduld haben. Er muß ein Meister sein im Fährtenlesen, er muß stundenlang geräuschlos und getarnt lauern können, und er muß die Gewohnheiten der Tiere kennen.

Jagd muß man erlernen. Mach daheim einen Jagdkursus mit, und laß dich einladen als Beobachter während einer Jagd.

So wirst du als erstes erfahren, daß man nur gegen den Wind ans Wild schleicht.

Wenn das Gelände ohne Deckung ist, baut man sich die Deckung. Ein paar Äste, ein Steinwall, ein Erdhügel wirken Wunder. Äste kann man fest in den Boden rammen oder vor sich hertragen. Geräusche, die nicht in die Natur gehören, müssen vermieden werden: kein Sprechen, kein Hantieren mit der Kamera, mit dem Gewehr, dem Messer, den eisenbeschlagenen Stiefeln, dem Rucksack.

Wer Tierrufe beherrscht, befindet sich anderen Jägern gegenüber im Vorteil. Notfalls tun es auch die zahlreichen Tierstimmen-Instrumente, die die Jagdversandhäuser und Jagdgeschäfte anbieten. Sie sind gleichzeitig gute Möglichkeiten der unauffälligen akustischen Verständigung im Jagd-Gebiet. Sehr gute Tarnungen sind die Felle erlegter Tiere. Sie überdecken den Menschengeruch und nehmen dem beschlichenen, argwöhnischen Wild die Vorsicht.

Das Anschleichen im Fell erfolgt nie direkt. Man geht im Zickzack, auch rückwärts, gibt sich äsend, ruhend, desinteressiert. Man vermeidet Augenkontakt. Man knabbert ein paar Blättchen Laub, bricht auch mal ein Ästchen vom Baum, geht mal fünf Schritte, mal einen, macht auch einen Sprung. Kurz und gut: hier kannst du dich »echt tierisch« benehmen. So kommt man den Opfern am ehesten nahe.

Hat man ein Tier verletzt und setzt es davon, läuft man ihm erst nach einer Stunde nach. Folgt man ihm gleich, entflieht es in seiner Panik unnötig weit.

Wer keine Tarnmittel hat und in seiner Kleidung pirschen muß, sollte sie mit Kot und Urin des gejagten Tieres tränken. Man findet diese Parfümerien an den Wasserstellen und am Wechsel. Der Schleicher sollte sich klein machen und nie unnötig groß erscheinen.

Häufig ist es besser, zu lauern als zu laufen. Wer gut versteckt irgendwo sitzt, ist im entscheidenden Vorteil gegenüber dem Gehenden.

Das A und O beim Anschlich ohne Tiermasken ist, sich nie in der Bewegung beobachten zu lassen. Man muß wissen, wann die Tiere wieder aufblicken werden und in dem Moment bereits wieder unbeweglich verharren.

Willst du Fleischfresser vor dein Versteck locken, lege lebende oder tote Köder davor aus. Totes Fleisch, so blutig oder stinkend wie möglich, zieht man vorher kreuz und quer durchs Gelände, um die Duftfrequenz zu vergrößern.

Eisbären lockt man durch Verbrennen von Speck. Auf viele Kilometer nehmen die Tiere den Geruch wahr und kommen eiligst angelaufen.

Wer einen Wasservogel erbeutet hat, kann dessen Balg im Ganzen abziehen und ihn sich so präparieren und über seinen Kopf stülpen, daß er auf andere Vögel zuschwimmen kann, ohne ihnen Angst einzujagen. Beobachtet wird durch einen Sehschlitz in der Brust der Maske. Aber auch in diesem Falle schwimmt man nie direkt auf die Opfer zu, sondern immer im scheinbar planlosen Hin und Her. Bis man heran ist. Dann greift man das Wild von unten an den Beinen, zieht es unter Wasser und dreht ihnen den Hals um. Auf diese Weise kann man durchaus mehrere Vögel fangen (Abb. S. 228). In der weiten Einsamkeit, wo viele Tiere noch nie Menschen gesehen haben, kann die menschliche Stimme Wunder wirken. Das gefährlichste Großwild kann mitunter lammfromm werden. Das erprobte mein Freund Karlheinz Kern einmal unfreiwillig im afrikanischen Busch. Er war zu Fuß unterwegs und hatte seine Hängematte irgendwo zwischen zwei Bäume gespannt. Nachts wurde er wach, als ihn jemand anstieß und die Hängematte ins Schaukeln geriet. Karlheinz war sofort hellwach. Um so mehr als er erkannte, wer ihn da so sanft

wachgerüttelt hatte. Eine gewaltige Herde der gefürchteten Kaffernbüffel zog des Weges. Dichtgedrängt standen sie um ihn, glotzten ihn mit ihren großen Augen an und waren sicherlich genauso überrascht.

Karlheinz schaltete instinktiv und schnell. Sein Beruf – er ist bei der Kripo – kam ihm dabei ein wenig zu Hilfe. Ganz ruhig, ohne sich zu bewegen, hielt er ihnen einen Vortrag.

»Guten Abend, ihr Lieben! Was treibt euch denn zu so später Stunde noch durch den Busch? Liege ich euch etwa im Weg? Das müßt ihr mir schon verzeihen. Ich wußte nicht, daß das euer Weg ist. Ich bin nämlich nicht von hier. Ich komme aus Hamburg und mache hier Urlaub ...«

Die Büffel hörten verblüfft zu, muhten, käuten wieder, beratschlagten und kamen dann zu dem Entschluß, Karlheinz einfach zu ignorieren, ihn als ein Hindernis – wie einen Baum – zu betrachten und einfach zu umgehen.

Natürlich gibt es unerschöpflich viele Jagdtricks. Sie füllen reihenweise die Jagdbücher aller Erdteile und allmonatlich auch noch diverse Jagdzeitschriften.

Wem das nicht reicht, der mag einen Studienplatz in Jägerlatein belegen. Sie sind das Nonplusultra.

60. Schlachten

Wer noch nie geschlachtet hat und soll zum ersten Mal in das warme Fleisch fassen, das Blut riechen, der muß sich zunächst daran gewöhnen. Aber für die Extremreisen mußt du es können.

In der Regel wird das Tier tot sein. Sonst gib ihm den Gnadenschuß ins Herz, in den Kopf oder du schneidest ihm die Kehle durch. Das Durchschneiden der Kehle hört sich barbarisch an, erscheint mir aber als der schnellste Weg per Messer, weil es den Kreislauf zum Kopf unterbricht und das Tier sofort tot ist.

Wer auch kein Messer hat, tötet sein Tier mit einem Schlag auf den Hinterkopf.

Vierbeiner werden dann an den Hinterläufen aufgehängt. Von der Bauchseite her wird mit scharfem Messer das Fell oberhalb der Füße (Hufe, Pfoten ...) rundherum durchschnitten – ohne ins Fleisch zu geraten. Mit dem Finger kann man die Haut vom Fleisch abheben und das Messer dazwischenstecken. Damit schneidet man die Haut bis zum After auf. Dann zieht man die Beinhaut wie einen langen Strumpf vom Fuß her zum After ab. Dort, am Schwanz, muß man abermals mit dem Messer nachhelfen, bevor man nun das restliche Körperfell in einem Stück abzieht.

Siehe Abbildung S. 230

Wer den Jägerkursus besucht hat, wird nicht nur das lernen, sondern auch die Fachausdrücke dafür. Ich verwende hier bewußt die Allgemein-Vokabeln. Waidmann, entschuldige!

Eine kleine Schwierigkeit gibt es erst wieder bei den Vorderläufen. Aber schon mit den Fingern kann man sie aus dem Fell lösen. Die Füße bricht oder schneidet man ab. Sie enthalten ohnehin nichts Bedeutendes.

Das nächste Hindernis bietet der Kopf. Hier muß das Messer zuhilfe kommen. Wer nicht aufs letzte Gramm Fleisch angewiesen ist, schneidet ihn ganz ab. Zusammen mit dem Fell und den Innereien läßt er es für Raubtiere liegen oder vergräbt es.

An die Innereien gelangt man durch Aufschneiden des Bauches vom After über den Brustkorb bis zum Hals.

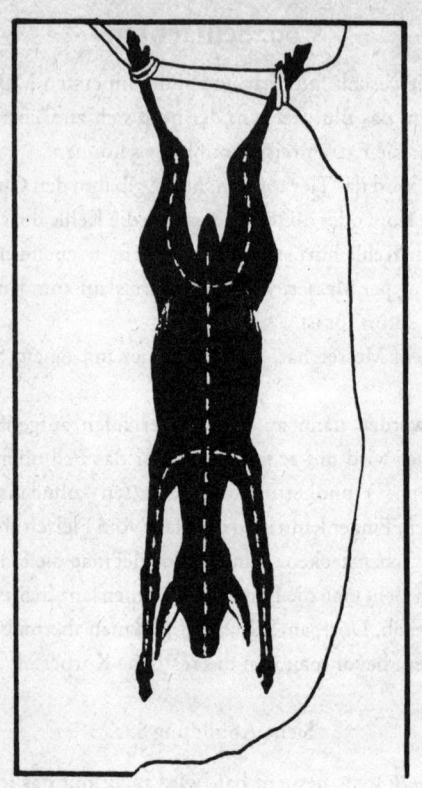

Am delikatesten mag die Leber sein. Jeder wird sie kennen und sofort herausfinden. Aber auch Herz, Niere, Magen sind eßbar. Wer Hunger hat, nimmt ferner die Lunge, das Hirn, die Zunge, die Augen, das Mark (Behelf zum Gewehrfetten); die Knochen ergeben eine herrliche Brühe, wenn man sie kalt mit Wasser aufsetzt.

Und damit wären wir eigentlich schon beim Kochen – wenn es nicht noch andere Tiere gäbe: das schwere Wild, Vögel, Fische. Das schwere Wild hängt man nicht auf, wenn man es nicht schafft. Man läßt es einfach liegen und wendet es auf den Rücken. Dann verfährt man damit wie mit dem hängenden Stück. Nur: das Fell am Bauch wird ebenfalls aufgetrennt und das Wild so aus der Haut gelöst, daß es bis zum Schluß immer sauber auf seiner eigenen Decke liegen bleibt.

Vögel kann man rupfen. Taucht man sie in heißes Wasser, erleichtert das die Arbeit. Wer auf ein Gramm Fleisch nicht zu achten braucht, kann ihnen die Haut, ebenfalls an den Läufen beginnend, mitsamt den Federn in einem Stück abziehen.

Die so gewonnenen Federbälge eignen sich gut zur Herstellung einer Vogelattrappe, mit der man sich an andere Tiere derselben Art anschleichen kann.

Fische werden »gegen den Strich« abgeschuppt, vom After bis zur Brust aufgeschlitzt und die Innereien mit einem Fingergriff herausgeholt.

Beim Schlachten sollte man im wesentlichen noch auf zweierlei achten: daß die Galle und die Harnblase sich nicht über das Fleisch ergießen. Ist es doch passiert (und auch sonst), muß (kann) man es gründlich abwaschen.

Wenn Zeit genug vorhanden ist, läßt man das Fleisch im Luftzug auskühlen.

61. Behelfsgefäße

Nun könnte das große Schmatzen beginnen, wenn man einen Topf hätte. Natürlich gibt es Auswege: man kann braten, räuchern und roh essen. Aber auch auf eine Suppe, zumindest auf einen Tee braucht man nicht zu verzichten. Voraussetzung: eine Mulde. Sie kann man aus einem Baumstamm geschnitzt haben, ein ausgewaschener Stein kann sie bieten, ein Stück Bambusrohr kann dazu dienen, oder man scharrt sie sich und legt sie aus mit dem eben abgezogenen Fell (Haare nach unten), dem Magen, der Aluminiumfolie. Dahinein gibt man die Zutaten wie Wasser, Salz, Gewürze, Tee.

Zum Erhitzen des Wassers dienen Steine, die in Feuersglut erhitzt und mittels einer Astgabel ins zu kochende Gebräu bugsiert werden. Wer diese Machart nie ausprobiert hat, wird sich wundern, wie effektiv sie ist.

Wer lieber ein Spiegelei möchte, aber keine Pfanne hat, der kann ein Stück Alu-Folie über eine Astgabel spannen. Auch flache Steine eignen sich vorzüglich als Pfanne für flache Speisen (Brotfladen).

Wer keine Roste hat, macht sie sich aus frischen Ästen. Ehe sie verbrennen, ist das Steak längst gar.

McDonald-Kunden, die an schnelle Bedienung gewöhnt sind, wickeln sich Fleischstreifen um frische Äste und halten sie kurz in die Glut. Die Pommes frites müssen sie sich allerdings denken.

Vieles kann man einfach so in die Glut werfen, besser und luxuriöser ist es, die Lebensmittel in Alufolie zu wickeln, in ein grünes Blatt oder in nasses Papier. Darin garen sie in Ruhe und werden schmackhafter.

Aus Folie läßt sich sogar ein Topf machen. Der Topfrand wird umgekrempelt und mit frischen, biegsamen Ästen stabilisiert. Wer Lehm hat, umgibt sein Hähnchen mit Lehm und legt es in die Glut. Wenn er nach dem Backen die Lehmschale abbricht, bleiben die Federn darin hängen.

Gegessen wird mit den Fingern. Allenfalls braucht man einen Stock zum Rühren. Ein Löffel für Suppen ist schnell geschnitzt. Wer in der glücklichen Lage ist, Mehl zu haben, der kann sich sein Brot wie folgt machen:

Er erhitzt faustgroße Steine. Mit einer Astgabel manövriert er sie in die mit der Faust hohlgestoßene Teigkugel, die dann wieder über den Stein verschlossen wird. Diese Teigkugel rollt man neben die Glut und wendet sie nach Bedarf. Sobald das Brot von außen Farbe hat, ist es auch von innen gut.

62. Kochen

Es gibt Leute, die lassen sogar Wasser anbrennen, und es gibt andere, die brutzeln den ganzen Tag in der Küche herum, weil Kochen für sie eine künstlerische Aufgabe ist.

Wer reist, muß wenigstens wissen, was beim Kochvorgang passiert.

Dann ist es für ihn plötzlich kein Problem mehr, eine Brühe zur Suppe anzudicken, ein Steak zu grillen, einen Pfannkuchen zu backen.

Bei allen stärkehaltigen Lebensmitteln geschieht nämlich folgendes: sobald Stärke in Verbindung mit Wasser um die 70° Celsius erreicht, »verkleistert« sie. Das heißt, die winzigen Stärkekügelchen öffnen sich und binden ein Vielfaches ihres Eigengewichts an Wasser. Das Wasser wird sämig, fest oder gar Maurer-Mörtel, wenn man sich in den Mengen verschätzt hat: 100 g Stärke dicken einen Liter Flüssigkeit auf Puddingfestigkeit. Stärke ist enthalten in allen Getreideprodukten, wie Reis, Haferflocken, Mehl, Weizenpuder, Puddingpulver ... Beim Backen geschieht das gleiche. Mehl, Zucker, Salz und Eier werden für Pfannkuchen mit Wasser oder Milch zu einer dünnflüssigen Masse verrührt und dann dünn in eine heiße, gefettete Pfanne geschüttet.

Schon zwischen 60 und 80° gerinnt das Eiweiß des Eies, des Mehles. Sie festigen den Pfannkuchen, verleihen ihm das Gerüst. Die Lockerung geschieht durch den entweichenden Wasserdampf: die Luftbläschen steigen im flüssigen Teig nach oben, machen ihn porös und lockern ihn. Ist die besagte Temperatur erreicht, erstarren die bis dahin elastischen Eiweiße und bewahren dem Gebäck die poröse Struktur.

Backpulver, Hefe oder geschlagenes Eiweiß vermehren die Bildung der Gase, erhöhen die Lockerung.

Läßt man den Pfannkuchen noch länger in der Pfanne, bilden sich die leckeren Röststoffe, wenn Stärke, Zucker, Eiweiß und Fett anfangen zu verbrennen.

Dem Fleisch ergeht es ähnlich. Sein Hauptnährstoff ist Eiweiß. Sobald es geronnen ist, ist es für uns Menschen – wie die verkleisterte Stärke – genießbarer und verdaulicher.

In der Not schluckt sich das alles aber auch roh.

Das wäre in knappster Form etwas über das Elementar-Kochen. Jedem Globetrotter ist zu empfehlen, die oft kostenlos offerierten Kochkurse der Elektrizitätswerke mitzunehmen oder Muttern über die Schulter zu blinzeln.

Gerade in der Einsamkeit lechzt man nach Schleckereien: einem Kuchen, einer Süßspeise, einem Bonbon, einer kräftigen Brühe. Mit ihnen kann man nicht nur sich selbst, sondern auch die freundlichen Gastgeber beglücken.

Laß z. B. Zucker im Topf schmelzen und braun werden, und schon hast du »Karamellen«. Mit Butter versetzt: Rahmkaramellen; mit Haferflocken verlängert, sogar regelrechte Kalorienbomben. Der Wildnisläufer, der alles selbst tragen muß und keine Auswahl an Lebensmitteln mitschleppen will, kann sich zwischen zwei Universal-Kraftmischungen entscheiden: dem Nehberg-Hafer-Mix oder dem Eskimo-Pemmikan.

Im ersten Falle mischst du dir Haferflocken mit Zucker, Milchpulver, Nüssen und Rosinen. Das schmeckt trocken, das schmeckt mit kaltem Wasser verrührt, das schmeckt als Suppe gekocht.

Pemmikan ist Fett mit diversen Ingredienzien. Es ist das Universal-Lebensmittel in kalten Gebieten, wo der Körper nach Fett giert. Hier ist ein Rezept zum Selbstmachen:

> 55% getrocknetes Rindfleisch,
> Schweinefett, Kalbsfett, Rindsfett,
> Sojapflanzen, Kohlrabi-Sprößlinge,
> Rotkohl-Sprößlinge, Petersilie,
> Bambus-Schößlinge, Dillspitzen,
> Salz, Gewürze, Hagebutten, Blaubeeren
> Haltbarkeit: 2 Jahre

Wenn das kein Treibstoff für den menschlichen Motor ist!

Als Leckerei sei noch empfohlen: Nehbergs Schokolade. Sie besteht aus nichts als Kakao, Milchpulver und Zucker.

Mit wenigen Tropfen Wasser ergibt das einen herrlichen Schoko-Kleister. Mit mehr Wasser wird er zur Trinkschokolade und ganz ohne Wasser setzt sich die Pulvermischung zwischen die Zähne, so daß man zwei Stunden davon zehren kann. Ein echter Dauerlaber.

Diese Lebensmittel-Mischungen haben den Vorteil, daß sie auch ohne Kochen schmecken und man sie nicht so schnell leid wird.

63. Konservierung

Aber ebenso wichtig wie das Kochen ist das Konservieren.
Manchmal kommt der Trotter unverhofft an größere Essensvorräte. Sie würden verderben, wenn er sie nicht konservieren könnte. Da gibt es mehrere Möglichkeiten.
Kochen und Braten sind die naheliegendsten. Aber sie sind nicht dauerhaft genug.
Vieles läßt sich trocknen: Obst, Gemüse, Fleisch, Fisch. Zum Trocknen muß nicht unbedingt die Sonne scheinen. Hauptsache, es regnet nicht. Das Trockengut wird in dünne Scheiben geschnitten. Je dünner, desto besser. Dann breitet man es auf sauberen Flächen aus. Ideal sind Steine. In der Sonne wirken sie durch die gestaute Hitze wie Öfen.
Wer keine Steine hat, hängt sein Trockengut auf Leinen, Gräser, Lianen, Fadenwurzeln oder über Äste in den Wind. Der Rauch eines leichten Feuers vertreibt die Fliegen.
Von Zeit zu Zeit muß alles gewendet werden. Ungetrocknete Stellen sind Brutstätten für Fliegen und Bakterien.
Getrocknetes Fleisch ist auch ohne Kochen viel leckerer als rohes. Wer's hat, stippt es in Salz und Gewürze. Wer kein Salz hat, nimmt die Asche seines Lagerfeuers: Asche ist zwar kein Kochsalz – aber sie enthält eine Fülle von Mineralien, die dem Hungernden guttun.
Wer hingegen Salz genug hat (am Meer kann man es durch Verdunsten des Wassers selbst erzeugen), kann seine Fleisch- und Fischvorräte durch Salzen zusätzlich konservieren: die dünnen Streifen werden rundherum mit Salz eingerieben und bestreut. Das Salz entzieht dem Fleisch das Wasser. Dadurch wird es trockener. Bakterien wird die Lebensgrundlage entzogen, denn Feuchtigkeit ist eine ihrer Vermehrungsvoraussetzungen. Darüber hinaus wirkt die Salzsäure des Kochsalzes bakterienstoppend.
Mit dieser Trocknungs- und Salzungsmethode arbeitet man vor allem auch, wenn man Tierfelle für lange Zeit haltbar machen will.
Das Salzen hat den Nachteil der Geschmacksbeeinträchtigung. Man be-

nötigt beim späteren Kochen viel Süßwasser, um das Salz herauszuspülen.

Pökeln nennt man die Konservierung von Fleisch und Fisch mit Salz ohne die zusätzliche Trocknung. Bei diesem Konservierungsprozeß werden abwechselnd Frischfleisch und Salzschichten in Nichtmetall-Behältnisse gestapelt (Holz, Glas, Steingut).

Viel leckerer als die Salzkonservierungsmethode ist das Räuchern. Man unterscheidet das Heiß- und Kalträuchern.

Heißräuchern ist die schnellere Methode. Die Methode für Heißhungrige, die entweder nicht warten möchten oder deren Rauchprodukt nur wenige Tage halten soll.

Der Fisch oder das Fleisch wird über ein Feuer gehängt und in erster Linie durch die Hitze gegart, in zweiter durch den Rauch. Der Rauch wird zum Schluß mit feuchtem Holz oder Blättern verstärkt.

Beim Kalträuchern erfolgt die Garung und Konservierung durch den Rauch. Die Hitze spielt dabei keine Rolle. Selbst dickste Schinken, die wochenlang im Rauchabzug des Kamins hängen, verwesen nicht, sondern konservieren durch die sterilisierende Wirkung des Rauchs.

Kalträuchern ist etwas für Globetrotter, die lange Zeit an einem Ort zubringen müssen und keine Nahrungsprobleme haben.

Die besten Hölzer zum Räuchern sind Eiche, Birke, Weide, Buche, Erle und Kastanie. Alle Nadelhölzer, die Harz enthalten, beeinträchtigen den Geschmack negativ. Eine Ausnahme bilden Wacholderzweige. Sie sorgen für eine pikante Geschmacksverbesserung. Hölzer, die zuwenig Rauch erzeugen, werden ständig mit Wasser benetzt. Ideal sind Sägemehl und Sägespäne für das kalte Rauchfeuer.

Praxis 3:
Menschen

64. Urrecht in der Wildnis

Der Rückweg zur Zivilisation kann eine Stunde oder ein Jahr dauern, je nachdem, wie gut du mit Fortuna stehst.

Aber irgendwann wirst du zwangsläufig auf Menschen stoßen. Je nach Gebiet sind es entweder Siedler oder Missionare. Oder aber es sind Indianer, Eskimos, Beduinen, die eigentlichen Ureinwohner dieses Landstriches, denen das Land gehört.

Diese Menschen haben häufig keine Schulbildung, wissen nicht, wieviel a plus b in Klammern zum Quadrat ist und was eine Ampel ist, geschweige denn, was man zu tun hat, wenn sie Grün anzeigt. Und zu gern tut man diese Bewohner am Rande der Wildnis deshalb ab als primitiv, dumm und faul, gar als heimtückisch und kriminell. Dabei messen wir selbstverständlich mit unserem Maßstab, diesem alleingültigen Richtstab überbevölkerter Industrie- und Zivilisationszentren. Wir vergessen ganz zu überlegen, warum andere Völker, Stämme, Rassen anders und nicht so sind wie wir und warum sie möglicherweise tatsächlich Fremden gegenüber aggressiv sein können.

Das Verhalten vieler Einheimischer Weißen gegenüber reicht von der einfachen Ablehnung bis hin zur blutigen Aggression. Deswegen müssen sie nicht »blutrünstige Bestien« sein, wie man mir 1979 in Brasilien die Indianer schilderte. Um solches Verhalten gerechter beurteilen zu können, sollte man sich in einer ruhigen Minute – und die sollten wir jetzt kurz einschalten – einmal vor Augen führen, was wir vielen Ureinwohnern angetan haben und noch permanent antun. Beispiel: die Indianer. In einer erschreckenden »Spiegel«-Serie (Nr. 44–46/1969, Indianermord) heißt es unter vielem anderen:

»... ausgeführt wurden die Morde von Beamten jener Behörde, die Brasiliens Indianer behüten sollte, des Indianerschutzdienstes. In einem mehrbändigen Untersuchungsbericht (»Jornal do Brasil«: Einige Tonnen Schande) beschuldigte das brasilianische Innenministerium die Indianerverwaltung, sie habe zugelassen, daß ganze Indianerstämme mit Pockenserum, Maschinengewehren und Dynamit ausgerottet wurden – Mordaktionen, die von den Tätern »Insektenbekämpfung« genannt wurden. Anschließend hätten die Indianerschutz-Funktionäre das Gebiet der Ermordeten an Privatunternehmen verkauft, wobei allein der Leiter des Indianerschutzdienstes, der ehemalige Luftwaffenmajor Lutz Vinhas Neves, 1,2 Millionen Mark verdient habe ...«

»... wie etwa der General Ribeiro Coelho, hätten es »in verbrecherischer Weise unterlassen, von Großgrundbesitzern veranstaltete Massaker zu verhindern«.«

»... Es zeigt eine von Kautschuksammlern an den Beinen aufgehängte Indianerin, kurz bevor sie mit einer Machete in zwei Stücke zerschnitten wurde.«

»... stützte sich auf die Aussagen des Kautschuk-Sammlers Ataide Pereira dos Santos, der sich an dem Massenmord beteiligt hatte ... weil ihm der Auftraggeber, Antonio Mascarenhas Junqueira ... die versprochene Gage in Höhe von 15 Dollar schuldig geblieben war.«

»... Es kam nicht selten vor, daß Faziendeiros zu ihrer Belustigung mit Schußwaffen Treibjagden auf die Indianer veranstalteten.«

»... Untersuchungsrichter Figueiredo: 40000 Indianer sind dem Indianer-Schutzdienst zum Opfer gefallen.«

»... In den 40er Jahren bestrafte eine Kautschukgesellschaft ihre Indianersklaven so: Schafften sie ihr Tagessoll nicht, wurde ihnen ein Ohr abgehackt, versagten sie wiederum, schnitt man ihnen das andere Ohr ab – beim drittenmal tötete man sie.«

»... nie ein Indianer-Mörder von einem Gericht verurteilt wurde.«

Soweit Zitate der »Spiegel«-Dokumentation.

Grundsätzlich ist das Leben in der ungezähmten Wildnis hart. Es ist ein ständiger Kampf ums Dasein, ein Kampf gegen vorrückende, übermächtige und rücksichtslose weiße Siedler, gegen expansionslüsterne Nachbarstämme, Durst, Hunger und Krankheit.

Es ist ein Kampf in animalischer Urform, wo nur der Stärkere und der Gerissenere Überlebenschancen haben. Die geringste Sentimentalität kann den Tod bedeuten, die kleinste Schwäche, eine Unaufmerksamkeit ebenso. So haben sich in der Wildnis und an ihrem Rande zwangsläufig Gesetze gebildet, denen auch der verirrte Fremdling unterworfen ist. Hier gilt Stammesrecht. Die politischen Landesgesetze mögen hundertmal anders lauten: hier gilt das Recht der Wildnis, die Macht des einzelnen.

Stammesgesetze können so hart sein, daß selbst der Stammesangehörige sofort mit seinem Tod zu rechnen hat, wenn er sie mißachtet. Anders, so hat die Erfahrung die Wildnisvölker gelehrt, ist das Überleben für sie unmöglich. Nur mit äußerster Disziplin, Genügsamkeit, Härte und strengem Zusammenhalt haben sie gegen die Gegner Chancen.

Aber niemand kann auf die Dauer isoliert und allein leben. Der Mensch ist ein Herdentier. Je härter das Leben, desto mehr ist er auch angewiesen auf Hilfsbereitschaft, Gastfreundschaft, Mut, Zuverlässigkeit und auf Liebe.

Diese Kontraste von Härte und Liebe stehen dicht beieinander. Sie gehören zusammen. Sie kann man einplanen, wenn der Moment der Begegnung mit wildfremden Menschen bevorsteht.

65. Menschen

Du hast ihre Spuren gesehen, ihre Stimmen gehört oder ihr Lagerfeuer wahrgenommen. Nun stehst du vor der Wahl: soll ich mich zeigen oder sie umgehen? Sind diese Menschen deine letzte Rettung, gibt es gar keine Alternative. Aber wenn es dir noch relativ gut geht und du die Menschen fürchtest, wirst du mit dem Gedanken spielen, sie zu umgehen. Die Entscheidung liegt bei dir, denn es gibt keinen allgemeingültigen Rat.

Es wird immer dein individueller Entschluß bleiben. Dabei solltest du alles Pro und Contra sorgsam gegeneinander abwägen. Instinktiv wirst du dich zunächst verstecken. Hoffentlich hat dich niemand gesehen! Wer sich verbirgt, hat etwas zu verbergen. Stell dir vor, du entdeckst daheim in deinem Garten einen Fremdling, der sich im Busch versteckt. Dann wird dir viel leichter klar, in welcher Situation du dich jetzt befindest.

Umgehst du die Hütte, kann das deine Rettung sein. Entdeckt man dich jedoch dabei, wird man mit Recht annehmen, daß du Gründe hast, dich vorbeizuschleichen. Du kannst nur ein Feind sein, denn Freunde melden sich. Freunde sagen »Guten Tag« und genießen die Gastfreundschaft, die ihnen zuteil wird, auf die man Anspruch hat. Gastfreundschaft ist mancherorts heilig und unverletzlich. Das kann ausarten bis zur Unerträglichkeit. Wer eine Ansiedlung umgeht, hält die Einwohner für ungastlich. Das kann eine gefährliche – unter Umständen tödliche – Beleidigung sein.

Selbst wenn du erwarten mußt, daß man dir nicht wohlwollend gesonnen sein wird, dürfte es im Zweifelsfalle besser sein, auf die Menschen zuzugehen.

66. Ur-Instinkte

Mut macht auf alle Völker Eindruck, denn überall gilt Mut als erstrebenswert. In deinem Falle muß er noch mit Verstand gepaart werden. Das heißt, man sollte nicht – bautz – ins Lager, ins Dorf hineinstürzen. Das könnte bei Leuten, die in steter Furcht vor Feinden leben, blitzschnelle, ungewollte Notwehrreaktionen hervorrufen, die für dich fatal enden würden. Und haben die Überraschten erst einmal Furcht erkennen lassen, könnte es sein, daß sie sich nun schämen. Wer ist schon gern ängstlich? Durch deinen plumpen Einmarsch ins Dorf haben die Leute ihr Gesicht verloren und werden jetzt beleidigt, verärgert, jedenfalls für dich negativ reagieren.

Melde dich vorher laut und deutlich an. Ruf! Oder sing! Alle Völker lieben Gesang. Besonders bei scheinbar leerstehenden Einzelhütten rufe laut. Vielleicht befinden sich Kranke, Kinder, Greise oder Frauen darin. Besonders Frauen gegenüber sei vorsichtig. Sprich nicht mit ihnen, wenn sie dir ausweichen (s. auch Kap. 76, Sexualität und Folgen). Wirst du nicht aufgefordert, in die Hütte zu kommen, warte mit gehörigem Abstand auf die Rückkehr der Männer.

Zeige klipp und klar, daß du unbewaffnet bist. Lege dein Gepäck und unnötige Kleidung in großer Entfernung ab, zeige bei Annäherungen deine leeren Hände vor, hebe sie über den Kopf – so, als wolltest du dich ergeben.

Geh langsam, bescheiden, ruhig. Vermeide hastige, zweideutige Bewegungen. Schlag also nicht nach der Fliege, weil das so aussieht, als wolltest du blitzschnell eine Waffe ziehen. Lächle! Lachen ist der kürzeste Weg zwischen zwei Menschen. Schön, wenn die Augen mitlachen! (Der Rat gilt nicht für Frauen! Ihr Lachen würde als Aufforderung zur Annäherung verstanden. C'est la vie!). Geh nicht stolz und arrogant. Vergiß nie, daß du ständig beobachtet wirst, auch wenn niemand zu sehen ist. Befindest du selbst dich in Begleitung von Frauen, so schick diese vor. Sie sollten dann aber auch als Frauen erkennbar sein. Notfalls zeigt man den Busen.

Sei nett zu Kindern. Ehre die Greise. Näherst du dich den ersten Männern, vergiß das Lächeln nicht, behalte ständigen Augenkontakt. Augen sind ehrlicher als Gesten. Verbeuge dich zur Begrüßung. Je mehr Männer sich vor dir aufbauen, desto besser. Ein einzelner hat eher Angst und schießt. Die Gruppe hingegen fühlt sich dir überlegen und kann sich erlauben, dich auf Tuchfühlung heranzulassen.

Gehe auf den Anführer zu. Er ist meist erkennbar an Schmuck, Auftreten und seiner Gefolgschaft. Sonst frag nach ihm oder sprich die Ältesten an. Das ist nie falsch. Alte werden immer geehrt.

Als erstes bitte sie um Gastfreundschaft. Zeige mit Gesten, daß du Hunger hast, Durst und müde bist. Tu eventuell so, als seist du krank, ohne ihnen zur Last zu fallen. Oder stell dich sofort als Arzt vor. Kranke und Ärzte werden am ehesten geschont. Kranke, weil es unrühmlich ist, Wehrlose zu töten und Ärzte, weil jeder Mensch ein Wehwehchen hat, dessen Linderung er erhofft. In diesem Falle ist es unwichtig, ob du viel oder wenig Ahnung von Medizin hast. Sprich in deiner Landessprache ruhig auf die Menschen oder Patienten ein. Laß dir ihre Schmerzen schildern und laß weder Pessimismus noch Unsicherheit erkennen.

Streicheln, Handauflegen, Massieren (ein Massier-Schwamm ist schnell gemacht aus Cocosfasern, Sisal, Gras, Hanf...), anerkennend auf die Schulter klopfen, sich Wange an Wange drücken, werden auf der ganzen Welt als angenehm empfunden. Loben, die Kinder nett finden, den Besitz anerkennend diskutieren und allen Anwesenden gleich freundlich gegenübertreten, sind ein weiterer Schritt in die Sicherheit.

Wer noch Medikamente hat und sie einsetzen will, wird sich die Menschen zuverlässig verpflichten. Der, dem du jetzt die Leiden linderst, wird dir kaum noch in den Rücken fallen. Wer keine Medikamente mehr hat, kann sich mit Zucker, Salz oder anderen Trickmitteln weiterhelfen. Nie gibt der »gute Arzt« das Heilmittel direkt. Sonst erkennen die Kranken bald, daß sie die Heilung nicht dem Arzt, sondern der Tablette verdanken. Und wer will es ihnen verübeln, wenn sie sich in ihrer Not die Tabletten mit Gewalt oder List aneignen? Also viel Hokuspokus. Bei deinem Arzt zu Hause ist das doch oft nicht anders. Wie wohltuend empfindest du es, wenn er sich eingehend nach dir erkundigt und deine Fortschritte lobt! Mach es genauso.

Denke daran, daß du keine Kassenpatienten vor dir hast, sondern Privatpatienten. Sie zahlen mit Naturalien: einem Ei, einem Stück Fleisch, mit Gastfreundschaft, Schutz, einem Wegführer. Vielleicht gibt man dir dafür dein Leben.

Ziehe bei der Diagnose deinen Kompaß »zu Hilfe«. Belichtungsmesser, bunte Seile, Lexica – was du noch hast, wirf ins Spiel. Man wird dich ehrfürchtig bestaunen, dir vertrauen. Glaube kann Berge versetzen und hilft heilen. Streich dem Patienten dreimal links über den Arm, viermal am Nacken. Laß ihn einfache Worte sagen, schau ihm in Augen und Mund und fühle den Puls. Deiner Fantasie sind keine Grenzen gesetzt. Nur – mach nichts, das schaden könnte! Erinnere dich des Kuatsu (s. Kap. 12 / Erste und letzte Hilfe). Daß irgendwo dem größten Arzt Grenzen gesetzt sind, weiß jeder Mensch und nimmt es hin. Wenn aber jemand stirbt infolge deiner Behandlung, dann zahlst du mit deinem Leben: Auge um Auge, Zahn um Zahn. Das Gesetz gilt wie eh und je. Das Los des Arztes in der Wildnis.

Ist der erste Kontakt erreicht und hat man dir Gastfreundschaft gewährt, revanchierst du dich. Nimm nicht nur, sondern gib auch. Ich meine damit nicht Geschenke. Ein Geschenk macht man allenfalls zum Abschied und dann nur dem Hauptgastgeber. Alles andere ist gefährlich. Was du dem einen gibst, muß der andere auch haben. Es wird oft eine Kette ohne Ende, die in Streit und Flucht und Schlimmerem endet.

Schenkst du einem freilebenden Indianer z. B. Garderobe, mag er dich töten. Nach den Erfahrungen der Indios »kommt der Tod aus der Garderobe der Weißen«. Das ist kein Humbug, sondern diese Folgerung basiert auf Realität. In Brasilien wurden ganze Landstriche von Indianern befreit, indem man ihnen pockenverseuchte Kleidung zukommen ließ!

Vergelte die Gastfreundschaft anders. Bist du technisch begabt, repariere das Gewehr. Bist du ein Bastler, bastle den Kindern Spielzeug: eine Papiertaube, einen Kreisel, einen Ball, Murmelspiele – die kleinsten Dinge haben die größte Wirkung. Veranstalte Wettspiele, mach ihnen Musikinstrumente, wie Rasseln, Trommeln, Taktstöcke, Flöten – vielleicht hast du noch deine Mundharmonika – und veranstalte mit den Kindern ein Tanzfest. Bald fallen die Alten mit ein. Zumindest freuen sie sich mit dir. Zeig Fotos von zu Hause. Das fasziniert jeden.

Es gibt kaum ein Volk, bei dem nicht Zaubern größten Unterhaltungswert hätte. Zaubern ist kein gottgegebenes Talent, sondern erlernbar und eigentlich kinderleicht. Jeder Globetrotter sollte sich fünf bis hundert Tricks aneignen. Man kann sie in regelrechten Zauberläden in Deutschland kaufen (s. Anhang). Verlange zunächst nur einen Katalog, denn die Auswahl an Tricks geht in die Tausende. Je nach Hilfsmittel und Seltenheitswert gibt es Tricks, die einen Groschen kosten und solche, die über zehntausend Mark wert sind. Je nachdem, ob du einen Streichholztrick erwerben oder eine Jungfrau durchsägen willst, weil die doch so knapp sind.

Zaubertricks sind – wie Musik – der Schlüssel zum Herzen aller Menschen, ob sie jung sind oder alt, Männlein oder Weiblein, Christ oder Moslem, Demokrat oder Diktator.

Beachte beim Erwerb der Tricks, daß du solche nimmst, die gar keine oder nur schnell herzustellende Hilfsmittel erfordern. Es nützt dir keine »durchsägte Jungfrau« etwas, wenn du die Spezialkiste im Urwald nicht dabei hast, geschweige denn die Jungfrau.

Auch andere Tricks, die jenseits der Alltagswelt deines Publikums liegen, kommen nicht in Frage. Du kannst einem Indianer im Dschungel von Columbien nicht mit Spielkarten imponieren, wenn er so was noch nie gesehen hat. Wenn du aber aus drei Münzen vier machst, ein Seil durchschneidest, das plötzlich wieder heil ist, aus einem leeren Beutel ein Ei zauberst – dann fasziniert das jeden.

Es müssen ferner Illusionen sein, die wiederholbar sind, deren Trick nicht durch eine bestimmte ungewöhnliche Geste bei der zweiten Vorführung durchschaubar wird.

Ärgere dich nicht, wenn jemand deinen Trick errät. Jeder Zuschauer will dir auf die Schliche kommen. Nimm nur solche Zaubereien in dein Programm auf, die man umringt vorführen kann. Und wenn man dich entlarven will, veranstalte einen Wettbewerb: »Wer errät die meisten Tricks?«

So richtig befriedigt und glücklich ist die Zuschauerschaft erst, wenn man ihr einen Trick verrät. Mach auch das, wenngleich es magierunüblich ist. Du wirst an den Augen deines Publikums und der Begeisterung sehen, *wie* gut du dich für die Gastfreundschaft erkenntlich gezeigt hast. Fast läuft man Gefahr, festgehalten und nicht mehr weitergelassen zu werden. Für den Fall laß dich selbst verschwinden – simsalabim.

Eine andere Möglichkeit, sich dankbar zu erweisen, ist durch Turnen, Wettspiele, Pantomime und Akrobatik.

Mein Freund Rox Schulz aus Saarbrücken, der »König deutscher Globetrotter«, hat halb Südamerika mit seinen Handständen und Purzelbäumen unterhalten und seinen Filmen – mit Selbstauslöser gedreht – damit eine besonders humorvolle Note gegeben.

Globetrotter-Frauen in Frauenzelten der Araber können ebenfalls ein 30-Minuten-Programm auf die Beine stellen. Ich erlebte es zufällig, als ich mit meiner Frau die Howeitat-Beduinen in der Nefud besuchte.

Der arabischen Sprache bis auf zehn Vokabeln nicht mächtig, verwickelte meine Frau die Beduinenfrauen dennoch in eine für sie aufregende und unvergeßliche Darbietung: Haut befühlen, Haare, Brüste rausholen und anfassen und rumreichen. Der Laie glaubt nicht, wie viele interessante Minuten (und neugierige Hände) sich damit füllen lassen. Bei den Surme-Tellerlippen-Negern in Äthiopien revanchierte ich mich mit Anfassenlassen meiner Goldzähne, ein anderer Weltenbummler schnallte sein Holzbein ab, ein dritter konnte sein Gebiß rausnehmen.

Als Bäcker und Konditor kann ich Brot, Kuchen und Bonbons zaubern und den Gastgebern damit eine Freude machen (jedenfalls tun sie immer so).

Es kann vorkommen, daß die Menschen dich so ins Herz schließen, daß man dich gar nicht mehr fortlassen möchte. Ich wünsche dir, daß du das rechte Maß für alles findest und nicht als geliebter Gefangener lebenslänglich dabehalten wirst.

In diesem Falle bleibt dir nur ein Ausweg: integriere dich in den Stamm und heirate. Als Familienoberhaupt erwirbst du nicht nur eine nette Frau, sondern auch die nötigen Rechte und die Macht, die dir sicherlich weiterhelfen werden. (Der Heiratsrat gilt nicht für Frauen.)

Erkenne andererseits rechtzeitig, wenn man dich leid ist und verdufte schnellstens: »Der beste Fisch und der beste Gast stinken nach drei Tagen«, sagt ein arabisches Sprichwort. Mitunter genügen schon drei Stunden und weniger.

Bei dieser Fülle von simplen Tricks dürfte es dir nicht schwerfallen, sicher in die Zivilisation zurückzufinden.

Vielleicht ist das dann das Ende deiner Irrfahrt, vielleicht aber gerätst du vom Regen in die Traufe.

67. Un-Demokratien

»Ich verlange, meinen Botschafter zu sprechen. Das ist mein gutes Recht!«

Der Verhaftete tobte und wollte Eindruck schinden. Er wollte tatsächlich seinen Botschafter sprechen, den direkten Stellvertreter seines Lan-

despräsidenten! Sieh mal einer an! Dann mußte der Verhaftete ja eine hochgestellte und angesehene Persönlichkeit sein!
Aber der Polizist lachte nur und knallte die schwere Eisentür zu. Der vor Zorn krebsrot angelaufene Amerikaner, der also seinen Präsidenten persönlich zu kennen vorgab, hockte neben mir in der Zelle in einem Gefängnis von Puerto Ayacucho in Venezuela.
Ich hatte diesmal Glück. Denn ich war hier nur vier Stunden zu Gast. Paßformalitäten. Aber es war nicht mein erstes Gefängnis. Und ich wußte, was man hier von den Botschaftern irgendwelcher Touristen hielt.
Wer das nordwestliche Europa verläßt, gibt gleichzeitig ein Bündel seiner Rechte auf. Er setzt sich der Willkür kommunistischer und anderer diktatorischer Machthaber aus. Der kleinste Dorfpolizist hat häufig mehr Macht als der Polizeipräsident einer demokratisch regierten deutschen Großstadt. Er kann dich verhaften und beschuldigen, grad wie es ihm gefällt. Er wird das beeiden und wenn es dich 'zig Jahre deines Lebens kostet. Er hat Freunde genug, die den Eid bezeugen. Vielleicht hast du ihn beleidigt. Vielleicht wollte er sich ein paar Mark Bestechungsgeld verdienen. Aber das hast du versäumt, und nun hockst du hier. Irgendwann wird es einen Prozeß geben, aber auf Gerechtigkeit darfst du nicht hoffen. In diktatorisch gelenkten Ländern entscheidet der politische Vorteil oder der finanzielle Nutzen.
Die Masse der Beamten ist korrupt oder verängstigt. Charakter ist nicht gefragt. Es sei denn, mieser Charakter.
Länder wie Brasilien, das systematisch Indianer ausrottet; Länder wie die UdSSR, die Afghanistan überrennt und besetzt und behauptet, um Hilfe ersucht worden zu sein; Länder wie Uganda, wo ein wahnsinniger Idi Amin alle Gegner liquidieren ließ, Länder, die laut amnesty international foltern und politischen Terror ausüben – in solchen Ländern darfst du keine Fairneß erwarten. Du bist eine kleine Marionette, die man verurteilt, um befördert zu werden oder die man morgen freiläßt, weil man teuflischere Pläne ausgeheckt hat. Im Gefängnis wirst du reichlich Gelegenheit haben, über die Vorteile, z. B. deutscher Rechtsstaatlichkeit nachzudenken.

68. Armut und Provokation

Die meisten Menschen auf dieser Erde vegetieren dahin am Rande des Existenzminimums. Einer Untersuchung im Auftrage des ehemaligen US-Präsidenten Carter zufolge litten 1980 fünfhundert Millionen Menschen an Hunger. Insbesondere in Asien, Afrika und Südamerika. Aber auch die USA selbst haben dieses Problem noch nicht fest im Griff.

Ein Hungernder, der heute nicht weiß, ob er morgen noch leben wird, ein Hungernder, dem niemand Hilfe und Gerechtigkeit angedeihen läßt, ein Hungernder, der nur ausgebeutet und geknechtet wird ohne die geringste Aussicht auf Besserung, hat das Urrecht aller Lebewesen: Selbsterhaltung um jeden Preis. Er wird stehlen, rauben, töten, morden. Sein biologisch legitimes Recht, auch wenn Landesrechte 100mal anders lauten.

Nicht ohne Grund blieb sogar in Deutschland Mundraub früher ungestraft. Aber wie lächerlich wirkt Mundraub bei uns im Vergleich zu dem, was die Ärmsten der Armen in ihrer Verzweiflung tun: wenn sie die Kloake aus der Gosse schlürfen, Müll in sich hineinschlingen und mit Kot ihren Hunger stillen.

In Indien ist es an der Tagesordnung, daß Eltern ihre Töchter verstümmeln. Sie hacken ihnen den Arm ab und stechen ihnen die Augen aus. Es ist wohl die grausamste Art des Überlebens. Denn sie tun es, um Mitleid zu erwecken. Um damit Geld zu verdienen, wenn sie das zerfleischte Kind zum Betteln an die Straße setzen. So brutal das ist: man muß als Tourist hart bleiben und keiner Art reiner Bettelei nachgeben. Denn damit hilfst du nicht, Elend zu lindern. Im Gegenteil, du vergrößerst es. Die Familie erkennt, daß solches Kind mehr verdient als der irgendwo schuftende Vater. Es wird zur Haupteinnahmequelle für die Familie. Es wird sich nie aus dieser Lage befreien können, weil es ein Krüppel ist, weil es keine Zeit hat, zur Schule zu gehen. Es wird eines Tages, wenn es zum Mitleiderregen zu groß geworden ist, von der Familie ganz getötet werden oder zum Kriminellen werden. Eine andere Wahl hat es nicht.

Oder eine Parallele. Im Jahre 1980 legte ein britischer Sozialarbeiter der

UNO-Menschenrechtskommission in Genf einen Bericht vor, nebst Quittungen. Ihnen zufolge floriert in Bangkok ein Sklavenhandel wie in finstersten Zeiten. Wöchentlich werden allein am Bahnhof von Bangkok fünfhundert Kinder à siebzig DM von ihren Eltern verkauft. Der Brite selbst hat zwei Kinder im Alter von zwölf und dreizehn Jahren erstanden. Die Quittungen waren nur zwei seiner Beweise.

Sie werden von verzweifelten Eltern verkauft, die mit diesen siebzig Mark die einzige Chance sehen, selbst ein paar Monate länger zu leben.

Die Sklavenkinder verschwinden in Fabriken und Bordellen. Viele sehen ihre Heimat nie wieder. Nie wieder auch erhalten sie Geld für ihre Leistung. Ihr einziger Lohn: das Schälchen Reis, das sie kaum mehr als am Atmen halten kann.

Der Generaldirektor des thailändischen Arbeitsministeriums, Vichit Saenthong, bestritt diese Vorwürfe entrüstet. »Bei uns wurde die Sklaverei zu Beginn dieses Jahrhunderts verboten.« Aber im gleichen Atemzug bestätigte er die Behauptungen des Briten:

»Tatsache ist, daß Eltern gelegentlich wegen ihrer Armut gezwungen sind, ihre Kinder zum Arbeiten zu schicken.« Die meisten bekämen dafür eine einmalige Abschlagszahlung von den Arbeitgebern. »Ich weiß nicht, warum die meisten Menschen das Sklaverei nennen.«

Wie immer der Beamte solche Transaktionen definieren mag, sicher ist jedenfalls, daß sein eigenes Ministerium die Zahl der Firmen, die allein in Bangkok Minderjährige beschäftigen mit 3000 beziffert. Bei einem Durchschnitt von 50 Kindern pro Fabrik bedeutet das, daß in Thailands Hauptstadt mindestens 150000 schulpflichtige Jugendliche schuften müssen.

In einer dieser Fabriken befreite die Polizei 49 Mädchen und 14 Jungen im Alter von 5 (!) bis 15 Jahren. Einige von ihnen schufteten schon seit Jahren in diesem »Gefängnis«, und zwar 7 Tage pro Woche, ohne Urlaub, ohne Ausgang, ohne Lohn. Ihr Tag begann um fünf Uhr morgens und endete um dreiundzwanzig Uhr abends. Zweimal am Tag wurde ihnen während der Arbeit eine Schale Reis mit Gemüse gereicht.

Nach Feierabend wurden sie in einen Raum gesperrt, wo sie auf dem nackten Zementboden schliefen. Nur einmal pro Woche erhielten sie Wasser zum Waschen.

Ihre Kleider wurden erst ersetzt, wenn die alten vom Leibe fielen. Alle Kinder waren unterernährt, die meisten krank. Einer überlebte die Zwangsarbeit nicht.

Junge, hübsche Mädchen werden nicht nur gekauft, sondern auch geraubt und in geschlossene Bordelle gebracht. Mit Prügel werden sie gefügig gemacht. Wer zu fliehen versucht, wird – mitunter vor den Augen der Mithäftlinge – totgeschlagen.

Das schlimmste Problem in diesem Chaos ist die korrupte Polizei. Wenn man Hilfe braucht, wendet man sich an sie vergebens. Deshalb griff der Vater Lek Meksungnern zur Selbsthilfe. Mit fünf bewaffneten Freunden stürmte er das Bordell, in das die Spuren seiner geraubten Tochter Wachara (13) führten und befreite sie.

An diese typischen Beispiele sollte jeder Trotter denken. Leicht kann er sich dann ausrechnen, welch eine Herausforderung zum Überfall er darstellt. Allein die Tatsache, daß er ein Hemd trägt, reicht den Ärmsten der Welt, sich dieses Hemd zu nehmen. Egal, wie. Willst du es ihnen wirklich verdenken?

69. Belästigung

Das mindeste, das dir in Gebieten solcher Armut passieren kann, ist die Belästigung. Ihr entgeht man sicheren und schnellen Schrittes in belebtere, hellere, übersichtlichere Straßen. Mut und selbstbewußtes (aber nicht arrogantes) Auftreten wirken schon oft Wunder. Dabei achtet man dennoch auf heimtückische Steinwürfe oder plötzliche Faustschläge. In Einzelfällen konnten sich die Belästigten schon dadurch retten, daß sie sich spontan unter den Schutz eines älteren Menschen stellten oder in ein Haus eilten und um Gastrecht baten.

Auch zu Hause in Hamburg wurden die bedrohlichsten Rocker ganz andere Menschen, wenn ich auf sie zuging und sie nach dem und jenem Weg befragte. Als letzter Ausweg bleibt einem der unerwartete Angriff. Er ist die bekanntlich beste Verteidigung.

70. Verkehrsunfälle

Andere Unglücke können dem Reisenden auf mannigfaltigste Art widerfahren. Meist werden sie plötzlich eintreten und unerwartet. Nicht alle brauen sich langsam zusammen und lassen dem Opfer Zeit zur Überlegung und Reaktion. Deshalb ist es gut, all diese vielfältigen Möglichkeiten einmal kurz gestreift zu haben. Vielleicht erinnert man sich im Ernstfalle eines der Tips. Das gilt ganz besonders für Verkehrsunfälle.
»Wer in diesem Lande einen Menschen an- oder totfährt, für den gibt es nur eine Überlebenschance: sofortige Fahrerflucht.« Dieser wohlgemeinte Rat stammt aus dem Munde eines hohen Diplomaten in Syrien.
»Wenn er befürchten muß, mit dem Wagen nicht über die Grenze zu gelangen, dann soll er ihn in Gottes Namen am Straßenrande stehen lassen. Nur eins darf man hier nicht tun: sich stellen. Ob man Schuld hat oder nicht.«
Im nördlichen Europa und Amerika gewiß nicht angebracht, ist dieser weise Rat dennoch nicht nur auf Syrien beschränkt. Er gilt ab Jugoslawien in Richtung Süden.
Das Kind, das du angefahren hast, kann unter Zeugen bei Rot vor dein Auto gelaufen sein: wenn du aussteigst, wirst du gelyncht. Du bist tot, bevor der erste Polizist dir zu Hilfe eilen kann. Und selbst, wenn ihm das gelungen ist, stehen deine Karten schlecht. Lange U-Haft, hohe Auslösungssummen, Blutgeld, Gefängnis.
In Macedonien überfuhr ein deutscher Tourist einen Jungen. Da niemand Anstalten machte, die Polizei zu holen, fuhr er selbst los. Damit niemand denken sollte, er wolle sich aus dem Staub machen, ließ er seinen Wohnanhänger und seine Frau zurück. Als Pfand.

Dreißig Minuten später war er mit den Beamten zurück. Von der Menschenmenge und dem Anhänger keine Spur. Der Ort der Tat schien leer. Die Polizisten glaubten schon, an einen Verrückten geraten zu sein. Doch dann sah man das Blut des überfahrenen Jungen. Jetzt wurde die Umgebung genauer abgesucht. Da entdeckte man auch die Ehefrau.
Tot.
Aufgehängt.
Wer als Ausländer in Saudi-Arabien in einen Verkehrsunfall verwickelt wird, hat in jedem Fall Schuld. Denn: »Wäre er nicht ins Land gekommen, wäre der Unfall nicht passiert.« Ein klarer Spruch und gar nicht unlogisch. Ist bei dem Unfall ein Araber zu Tode gekommen, kann der Ausländer froh sein, wenn er nicht gar getötet wird. Das Koran-Gesetz »Auge um Auge« hat volle Gültigkeit.
Mitunter kann ein Richter vermitteln, wenn die Verwandten bereit sind, auf die Tötung des Angeklagten zu verzichten und sich mit einem Blutgeld »begnügen«.
Wie dem auch sei. Bei Autounfällen, wo Personen des Gastlandes zu Schaden kommen, kann man nur einen Rat geben: Fahrerflucht.

71. Diebstahl

Unangenehme Folgen kann ein Diebstahl haben. Wem ein reisenotwendiges Utensil gestohlen wird, für den ist der Urlaub passé. Damit meine ich nicht nur Geld. Das ist neu verdienbar, telegrafisch sendbar. Aber schon der Verlust der Ausweise, Kameras, des Bootes, der Waffe, der Bergausrüstung können schwerere Folgen haben. »Alles darf Ihnen gestohlen werden«, belehrte mich der deutsche Konsul in einem asiatischen Land, »nur nicht der Paß.«
Deshalb hat man ja auch Fotokopien seines Passes dabei und den Personalausweis (s. auch Kapitel 93, Andere Länder, andere Sitten). Das Geld hat man gesplittet: in der Geldbörse, dem Gürtel, dem Brustbeu-

tel, dem Wadenbeutel, im Schuh und im Hotelsafe. Den anderen Besitz hat man ständig im Auge.

Es gibt keinen diebstahlsicheren Ort. Nur Cleverness schützt vor Verlust. Slogan der Hamburger Kripo: Sei schlauer als der Klauer. Diebe arbeiten in Teams und allein. Sie finden dich in der Einsamkeit wie im Gewühl. Sie holen sich ihre Beute mit geschickten Fingern wie mit der schlitzenden Klinge.

Im »Spiegel« Nr. 32/80 konnte man lesen:

»Dabei sind Verbrechen gegen Urlauber keineswegs eine rein italienische Spezialität. Ferien-Horror ist überall. Von Kindergangs überfallen werden Reisende in Kolumbien ebenso wie in Kenia, ungerechtfertigt im Kerker landen Touristen in der Türkei, ebenso wie in Marokko. Und sogar im Ostblock, wo angeblich Gesetz und Ordnung herrschen, ist der Reisende nicht grundsätzlich sicher.

In Moskau, unmittelbar vor dem Hotel Intourist, an einem der belebtesten Punkte der Stadt, erhielt der Journalist Matthias Schaler von hinten einen Schlag auf den Kopf. Als er wieder aufwachte, fehlten ihm 1800 Mark.

Auch Spanien und Frankreich sind keine Paradiese ungetrübter Ferienfreude.«

Ende des Zitats.

72. Bewaffnete Überfälle

Diebe sind noch immer das angenehmere Übel im Vergleich zum Räuber. Nach 15 bewaffneten Angriffen auf mich und vor allem nach dem Mord an meinem Begleiter Michael Teichmann, habe ich mir oft die Frage gestellt: was hätte man anders, besser machen können?

Und: »Kann ich verhindern, daß ich das nächste Mal dran bin? Schließlich kann man nicht immer nur Glück haben. Denn trotz aller Tricks und Taktiken, psychischer oder physischer Art, ist Glück der ausschlaggebende Faktor fürs Durchkommen.«

»Bleib zu Hause!« war der meistgehörte Rat der ganz Schlauen.
Aber genau diese Alternative stand für mich nie zur Debatte. Die Ratgeber können ja nicht wissen, wie arm mein Leben sonst aussähe, würde ich nur Torten machen und dürfte ich nie mehr reisen. Für die Fülle von Eindrücken, die ich jedes Mal mitbringe, nehme ich bewußt in Kauf, eventuell ein kürzeres Leben zu führen.
Der zweite unbrauchbare Rat ist: »Zuerst schießen.« Witzbolde ergänzen ihn meist noch: »... und dann den Typ fragen, was er wollte.«
Das Problem ist, daß jeder Überfall anders abläuft. Es gibt kein allgültiges Schema. Deshalb kann die Palette der Notwehr-Maßnahmen nicht groß genug sein. Wenn sich die Situation so zugespitzt hat, daß eine Gewalttat unmittelbar bevorsteht, gibt es auch andere wirksame Möglichkeiten. Man zieht, sofern man bewaffnet ist, als erster und gibt gleichzeitig einen Warnschuß ab. Der sorgt für den nötigen Schock. Ehe der Gegner Zeit zum Denken hat, wird er entwaffnet, die Waffe unbrauchbar gemacht oder unerreichbar fortgeworfen.
Sind die Angreifer in der Übermacht, ist darauf zu achten, daß man von hinten durch Freunde oder Wände gedeckt ist, daß irgendwo ein Fluchtweg bleibt. Erst in sehr kritischen Fällen sollte man gezielt schießen. Und dann auf den Rädelsführer. Mit seiner Verletzung bricht der Mut der Helfer oft zusammen. Ein solch kritischer Fall wäre z. B. wenn der Gegner die Waffe heimlich entsichert und anlegt.
Ein schneller Schuß ist ausschließlich möglich mit dem Revolver per Deut- oder Combat-Schießmethode. Trainiere dich auch im Hinblick auf bewaffnete Überfälle autogen: nur dann reagierst du auch noch im Schlaf richtig und schnell.
Es ist immer von Vorteil, Waffen nicht protzig sichtbar zu tragen. Sonst stellt sich der Angreifer darauf ein. Es ist besser, sie urplötzlich unter der Achsel hervorzuzaubern.
Unterschätze nie die Wildheit und Brutalität dieser Leute! Für sie ist es ein Kampf ums Überleben. Für sie ist dies kein Mord, sondern vielleicht Alltag, Routine. Sie werden keine Pardon kennen, wenn der Überfallene einen einzigen Fehler macht, ihnen eine Chance gibt.
In Ländern, wo Waffen begehrt sind, vermeidet man manche Attacken,

wenn man gar keine Waffen mitführt. Aber eben nur manche. Die Räuber werden vermuten, daß du dein Schießeisen im Gepäck versteckt hältst und werden dich dennoch angreifen. Dein Teleobjektiv auf der Kamera kann fälschlich als Waffe angesehen werden und seitens der Einheimischen eine Notwehr-Reaktion auslösen.

Vermeide mißverständliche Bewegungen. Solltest du selbst aber derjenige sein, der unverhofft in eine Laufmündung starrt, dann handle schnell. Jetzt geht's um Sekunden! Vielleicht ist der Lauf nah genug, und du beherrschst Karate. Sonst hebe sofort die Hände. Das versteht man weltweit. Wirf dich, wenn es angebracht scheint, demütig auf die Erde. Das hat psychologische Vorteile: du erscheinst kleiner, wehrloser, du flehst unterwürfig. Durch die totale Auslieferung an den Stärkeren appellierst du auch an den Großmut: es ist unrühmlich, Wehrlose zu töten. Bei Ureinwohnern aller Landstriche kannst du damit Glück haben. Beim Großstadt-Gangster kaum.

Vor die Wahl gestellt, alles Gepäck zu verlieren oder eine Schießerei zu riskieren, solltest du nicht zaudern, dein Hab und Gut ohne Mucken rauszurücken.

Mitunter hat schon geholfen, sich blitzschnell eine Geisel als Kugelfang vor den Körper zu reißen.

Bleibt dir Zeit zu sprechen, bitte Alte und Frauen um Vermittlung, um Gnade.

Manchmal lassen sich Überfälle auch vermeiden. Gefährdete Gebiete durchzieht man nachts. Wer nachts lieber schläft, sollte eine Wache ausstellen oder einen Hund mitnehmen. Hunde kriegt man in jeder größeren Stadt geschenkt. In der Wildnis gewöhnen sie sich sofort an ihren neuen Herrn.

Verblüffung und rettende Panik erzielten wir selbst schon zweimal mit einer Rakete. Sie wird aus einem »Kugelschreiber« abgeschossen. Man kann diese Signalstifte in Bergsteiger-Läden erwerben.

Auf die wohl ungewöhnlichste Idee verfiel mein Freund Rox-Schulz *

---

* Rox betreibt heute in Saarbrücken das Abenteuer-Museum im Alten Rathaus am Schloßplatz

einmal in Bolivien: »Gewährt mir einen letzten Wunsch!«, bat er. »Laßt mich noch ein Schnäpschen trinken!«

Er durfte. In aller Ruhe drehte er sein Fläschchen auf. Der Inhalt gluckerte in den Hals. Ein Viertelliter und mehr. Selig und erschöpft setzte er die Flasche wieder ab. Der Anführer glotzte ihn höhnisch über das nächtliche Lagerfeuer an und sagte: »Na denn.« In diesem Moment schoß ihm eine gewaltige Stichflamme ins Gesicht.

Rox hatte Petroleum getrunken. Feuerspucken ist eins seiner Kunststückchen, mit denen er sich überall für Gastfreundschaft revanchiert. Auch hier. Denn als die Männer sich wieder an die Dunkelheit gewöhnt hatten, war Rox, ehemaliger Stuntman, per Rolle rückwärts längst bergab in die Dunkelheit gepurzelt.

In die Sicherheit.

Na denn.

73. Piraten

»Kommt mit«, flüsterte Woldemariam, unser Führer, »jetzt zeige ich euch einen wahren Knüller!«

Er war sichtlich stolz, uns noch etwas Neues bieten zu können, nachdem uns seine Kameraden bereits die meisten Vorkommnisse eines Guerilla-Krieges gezeigt hatten.

Wir waren, mehr oder weniger freiwillig, zwei Monate mit den Freiheitskämpfern der ELF (Eritrean Liberation Front) durch Äthiopiens Provinz Eritrea gezogen. Die Kämpfer hatten uns in ihre belagerten Städte geführt, in ihre versteckten Werkstätten, Hospitäler, Gefangenenlager. Wir waren bei den Führern der Revolution gewesen und hatten den Sturm auf die Stadt Tessenei als Augenzeugen mitgemacht und gefilmt. Und nun wollte uns Woldemariam eine weitere Variante des Buschkrieges zeigen.

»Wir haben ein israelisches Kriegsschiff gekapert und Gefangene gemacht. Kommt mit. Ihr könnt es selbst sehen.«

Ein wildaussehender Unterführer der Rebellen hatte Woldemariam diesen heißen Tip gegeben. Er hatte die Befehlsgewalt in diesem Gebiet. Das Schiff lag versteckt unter Mangroven in einer stillen Bucht. Vom Meer aus war es nicht zu sehen.

Wir waren ehrlich gespannt. Wenn die eritreischen Rebellen hier wirklich acht Israelis gefangen hielten, waren wir auf einer heißen Fährte. Schließlich bogen wir um den letzten Berg, der bisher die Sicht verhindert hatte. Zumindest waren wir auf ein schnelles Motorboot gefaßt gewesen, wenn wir nicht gar ein kleines Kriegsschiff erwartet hatten. Aber was da lag, war ein uralter, klappriger Kahn mit Dieselmotor.

Nur der Rost hielt ihn zusammen und der Druck des Wassers. Vielleicht auch noch die Farbe des Namenszuges:

»Mombassa 13«

Das sollte ein israelisches Boot sein mit acht Spionen an Bord? Immerhin konnte sich unter dem Rost ja wirklich ein hochmodernes Kriegsschiff verbergen. Der Wildaussehende, der die Führung für eine Stunde übernommen hatte, triefte vor Selbstgefälligkeit und Wichtigkeit. Schließlich ging der Coup ja auf seine Rechnung. Er hatte das Boot gekapert. Er war der Größte der Stunde.

Auch Woldemariam zeigte langsam eine gesunde Skepsis und schlug vor: »Laß uns 'rüberrudern. Wir wollen es uns von innen anschauen!«

Nichts war dem Unterführer lieber! Ohne Unterlaß berichtete er unserem Woldemariam, wie das Kommando-Unternehmen abgelaufen war.

Schließlich standen wir an Deck. Von Kriegsgeräten keine Spur. Rauhe, abgetretene Planken. Viel Rost, viel Bruch, viel Armseligkeit und noch mehr Gestank. Nur stinkender Fisch in diversen Holzkisten. Das Roheis, das in kühlen sollte, war geschmolzen, und alle Bakterien Eritreas feierten eine Orgie. Wir krochen in sämtliche Winkel unter Deck. Aber überall dasselbe. Stinkender Fisch und silbrige Fisch-Schuppen früherer Fänge.

Auf zwei Quadratmetern im Bug, auf einer winzigen Plattform von einem Meter Höhe, ein Strohlager, auf dem die Fischer geschlafen hat-

ten. Irgendwo, frei im Raum hängend, acht armselige Körbe mit je einem Stück trockenem Brot, einer Handvoll Mehl, einem Ei. Aus.
Und das war nun des wilden Wichtigtuers Riesenfang! Er faselte unaufhörlich weiter: vom Eingreifen Israels, Intervention der Weltmächte, vom Weltkrieg. Und das alles, weil er ein solch genialer Stratege war!
Schließlich sahen wir an Land auch die Gefangenen: 8 wirklich bedauernswerte Fischer, denen die Vokabel Spion kaum geläufig gewesen sein dürfte. Immerhin wurden sie fair behandelt, wie alle Kriegsgefangenen der Eritreer.
Das einzige Vergehen, das man ihnen nach Rebellenrecht wirklich zur Last legen konnte: sie lebten in der noch äthiopisch regierten Hafenstadt Massaua und kämpften nicht auf Seiten der Aufständischen.
Woldemariam knuffte uns in die Seite. »Ich glaube, es sind nur einfache Fischer, die unsere Brüder in Massaua mit Nahrung versorgen.«
Seine Sachlichkeit war wohltuend. Der Unterführer hingegen wurde immer unerträglicher. Nun faselte er bereits von seiner Ernennung in den Revolutionsrat.
»Wie hat er das Schiff denn gefangen? Ich denke, ihr habt keine Kriegsboote, mit denen er es hätte stellen können?« Woldemariam sah uns etwas staunend an. »Dazu braucht man doch keine Kriegsschiffe. Das machen wir öfter. Dazu genügt eine einfach Dhau.« (Händlerboote der Araber, ab sechs Meter Länge).
Nach unserer Enttäuschung waren wir froh, nun wenigstens einen kleinen neuen Trick zu erfahren.
»Dhaus haben wir genug. Sie kommen jede Nacht über das Rote Meer von Jemen. Sie bringen Datteln und nehmen Ziegen. Das ist unser kleiner Handel.
Und mit solchen Dhaus legen wir uns vor den Inseln am offenen Meer auf die Lauer.
Wenn ein verdächtiges Schiff kommt, tun wir, als trieben wir mit einem Leck hilflos im Meer. Wir schöpfen fleißig Wasser und signalisieren, daß wir Hilfe benötigen. Die beiden Männer, die da schöpfen, sind als Händler getarnt. Und im Boot sind – außer dem vorher hineingegebenen Wasser – Ziegen. Selbst, wenn uns die Feinde mit dem Fernglas

beobachten – sie sehen nur Ziegen. Aber es sind nicht wirklich nur Ziegen. Da liegen auch nasse Säcke herum, ein paar Kisten, der Anker, ein Segel – wie auf jeder Dhau.
Und darunter liegen die Kämpfer. Mit Maschinenpistolen und Handgranaten.
Wenn das verdächtige Boot heran ist, ist es nur eine Frage von Sekunden und das Schiff ist unser.«
Diese Geschichte ging mir durch den Kopf, als ich von Segelbooten hörte, die in der Karibik spurlos verschwanden oder von Frachtern, die im chinesischen Meer überfallen wurden. Piraterie ist »in«.
Piraterie blüht wie eh und je.
Wie kann sich der kleine Weltumsegler und Ozeantrotter gegen solche Überraschungen sichern?
Zunächst einmal hat jeder Kapitän – wie klein sein Boot auch sein mag – das Recht, eine Waffe an Bord zu haben, sobald er aus nationalen Gewässern heraus ist. Das können ein Gewehr, ein Revoler sein. Ferner Scheinwerfer, vielleicht gar ein Flammenwerfer. Fährt er nicht allein, so besteht die Möglichkeit, nachts zu wachen. Viele Überfälle geschehen nachts. Mit kleinen Booten kommen barfüßige Gestalten an Bord und berauben und töten die Besatzung, versenken das Schiff. So gibt es keine lästigen Spuren mehr. Gegen Barfüße helfen Heftzwecken. Man streut das Deck voll damit. Nur am Bootsrand läßt man ein paar handbreit Freiraum. Morgens werden die Reißnägel kurzerhand zusammengekehrt und irgendwo aufbewahrt.
Überfälle, die bei Tage geschehen, laufen so ab wie der in Eritrea. Oder die Piraten kommen mit weit überlegenen, schnellen Booten ohne Umschweife heran.
Havaristen hilft man demzufolge nur bedingt: wenn es sich um andere Weltenbummler handelt oder wenn sich weitere Schiffe im Blickfeld befinden. Ist man sich der Friedlichkeit des Havaristen nicht ganz sicher, dann verholt man in gebührendem Abstand und läßt die Hilfesuchenden im Ruderboot zu sich herrudern.
Im Zweifelsfalle fährt man lieber weiter und versucht, über Funk Hilfe zu organisieren.

Das ganze Verholen ist natürlich hinfällig, wenn der andere einen starken Motor hat und plötzlich auf volle Fahrt geht. Direkt auf dich zu. Dann heißt es in Deckung gehen. Denn dann ist seine Absicht klar. Hoffentlich hast du vorher noch einen Funkspruch rausjagen können. Jetzt wird die Zeit dazu nicht mehr reichen. Bring dich aus der Schußlinie und behalte unbedingt die Nerven, bis er auf Tuchfühlung heran ist. Davon hängt viel ab. Denn dann kommt dein Moment. Dann kommt deine Chance: serviere ihm einen heißen Molotow-Cocktail (s. Kap. 90. Behelfswaffen im Gefängnis). Diese Benzin-Granaten sind mit Abstand die simpelste und wirksamste Waffe gegen Piraten.

Selten gibt es auch diesen Fall: der Pirat ist relativ schwach. Er observiert dich zunächst, um festzustellen, wie viele oder wenige Männer du an Bord hast. Und du spürst, daß du beobachtet wirst. Dann mag dir dieser Rat helfen, über den ein Segler in einer Segler-Zeitschrift berichtete: »Wir hatten das Gefühl, daß die Crew des anderen Bootes uns taxierte. Waren wir schwach genug, daß man uns kapern konnte? Ja, wir waren schwach genug. Aber das sollten die Beobachter nicht merken. Wir machten uns an Deck zu schaffen und gingen runter in die Kabinen.

Dort zogen wir uns blitzschnell um, stiegen wieder an Deck, brüllten Kommandos nach unten, polterten unter Deck mit Töpfen und Werkzeugen (die wir von oben per Seil bedienten) und stiegen erneut nach unten. Den Beobachtern mußte es erscheinen, als wären wir zumindest zehn Mann. Dabei waren wir zu zweit.«

Ein anderer Fall ist bekannt, wo sich der Funker schon in der Heimat ein Tonband zusammengestellt hatte, das den Lärm einer Riesenmannschaft und großer Geschäftigkeit wiedergab.

Da es nur Pfennige kostet, solches Band aufzunehmen, könnte man es eigentlich als zusätzlichen Trick immer mitnehmen auf große Fahrt.

74. Rebellen

Es gibt viele rücksichtslose Regierungen. Sie kommen, bleiben oder gehen. Entsprechend gibt es überall Aufständische, die der Willkür ein Ende setzen wollen. Nicht selten sind die Rebellen selbst wilde und undisziplinierte Haufen. Aber es gibt auch Freiheitskämpfer mit lauteren Absichten.

Von der Landesregierung, gegen die sie kämpfen, werden sie erbarmungslos gejagt. Ihre Familien hat man als Geiseln gemordet. Wer einen Rebellen fängt, erhält Kopfprämie oder Beförderung.

Verständlich, wenn solche Buschkämpfer, wie gerechtfertigt ihr Kampf auch immer sein mag, ebenfalls hart sind.

Der Globetrotter, der durch Rebellengebiet will, tut gut daran, sich über die politischen Ziele der Aufständischen zu informieren, auch wenn sie wirr sein mögen. Er sollte keinesfalls ohne Führer in ihr »befreites« Gebiet marschieren.

Wo man Führer oder Kontaktleute findet, erfährt man dort, wo noch die eigentliche Regierung herrscht. Man fragt Taxifahrer, Freudenmädchen, Shoeshine-boys und Portiers, vor allem auch Marktleute, die Schwarzhandel betreiben. Wer sich abfällig gegen die Regierung äußert, weiß auch, wie man an die Rebellen herankommt. Tapse aber nicht in eine Falle der politischen Polizei! Verrate deine Absichten nicht gleich bei der erstbesten abfälligen Äußerung, die jemand macht. Hast du einen Führer gefunden, wird er dich mehr oder weniger sicher durchschleusen. Durch die Straßenkontrollen und Militärgebiete. Dein Führer garantiert dir für freundliche Aufnahme. Bist du aus irgendwelchen Gründen allein ins Aufständischen-Gebiet gegangen, schicke einen Boten vor, der für dich um Einlaß bittet. Auch Rebellengebiete haben Grenzen. Verletze sie nicht.

Empfehlungsschreiben sind gut, aber gefährlich, wenn du in eine Razzia gerätst. Arbeite lieber mit persönlichen Empfehlungen und Codewörtern.

Erkenne die Autorität der Rebellen in deren »befreiten« Gebieten uneingeschränkt an. Bitte sie um Gastfreundschaft, ein Visum, Asyl, um

Begleitschutz. Das tut ihrer Eitelkeit wohl und ist eine zusätzliche Chance, gut behandelt zu werden. Führe kein verdächtiges Gepäck mit dir und biete ihnen freiwillig an, dich zu durchsuchen.

Die fanatischsten Rebellen sind plötzlich faire Gastgeber, wenn du durch die »richtige Tür« in ihr Land gekommen bist.

Revanchieren kannst du dich in erster Linie mit Medikamenten. Wenn du das Pech hast, zusammen mit Rebellen gefangengenommen zu werden, mach dich aufs Schlimmste gefaßt: mitgefangen, mitgehangen. Weder das strapazierte Landesgesetz noch die Genfer Konvention helfen dir dann aus der Patsche.

75. Vergewaltigung

Der Mann hat im allgemeinen das »Glück«, nur als Wertträger betrachtet zu werden. Man überfällt ihn, weil man bei ihm Geld vermutet.

Als Frau gehst du darüber hinaus das Risiko ein, vergewaltigt zu werden. Deshalb solltest du nie allein in unübersichtliche Gassen gehen. Deine Kleidung ist der Landestracht angepaßt, und dein Gang nicht provozierend. Du vermeidest, Männer herausfordernd anzusehen, gehst schnell und sicher durch die unsichere Straße. Ein Messer, eine Gaspistole, ein Schlagring dabeizuhaben, kann nicht schaden. Waffen verleihen Mut. Aber Vorsicht ist besser. Und Vorsicht ist keine Feigheit. Deine Waffen nützen nichts, wenn du sie nicht schnell und sicher zu handhaben weißt.

Bei einem derartigen Überfall gibt es eigentlich nur zwei Möglichkeiten: entweder du wehrst dich, das aber fordert die Männer zu härterem Vorgehen heraus, oder du läßt den Gewaltakt mit dir geschehen.

Das Nachgeben hat den Vorteil, daß du womöglich am Leben bleibst. Es hat aber den Nachteil, daß du hinterher kaum zur Polizei gehen und das klarmachen kannst. Sie wird dir nicht glauben und – sehr häufig – dich verhöhnen. »Das kann ja hinterher jeder sagen«, wirst du zu hören bekommen.

Die Vergewaltigte muß auch hinterher noch fürchten, umgebracht zu werden. Von Fall zu Fall mag sie gut daran tun, dem Verbrecher Lust vorzutäuschen. Das wiegt ihn in Sicherheit. Es nimmt ihm die Angst vor späterer Verfolgung durch deine Freunde oder Behörden. Sein Rausch und seine Unvorsichtigkeit geben dir möglicherweise die Gelegenheit, dich selbst zu befreien, wenn du unerwartet, aber mit vollster Kraft in seine Hoden trittst oder sie zerquetscht, zerbeißt. Der Schmerz wirkt so lähmend, daß du mit Sicherheit freikommen wirst. Im Beißen liegen überhaupt ungeahnte Kräfte. Wer nicht vorher bewußtlos geschlagen wurde, kann bei ausreichend nahem Kontakt auch Nasen, Finger, Ohren abbeißen. Das dürfte auch einer zarten Frau nicht schwerfallen, wenn sie in Panik und Todesangst schwebt. Aber nichts davon ist vergleichbar mit der Wirkung zerstörter Hoden.

Man muß das genau wissen und dieser Methode vertrauen. Schließlich kann man sie schlecht üben.

Die Gefahr bei Vergewaltigungen ist nicht so sehr das Vorher und Während. Da könnte man noch sagen »Was schadet's mir schon? Hauptsache, ich lebe.« Die Gefahr beginnt hinterher, wenn der Mann ernüchtert. Dann überkommt ihn Angst. Er fürchtet Rache. Er fürchtet die Strafe. Unter Umständen erwartet ihn der Tod. Es wird ihm urplötzlich klar, daß du die Kronzeugin gegen ihn bist. Und der so entstandenen Panik sind viele Kriminelle nicht gewachsen. So töten sie ihr Opfer nachträglich.

76. Sexualität und Folgen

»Was, so lange sind Sie immer unterwegs? Was machen Sie denn da ohne Frau?«

Die einen fragen's verschämt, hinter vorgehaltener Hand. Die anderen brüllen es nach dem Vortrag laut durch den Saal. Journalisten freuen sich diebisch, einen mit dieser Frage bei Live-Sendungen aus dem Gleichgewicht zu bringen. Das Thema interessiert alle und gehört zu den Reiseproblemen. Das heißt, genaugenommen sind es Probleme nur für den Tölpel oder Wahnsinnigen, der andersartige Sittenkodexe nicht wahrhaben will, der sich darauf nicht einstellen will. Solche Mitreisenden gefährden die ganze Gruppe. Eine Europäerin kann in Libyen ebensowenig »oben ohne« herumlaufen, wie ein Mann einer ehrbaren jungen Sizilianerin zu nahe treten darf, ohne Heiratsabsichten zu hegen. Wer sich bei Indianern einem Mädchen aufdrängt, kann das mit dem Leben bezahlen. Wer in konservativen arabischen Ländern eine Frau nur um Auskunft bittet, kann damit deren Tod verschulden.

Nach Angaben einer Londoner Menschenrechtsgruppe werden täglich Hunderte von Frauen getötet, damit die »Ehre« ihrer Familie gewahrt bleibt. Wie die Vertreterin der Gruppe, Jacqueline Thibault, vor dem Menschenrechtsausschuß der Vereinten Nationen in Genf aussagte, werden die Frauen von ihren männlichen Verwandten vergiftet, lebendig begraben oder verstümmelt, wenn sie in den Verdacht geraten, außereheliche Beziehungen zu pflegen. Dabei gilt es dem Bericht zufolge als gleichermaßen unehrenhaft, Ehebruch zu begehen, vergewaltigt zu werden oder mit einem Mann einige Worte zu wechseln.

Diese tödlichen Konsequenzen sollte sich jeder Reisende vor Augen führen und sich entsprechend taktvoll bewegen. Die Libido belastet den Reisenden eigentlich nur in den Städten. Dort ist er mannigfaltigen Reizen ausgesetzt, ist gut genährt und hat Langeweile.

Während extremer Reisen im Abseits der Welt, drosselt sich der Trieb auch beim Eifrigsten insofern um einiges, als man sich – bewußt oder unbewußt – auf das Alleinsein einstellt. Natürlich sind da die Stunden der Muße. Da passieren die nettesten Menschen im Geiste Revue und beleben den Körper physisch und psychisch. Da schmiedet man Pläne für den Fall der Rückkehr. Und dann ist der ersehnte Moment da. Die erste Stadt. Dieser Augenblick, in dem man mit einem sympathischen Menschen allein ist und mit ihm das Leben genießt, wo man alles mögliche nachholen will: Liebe, Essen, Liebe, Trinken, Liebe, Tanzen, Liebe.

Woran man in solchen Stunden weniger denkt, sind die Folgen. Ganz speziell die Geschlechtskrankheiten.

Sie grassieren in allen unterentwickelten Ländern wie Flöhe auf einem Igel. Auch Partner, bei denen Krankheiten äußerlich nicht wahrnehmbar sind, können sie haben. Oft wissen sie es selbst nicht, weil sie eine gewisse Resistenz dagegen entwickelt haben. Und wer es weiß, wird dir kaum sagen: »Tu es, aber ich habe Lues!« Wer es hat, verschweigt es in der Regel und gibt es diskret weiter.

Solange man in der Zivilisation bleibt, sind die meisten Geschlechtskrankheiten reparabel. Aber es gibt auch unerforschte. »Bei uns in Addis haben wir circa 200 solcher unerforschter Geschlechtskrankheiten«, offenbarte uns mal ein Schweizer Arzt. »Und laufend entstehen neue. Und nicht allen ist mit Antibiotica beizukommen. Meist sind es Pilzkrankheiten.«

Was soll man also machen, wenn man es machen will?

Witzbolde empfehlen die Enthaltsamkeit. Aber dafür sind das Leben zu kurz, die Verführung zu groß und der Wille oft zu schwach.

Wer einen Partner auf lange Sicht gefunden hat, kann ihn gegen geringes Honorar untersuchen und kurieren lassen. Gegen Ansteckung bei flüchtigen Bekanntschaften kann man sich nur mit dem Kondom wirksam schützen. Wer den damit verbundenen Verlust an Lust nicht hinnehmen will oder nicht ausgelacht werden möchte, kann dennoch etwas tun, um Krankheiten vorzubeugen. Besonders der Wildnisläufer, der anschließend für Wochen und Monate aus der Zivilisation verschwindet, wird sich damit auseinandersetzen müssen. Denn ob er sich angesteckt hat oder nicht, erfährt er ja nicht sofort. Er merkt es frühestens nach drei Tagen. Und wer dann drei Monate mit Gonorrhöe »herumtrippeln« muß, ist zumindest auch seelisch bedrückt. Also heißt es vorbeugen.

Die Verhütungstricks sind simpel. Dafür ist auch keiner hundertprozentig. Manche lassen sich kombinieren. Es sind Tricks, die man sich von »Freund zu Freund« empfiehlt. Da wäre das Einreiben mit Penicillin-Salben, wobei der Mann wegen gewisser »hervorragender« Eigenschaften zweifellos im Vorteil ist gegenüber der Frau, die sich schützen möchte. Sofort nach gehabter Freude sollte man sich gründlich waschen und eventuell noch verbliebenen Gonokokken oder anderen Angreifern

mit Penicillin-Puder den Garaus machen. Dieser Puder ist vor allem auch in die Öffnungen der Geschlechtsteile hineinzustäuben.
Wer Penicillin nicht zur Hand hat, sollte antiseptische Spülungen vornehmen. Oder mit heißem Wasser spülen. So heiß, wie er es vertragen kann. Wer auch das nicht hat, sollte sich wenigstens abtrocknen und das Genital der direkten Sonnenbestrahlung aussetzen.
Wer aber auch diese kleine Chance versäumt hat, muß die Folgen hinnehmen. Die mit der Infektion verbundenen Wehwehchen sind zunächst weniger schmerzhaft als schlichtweg lästig. Erst auf die Dauer können gravierende Schädigungen des Organismus einsetzen. Ein Verschwinden der Anfangssymptome bedeutet keine Genesung. Eine Penicillin-Kur – sie ist im Ausland häufig gratis – ist unumgänglich. Bei penicillinresistenten oder -allergischen Patienten wird mit Sulfonamidstößen und Fieberkuren gearbeitet.
Zu der weiblichen Variante der Probleme und dem Thema »Heirat im Ausland« noch einmal **Mechthild Horn**:
Eine Travellerin, die exotischen Verlockungen erliegt, muß sich über zwei Dinge im Klaren sein. Erstens: sie macht allen Globetrotterinnen nach ihr das Leben schwer. Wenn das Gerücht neue Nahrung erhält, daß alleinreisende Frauen zu allem bereit sind, ist es fast unmöglich, aufdringlichen Männern ein »Nein« zu erklären. Daran sollte jede Frau denken, die mit einem Asiaten, einem Afrikaner, einem Südamerikaner schlafen will. Zweitens: sie kann schwanger werden. Der Gedanke an Verhütungsmittel sollte deshalb zu den Reisevorbereitungen gehören. Schon wegen der nullkommasoundsoviel Vergewaltigungen, die ihr statistisch drohen. Und es kommt schießlich auch vor, daß die Partnerschaft zwischen einer Globetrotterin und einem Globetrotter über die Zweckfreundschaft hinausgeht.
Die Pille? Auf keinen Fall: es gibt zu viele Gründe dagegen. Der Hormonhaushalt kommt im Ausland durcheinander. Man verdirbt sich an gebratenen Meerschweinchen den Magen oder bekommt Durchfall von Maisbier, und dann ist die Pille zu schnell wieder draußen. Die Zeitverschiebung zwingt einen nach einer Flugreise, zu den unmöglichsten Zeiten aufzuwachen, um die Pille zu nehmen, wenn sie auf die Stunde

genau eingenommen werden muß. Kann man dieselbe Pille im Ausland nachkaufen? Kann man genug Pillen von zu Hause mitnehmen? Was, wenn sie mit samt dem Paß gestohlen werden? Wenn sie den Nachtfrost in Sinai nicht aushalten? Wer ein paar Jahre wegbleiben will, ohne sich mit diesen Fragen zu belasten, schützt sich lieber mit der Spirale.

Anne und Brian aus Neuseeland sind allerdings auch damit bös überrascht worden. Als es Anne schlecht ging, dachten sie, es wäre Malaria, weil eine Schwangerschaft doch ausgeschlossen war. Anne war im fünften Monat, als ich die beiden auf dem Inka-Pfad nach Machu Picchu traf. Jetzt sind sie zu dritt unterwegs. Ihre Tochter wurde in den USA geboren. Das war von der Qualität der medizinischen Versorgung her sicherer. Wer beim Blutspenden einmal ein Krankenhaus in einem Entwicklungsland von innen gesehen hat, für den gibt es im Ernstfall nur eine Lösung: ab nach Hause, oder in die USA, wenn das näher liegt. Anne und Brian sind aus Neuseeland; ihre Tochter hat die amerikanische Staatsangehörigkeit, weil sie auf amerikanischem Boden geboren ist. Ich habe ein amerikanisches Paar getroffen, das zur Geburt seines Kindes nach Mexiko fliegen wollte, damit das Kind Mexikaner wird und sie auf seinen Namen Land in Mexiko kaufen können.

Zu den spezifisch weiblichen Ausrüstungsgegenständen, an die Männer nicht zu denken brauchen, gehören Tampons. Es ist dasselbe Problem wie mit Blitzlichtbatterien: es gibt sie im Ausland nicht überall zu kaufen – wenn man Glück hat, in den Hauptstädten, aber auf dem Land sind sie oft unbekannt. Die Grenzbeamten in Argentinien hatten noch nie welche gesehen: sie durchwühlten meinen Rucksack bis auf den Waschbeutel und fragten interessiert, wozu die Dinger denn gut seien. Sie wurden erst nach der Antwort verlegen, ich war es schon vorher. – Der biologische Rhythmus kann einem die Reiseroute durcheinanderbringen. In die Wildnis sollte eine Frau möglichst nicht gehen, wenn sie ihre Periode hat. Es macht die Bären wild. Bären haben einen guten Geruchssinn. Die Wildhüter im Mount-McKinley-Park in Alaska raten jeder weiblichen Bergwanderin, sich gut sauberzuhalten, starken Körpergeruch zu vermeiden und alles zu vergraben, was durch seinen Geruch den Bären anlocken könnte. Auch lange Busreisen, bei denen der Bus nur alle fünf bis sechs Stunden hält und dann keine Toilette außer einem Baum oder einer Mauer geboten wird, verschiebt man lieber um ein paar Tage, und einen Gewaltmarsch durch die Anden auch.

77. Heirat im Ausland
(Von Mechthild Horn)

In Alaska gibt es ungefähr siebenmal soviel Männer wie Frauen. Entsprechend viele Heiratsanträge kann eine alleinreisende Frau in Alaska erwarten. In Israel sind Heiratsanträge auch keine Seltenheit. Einwanderer und Einwanderinnen erhalten nämlich so hohe Steuervergünstigungen, daß es sich für einen Israeli finanziell auszahlt, eine durchreisende Ausländerin festzuhalten. Einen Südamerikaner reizt es vielleicht, eine Europäerin zu heiraten, weil er damit renommieren kann.

Pragmatisch gesehen: Ist eine Heirat für eine Globetrotterin nicht die beste Möglichkeit, unbegrenzte Aufenthalts- und Arbeitserlaubnis zu bekommen? In Nordamerika, Südafrika und Neuseeland vielleicht, aber in Ländern, wo die Frau weniger Rechte und andere Pflichten hat als bei uns, handelt sie sich damit mehr Probleme ein, als sie löst. Eine Frau auf der Durchreise hat noch Narrenfreiheit und darf sich erlauben, mit männlichen Entwicklungshelfern essen zu gehen oder allein und unverschleiert einkaufen zu gehen; aber wenn sie verheiratet ist, hat sie sich zu verhalten, wie andere verheiratete Frauen auch, dafür wird der Mann schon sorgen. In Ecuador z. B. hat sie sich damit abzufinden, daß ihr Mann nebenbei eine Geliebte hält: täte er es nicht, wäre er kein Mann. Die betrogene Ehefrau muß sich sogar noch geschmeichelt fühlen.

Nur die Ehen gehen gut, in denen sich die Frau total in die neue Rolle fügt, sagte mir ein Afghanistan-Experte, der viele Afghanen kennt, die mit deutschen Frauen verheiratet sind. Anpassen an ein Leben als Eigentum und Sklavin des Mannes ist sicher nichts für eine Frau, die mit europäischen Emanzipations- und Partnerschaftsvorstellungen großgeworden ist und Manns genug war, allein um die Welt zu fahren.

Man muß sich die Frauen im Iran nur anschauen oder die Frauen in Ecuador – dann kommt man nicht auf den Gedanken, einen Iraner oder einen Ecuadorianer heiraten zu wollen, und sei er noch so nett. Schwieriger ist es schon, die Frauen zu überzeugen, die ihren Zukünftigen in Deutschland kennengelernt haben und nicht ahnen, daß ihr Ernesto zwar in Deutschland, aber nicht in Argentinien etwas Besonderes ist, weil da alle jungen Männer Glutaugen und schwarze Schnäuzer haben, und diese Frauen nicht glauben wollen, daß er sich in spätestens zwei Jahren eine Geliebte halten wird. Mein Mann ist anders – das glauben alle, und fast alle werden enttäuscht.

Nabil ist ein gutes Beispiel. Er war sechs Jahre in Europa und nahm meine Freundin Gabi mit zurück nach Teheran. Er war fest davon überzeugt, und Gabi auch, daß sie eine gute deutsche Ehe führen würden. Aber seine Eltern wollten keinen Sohn mit deutschen Ansichten und deutschem Lebensstil. Sie wollten einen Iraner, und seine alten Freunde auch. Ein Iraner kann mitten im Iran keine deutschen Sitten und Denkweisen beibehalten. Für Gabi hieß das: kein Kontakt zu ihren männlichen Kollegen im Büro, Einkaufen nur in Begleitung der Schwiegermutter oder der Schwägerin und nur mit Schleier, abends allein zu Hause sitzen, während Nabil sich in der Bar amüsierte, sich von ihm schlagen lassen. Die Schwiegermutter hatte das Sagen im Haus. Sie war kein Drachen, aber wenn sie es gewesen wäre, hätte Gabi nichts zu lachen gehabt.

Der Mann, der seine Frau in Europa auf Händen getragen hat, sperrt sie in Asien ins Haus. Der Mann, der in Europa gesagt hat, daß er nur zwei Töchter möchte, will in seiner Heimat doch lieber sechs Söhne. Wenn die Frau mit dem veränderten Stand der Dinge nicht zufrieden ist, kann sie nicht einfach zurück. Eine iranische Frau braucht die Erlaubnis ihres Mannes, um überhaupt einen Paß beantragen zu können. Die Kinder gehören sowieso dem Mann und bleiben im Land.

Die deutsche Botschaft rührt keinen Finger. Gabi hatte nach iranischem Recht geheiratet. Sie war zum islamischen Glauben übergetreten, wie man das von ihr erwartet hatte, und sie war iranische Staatsbürgerin. Die deutsche Staatsbürgerschaft verliert man durch die Heirat nicht, aber in Iran gilt iranisches Recht. Die Botschaft kann höchstens sagen: hättest du doch nach deutschem Recht in Deutschland geheiratet!

Deutsche Männer, die sich eine ausländische Frau von der Weltreise mitbringen, werden bewundert, daß sie so einen tollen Fang gemacht haben. Frauen, die sich Männer aus dem Ausland mitbringen, haben es ungleich schwerer. Sie werden eher beleidigt als bewundert.

Es gibt Beratungsstellen für Frauen, die ins Ausland heiraten wollen. Der beste Rat, den man geben kann, ist: Tu es nicht!

> Interessengemeinschaft der mit Ausländern verheirateten deutschen Frauen e. V.
> Gerhart-Hauptmann-Ring 410
> 6000 Frankfurt 50
> Telefon: 0611/58114

Die IAF versorgt auch Männer gern mit diversem Informationsmaterial.

78. Die kleine Fälschung

Es gibt Situationen, die man ohne die Hilfe des Konsuls meistern möchte: irgendeinen Erlaubnisschein ergattern, einen Minister sprechen, Studentenrabatt erhalten – also Anliegen, für die man schlecht einen Konsularbeamten bemühen kann.

Der erfahrene Globetrotter weiß sich da zu helfen. Schon ein einfacher Jugendherbergsausweis bewirkt mitunter, daß man nur den halben Fahrpreis zahlt.

Ist irgendwo eine bestimmte Unterschrift nötig, so läßt sie sich ohne Hilfsmittel, wie Durchleuchten oder mit Kopiergeräten, am besten durch Übung nachvollziehen.

Einen großen Eindruck machen immer eine Visitenkarte oder Briefbogen mit Titeln. Für wenige Mark kann man sie sich in jeder Druckerei anfertigen lassen. Kein Drucker verlangt eine Bestätigung, ob du wirklich der »Dr. rer. pol.« bist. Und wenn es erst einmal schwarz auf weiß gedruckt ist, ist dir die Audienz beim Leiter des Sowieso-Instituts oder beim Polizei-Präfekten schon sicher.

Schwieriger ist es, Stempel nachzumachen. Ist die Stempelvorlage noch deutlich und frisch, kann man den Stempelabdruck mit einem gargekochten, abgepellten Ei übertragen. Ungleich besser ist der Gummi-, Leder- oder Linolschnitt-Stempel. Nur gehören zu seiner Herstellung Geduld und Geschick. Besser ist es, Auslandsstempel bereits zu Hause anfertigen zu lassen. Vom Fachmann.

Wenn man ein gefaltetes Blatt Papier, eventuell etwas angefeuchtet, ein paar Tage in der Gesäßtasche mit sich herumträgt, erhält es die nötige Patina, den Hauch der Echtheit.

Michael Cannain hat in seinem Buch »Tips und Tricks« noch andere Empfehlungen parat. Er schreibt:

»Der legale Weg zum Studentenausweis führt über die Volkshochschule, wo man sich beispielsweise in einem Kurs für »Gehobenes Mandolinenspiel« oder »Gymnastik für schwangere Frauen« einträgt. Die Last des Studiums braucht man nicht auf sich zu nehmen, es kommt nur auf die Hörerkarte an. Diese sendet man mit 5 DM in Form von internationalen Antwortscheinen (bei der Post erhältlich) und zwei Paßfotos an:

> Türkischer Studentenverband
> TMGT
> Travel Center
> Istiklal CAD. 471/2, Tunel
> Istanbul

Von dort bekommt man dann einen echten internationalen Studentenausweis zugeschickt.

Ganz ausdrücklich erwähnen möchte ich, daß ich diese Methoden nur in echten Notfällen anwenden würde, in Situationen, aus denen es keinen besseren Ausweg zu geben scheint.

Die mögliche Strafe bei Entdeckung muß im Verhältnis stehen zum möglichen Erfolg.

Ideal ist das echte Empfehlungsschreiben, das man durch ein Gespräch mit dem ausländischen Konsul zu Hause in Deutschland erworben hat. Es ist der ungleich beste Rat.

Doch dieser Rat nützt niemandem, dem das Widernis während der Reise unerwartet zustößt. In einem Land, das das Recht des Reisenden auf Benachrichtigung seines Konsulats ignoriert. In einem Gebiet also, wo man sich schon selbst helfen muß.

79. Hausdurchsuchung

Plötzlich wird dein Haus, dein Zimmer umstellt, gestürmt, durchsucht. Das kann zu jeder Tag- und Nachtzeit sein. Du hast belastende Fotos, eine Waffe, Adressen von Freunden.

Wer etwas zu verbergen hat, sollte das rechtzeitig getan haben. Denn nun ist es zu spät. Das einzig sichere Versteck ist das Vergraben.

Das System einer Hausdurchsuchung ist überall dasselbe. Es zu kennen, hilft dir, bessere Verstecke auszutüfteln, vorsichtiger zu sein und auch dann, wenn du selbst eine Durchsuchung vorzunehmen hast, um deine gestohlenen Wertsachen wiederzufinden. In diese Situation kam ich mit meinem Freund Dr. Andreas Scholtz, als wir nach den Mördern meines Freundes Michael Teichmann suchten. Vier Indizien wiesen in ein kleines Gebirgsdorf im äthiopischen Hochland von Gojjam. Die Einwohner bestritten, von der Tat zu wissen, geschweige denn, mit ihr zu tun zu haben. Jetzt suchten wir diejenige Hütte, in der ein noch so winziger Gegenstand unserer Ausrüstung wäre, um dem Täter auf die Spur zu kommen.

Bei einer Durchsuchung wird das Haus zunächst umstellt. Dieser Sperrgürtel bleibt während der Arbeit bestehen. So kann weder nachträglich jemand entwischen, noch entgeht einem, wenn etwas aus dem Fenster geworfen wird und man schützt die eigentliche Suchmannschaft vor einer Überraschung von außen.

Die Suchmannschaft wird von einem Chefsucher geleitet. Der trommelt die Hausbewohner zusammen und setzt sie von seinem Vorhaben in

Kenntnis. Er läßt sich, wenn möglich, den Mietvertrag zeigen, um daraus eventuell zu ersehen, welche Räume zur Wohnung gehören, und wie groß sie sein müssen. Er wird alles nachmessen, um festzustellen, ob irgendwo hohle Wände existieren. Wenn es personell möglich ist, sucht der Leiter der Aktion nicht mit. Er hat die Sorgfalt seiner Mitarbeiter zu kontrollieren und die Gefangenen zu beobachten. Sehr aufschlußreich sind deren ängstliche Blicke, sobald der Suchende in Verstecknähe kommt.

Der zu filzende Raum wird haargenau aufgeteilt unter den Suchenden. Jeder ist für seinen Abschnitt verantwortlich. Die Grenzen der Suchabschnitte werden mit Kreide auf Decke, Wände, Teppiche, Möbel gezeichnet. Dabei ist es besonders wichtig, diese Grenzen unter die Lupe zu nehmen. Es muß klipp und klar festgelegt werden, wer für deren Absuchung verantwortlich ist. Wird den Einwohnern gestattet, sich zu setzen, so sind auch die Sitzmöbel einer genauen Kontrolle zu unterziehen – im Hinblick auf Waffen und Verstecke. Denke auch daran, daß der Stuhl eine Schlagwaffe sein kann.

Man untersucht alles: die Säume der Vorhänge, den Inhalt von Vasen, Öfen, Lebensmittelbehältern. Man schaut ins Brot, in die Zahnpastatuben, Blumentöpfe, ins Rohr der Toilette, in den Mund und notfalls in den Enddarm der Gefangenen (Gesäßstöpsel).

Kranke, Frauen und Kinder, deren Medikamente, Stuhlgang, Spielzeug – nichts wird außer acht gelassen. Je diktatorischer ein Staatssystem, desto gründlicher die Durchsuchungen, weil erfolglose Razzien für die Suchtrupps Konsequenzen haben. Wer die Gründlichkeit solcher Durchsuchungen kennt, muß sich wirklich etwas Neues einfallen lassen.

Kommen während der Durchsuchung Besucher, werden sie auch festgehalten und abgesucht.

Läutet das Telefon, hebt man es nicht ab, weil Helfershelfer durch die fremden Stimmen der Suchleute gewarnt werden könnten. Die Hausbewohner läßt man ebenfalls nicht an den Apparat, weil die Gefahr besteht, daß sie mit unverfänglichen Stichworten Warnungen durchgeben können.

Nach einem Grundsatz des Schweizerischen Unteroffiziersverbandes, der diese Verhaltensregeln allen Schweizern im Rahmen ihrer Selbstverteidigungsausbildung eintrichtert, muß jede Durchsuchung von vornherein so gründlich sein, daß eine Wiederholung nichts Neues bringen kann.

80. Verhaftung

Der Privat-PKW stellte sich quer vor das Auto meines Freundes Majid. Ein Polizist stieg aus.
»Warum haben Sie nicht gehalten?«
»Warum sollte ich halten?«
»Ich habe Ihnen ein Zeichen gegeben.«
»Was für ein Zeichen?«
»Ich habe gehupt.«
»Hier hupt doch jeder.«
Majid wollte sich nicht aus der Ruhe bringen lassen. Und tatsächlich hupt jeder in Syrien wie wild.
»Aber ich habe gehupt und Ihnen ein Zeichen gegeben. Ich muß Sie festnehmen.«
»Was habe ich denn gemacht?«
»Sie haben mein Zeichen nicht beachtet. Dafür werden Sie Ihre Gründe haben. Ich werde prüfen lassen, ob etwas gegen Sie vorliegt.«
Für Verhaftungen gibt es immer einen Grund. Oder auch keinen. Wie man will. In diesem Falle ging es nur um ein kleines Baqschiisch und Majid konnte unbehelligt nach Jordanien weiterfahren.
Aber wer schon bei Konfrontationen mit Militärs und Polizisten die Geduld verliert, hat selbst verloren. Offizielle dieser beiden Berufssparten sind nun mal in ihren Ländern kleine Herrgötter, und darauf sollte man eingehen, wenn man merkt, daß man die schlechteren Karten hat.
Zunächst hilft vielleicht eine simple Entschuldigung. Füge ihr hinzu,

daß du das erste Mal in seinem Lande bist und zuviele neue Eindrücke dich noch verwirren. Anders könntest du dir das nicht erklären. Dann sollte ein Appell an die »traditionelle Gastfreundschaft« erfolgen mit der Bitte um einen Rat, die du dir schnell ausdenkst. Jemand der dich erpressen wollte, wird nun nicht gleich Rotz und Tränen heulen und dich laufen lassen, aber er wird wohlwollender gestimmt sein. Man kann sich arrangieren.

Bei Zoll- und Straßenkontrollen wird seitens der Touristen auch gern abfällig kundgetan, daß sowas in Deutschland nicht möglich wäre. Auch, wenn du deutsch gesprochen hast, hat dich der Beamte verstanden. Denn der Ton macht die Musik, und Musik ist international. Statt rumzupöbeln, komme ihm lieber entgegen und zeige dein Gepäck, deine Papiere freiwillig vor. Das muß ja nicht in »Radfahrerei« ausarten.

Wenn er sonst aggressiv reagiert, ist das verständlich. Erstens tut er seine Pflicht. Zweitens gäbe es das in Deutschland doch. Wenn du da weiterhin anderer Meinung bist, dann solltest du jede solcher Ungelegenheiten im Ausland insofern nutzen, indem du dich darüber freust, daß es uns in der Heimat besser geht.

Der Rat, nie abfällig deutsch zu sprechen, gilt überall und jederzeit. Auch, wenn du trotz dieser Kleintricks abgeführt wirst und du dich unschuldig fühlst.

Wirst du im Zuge einer Massenverhaftung zusammengeknüppelt, ist besondere Vorsicht geboten. Suche Rückendeckung an einer Hauswand. Drischt man auf dich ein, rolle dich zu einer Kugel zusammen. Das schützt die Bauchpartie. Die Hände decken den Kopf ab. Der Rücken liegt auf der Erde, damit die Nieren geschützt bleiben, die außerdem von den Ellenbogen gedeckt werden. So erleidest du die verhältnismäßig wenigsten Verletzungen.

81. Bestechung

Bestechung ist strafbar. Aktive wie passive, in Deutschland wie im Ausland.

Dennoch ist sie vor allem in der sogenannten dritten Welt gang und gäbe. Bei den niedrigen Gehältern ist sie vom Arbeitgeber fast miteingeplant. Der Staatsdiener, der nicht durch Korruptheit sein Einkommen aufbessert, kann häufig kaum existieren.

Der Tourist wird dieses Problem besser verstehen, wenn er sich erkundigt, was ein Staatsbeamter, Polizist oder ein Soldat verdient. Es sind tatsächlich meist Hungerlöhne. Das Wissen um diese Mini-Salärs sollte dich natürlich nicht ermutigen, jeden Beamten zu bestechen.

Wer bestochen werden will, wird es dir irgendwie kundtun. Du mußt deine Sinne lediglich auf Empfang stellen.

Da ist zunächst die plumpe Kategorie der Zeitgenossen, die direkt fordert.

Dann kommen die, die dir bewußt Schwierigkeiten machen, die den Antrag verzögern, die unwirsch sind, die dir mit unangenehmen Folgen drohen.

Du könntest dann einen Geldschein in den Antrag oder den Paß legen. Wer darauf aus war, wird ihn sich nehmen. Wer unbestechlich ist, wird ihn drinlassen, zurückgeben. Dränge den Schein nicht zum zweiten Mal auf. Das könnte dir dann als Bestechung ausgelegt werden. Und das kommt teurer zu stehen als die beigelegte Banknote, die »zufällig« darin lag.

Wer Geld von Hand zu Hand gibt, läuft ebenfalls Gefahr, keinen Rückzieher mehr machen zu können, wenn der andere ihm böse will.

Die dritte Kategorie bestechlicher Wesen ist die, die dir freundliche Absagen erteilt:

»Es tut mir sehr leid, aber wir haben unsere Weisungen.«

»Ich würde Ihnen ja gern helfen, aber ...«

»Ich will mal sehen, ob ich beim Minister noch ein Wort für Sie einlegen kann ...«

Hier ist ein »Geschenk« ebenfalls angebracht. Mit ein paar Worten:

»Wenn Sie das tun könnten, würden Sie mir wirklich sehr helfen. Ich würde mich gern erkenntlich zeigen.«
Oder:
»Sie machen mir eine große Freude. Darf ich Ihnen vielleicht eine kleine Aufmerksamkeit für Ihre Kinder überreichen?«
Oder:
»Sie haben mich gut beraten. Darf ich mich revanchieren?« So und ähnlich schaltet man das Risiko aus, wegen Bestechung belangt werden zu können. Und das Allerwichtigste: bestich nie vor Zeugen!
Verstehe das nun niemand so, daß ich Bestechung zu einer Allgemeinpflicht erheben möchte. Ich mag korrupte Typen auch nicht. Aber dieser Rat gilt für Fälle, wo er Schlimmeres vermeiden kann.

82. Konsulate

Wer im Ausland Schwierigkeiten bekommt, kann sich an sein Konsulat wenden. Solange er frei herumläuft, ist das einfach. Befindet er sich in Haft, ist es Glückssache. Normalerweise ist jedes Gastland verpflichtet, das Konsulat des verhafteten Ausländers zu benachrichtigen. Aber sicherer ist, sich nicht darauf zu verlassen, sich von vornherein seelisch auf eine längere Inhaftierung einzustellen und alles zu versuchen, eine eigene Meldung rauszubekommen. Motze den Vollzugsbeamten nicht an nach der Devise »Das würde es bei uns in Deutschland nicht geben.« Damit beleidigst du den Mann und verbesserst damit keinesfalls deine Lage. Außerdem stimmt solche Behauptung nur sehr bedingt.
Was darfst du überhaupt von deinem Konsul erwarten? Also auch dann, wenn du nicht inhaftiert bist. »In erster Linie Geld«, meinte ein Globetrotter, der mir im Irak begegnete. »Man muß nur wissen, wie!«
Und das wußte er. Mit fingiertem Telegramm ließ er seine Mutter sterben, diagnostizierte sich mit Hilfe eines korrupten Arztes schweren Krebs und ergaunerte sich so Fahrkosten und Zehrgeld für die Rückreise.

Natürlich trat er sie nicht an, sondern machte die Tickets mit Hilfe eines Bekannten im Reisebüro wieder zu Silber.

»Aber irgendwann wirst du in Deutschland seßhaft werden, und dann mußt Du das Geld zurückzahlen«, warf ich ein.

Aber da hatte ich mich in ihm getäuscht! Er blinzelte mich partnerschaftlich an und meinte: »Glaubst Du denn, ich gehe da mit *meinem* Paß hin?«

Ich konnte dieser Prahlerei damals nicht nachgehen und feststellen, inwieweit sie auf Wahrheit beruhte. Fest steht aber, daß die Geldschnorrerei bei vielen Globetrottern fester Bestandteil ihres Reiseplanes ist.

Und so bleibt nicht aus, daß Konsulate auf diesem Sektor sehr vorsichtig sind mit der Ausgabe unserer Steuergelder.

Was man bekommen kann, sind Telefon- und Telegrammkosten, um Geld aus Deutschland anzufordern. Sie geben auch ein kurzfristiges Überbrückungsgeld bis zum Eintreffen deiner Eigenmittel; Konsulate zahlen aber nicht deine bereits fälligen Hotelrechnungen und deine Urlaubsverlängerung.

Desweiteren kann man schon mal die preisgünstige Heimreise verauslagt bekommen nebst einem sogenannten Zehrgeld.

Auch Arzt- und Behandlungskosten bei akuten Erkrankungen und nach Unfällen werden vorgeschossen und die Bestattungskosten am Sterbeort für einen nahen Angehörigen.

Das ist aber auch schon ziemlich alles. Mitunter löst man dir noch einen Scheck ein.

Darüber hinaus gibt es nur noch die Möglichkeit, mit deinen Verwandten ein R-Gespräch zu führen und bei der Lufthansa eine »Rufbuchung« zu tätigen. In diesen beiden Fällen garantieren deine Angehörigen daheim die Begleichung der Kosten.

Was ist, wenn du im Gefängnis sitzt? Sobald das Konsulat davon Kenntnis erhält, wird es sich mit dir in Verbindung setzen. Der Beamte vergewissert sich, ob du korrekt behandelt wirst.

Er kann dir mit Rat und Tat zur Seite stehen, aber vor Gericht kann er dich nicht vertreten. Das muß ein einheimischer Anwalt übernehmen, den er dir auf Wunsch vermitteln kann.

Werden dir jedoch nur der Paß oder die Wagenpapiere gestohlen, kann der Konsularbeamte dir selbst weiterhelfen. Je nachdem, ob du noch Fotokopien deiner entwendeten Unterlagen besitzt oder nicht, geht es mehr oder weniger schnell.

83. Genfer Konvention

Nachdem ich die beiden diesbezüglichen Broschüren des Ministeriums für Verteidigung gelesen hatte (s. Kap. 94 Bibliographie), erschien mir Kriegsführung wie ein sportlicher Wettkampf. So edel und fair wie Schach. Nach der Devise: wenn Krieg schon sein muß, dann mit allen rechtmäßigen Mitteln, aller Überlegung und Raffinesse. Und mit aller Fairneß dem Verlierer gegenüber: sind die Dame und der König in Gefahr, werden sie gewarnt. Schließlich wird der König mattgesetzt, aber nicht geschlagen. Der Verlierer erhält die Gelegenheit zu einer Revanche.
Dieses Spiel aller Spiele, dem kein anderes das Wasser reichen kann, weil es nur auf Denken basiert und nie gleich verläuft, muß den Initiatoren der diversen Völkerrechtsabkommen Vorbild gewesen sein, als sie ihre Vereinbarungen trafen. Würden sie von kämpfenden Nationen eingehalten, wäre Krieg tatsächlich mit Schach vergleichbar.
In der Praxis sieht es leider anders aus. Natürlich schlechter. Und es scheint auch nicht, als würde sich hier in absehbarer Zeit etwas verbessern. Dennoch sollten vor allem Soldaten um ihre Rechte und Pflichten Bescheid wissen. Sie können vom Feind keine Fairneß erwarten, wenn sie selbst sich an keine Abmachungen halten. Aber auch der Zivilist darf dieses Kapitel lesen, denn die Abkommen wurden ebenso für ihn getroffen: für den, den der Krieg überrascht und überrollt und für den, der sich »Rebellen« angeschlossen hat und gefangen wird.
Den Schutz dieser Vereinbarungen, die nur circa 80 Länder unterzeichnet haben, genießt jeder Soldat und derjenige Zivilist, der vom Feind überrollt wird.
Der Soldat oder die aufständische Kampfestruppe muß an einem Zei-

chen erkennbar sein. Meist ist es die Uniform. Er muß die Waffe offen tragen. Er hat Zivilisten zu schonen und vor allem das gesamte Sanitätswesen: Lazarette, Krankenwagen, Personal. Die Sanitäter ihrerseits dürfen dafür keine Waffen tragen oder das Rote-Kreuz-Zeichen mißbrauchen, indem sie beispielsweise Truppentransporte im Krankenwagen durchführen.

Soldaten dürfen nicht mit Gift- und Bakterienwaffen kämpfen, nicht auf Schiffbrüchige schießen und auf Fallschirmspringer, die in der Luft schweben, weil ihre Maschine abgeschossen wurde. Handelt es sich dabei jedoch um regelrechte Fallschirm*jäger*, die nach ihrer Landung kämpfen würden, darf man sie auch schon während des Absprungs beschießen.

Gegner, die sich ergeben, werden nicht mehr beschossen. Es wird keine Vergeltung geübt für Taten, die der Betreffende nicht persönlich begangen hat. Gefangene werden so gut behandelt wie die eigene Truppe. Sie müssen mit Nahrung, Kleidung, Medizin und sogar Kultur versorgt werden. Sie dürfen nicht zu kriegerischen Arbeiten (Schützengräben bauen) gegen ihr Volk herangezogen werden. Ihre Lager sind als Gefangenenlager deutlich gekennzeichnet mit dem Kürzel PW oder POW (Prisoner of war).

Kein Gefangener darf zu anderen Aussagen gezwungen werden als der Bekanntgabe seiner Personalien und seines Dienstgrades. Er darf nicht seelisch oder körperlich gefoltert, nicht einmal beleidigt, schikaniert werden.

Der Siegreiche hat Kulturbauten, Kulturgut, Kirchen und persönliches Eigentum des Feindes und seiner Familie zu respektieren. Nur Waffen, Nachrichten- und Transportgeräte dürfen – gegen Quittung – beschlagnahmt werden.

Zivilisten, die beim Einmarsch des Feindes ihr Hab und Gut verteidigen, sind dazu berechtigt. Sie handeln in Notwehr und genießen den Schutz der Konvention.

Kämpfer, die sich anders verhalten, vor allem ohne Uniform kämpfen, werden als Kriminelle oder Spione abgeurteilt. Dabei werden dann weit härtere Bandagen angelegt.

Wer aus der Gefangenschaft flieht, wird dafür nicht bestraft. Auch dafür nicht, wenn er speziell für die Flucht z. B. Lebensmittel oder Werkzeug entwendet hat. Er hat allenfalls Disziplinarstrafen zu erwarten.

Hat der Geflohene aber einen Wachposten getötet, gilt das als Mord und wird auch so bestraft.

Der korrekte Soldat erkämpft sich keine Vorteile, indem er Geiseln als Kugelfang vor sich herschiebt, er respektiert Unterhändler, die sich mit weißer Fahne zu erkennen geben und er hält die regional durch solche Parlamentarier ausgehandelten Feuerpausen strikt ein, die oft nötig sind, um Verletzte von der Front fortzuschaffen.

Wenn man liest, welche Kriegsgreuel täglich passieren, lesen sich die Kriegsregeln wie ein Märchenbuch.

Ich hatte einmal die seltene Gelegenheit, in Columbien einen Mann zu sprechen, der Che-Guevara-Freiheitskämpfer gefoltert hat. Begegnet bin ich sicher schon mehreren Folterknechten. Aber aus Scham und Angst vor Rache verschweigen es die meisten. Dieser brüstete sich sogar damit.

»Wenn es nach Genf (Genfer Konvention) oder amnesty (amnesty international) geht, dürften wir nicht foltern. Aber glaub' mir, diese politisch Fanatischen machen es genauso. Wehe, wenn wir in ihre Hände fielen! Wenn wir sie tatsächlich wieder freiließen, würden sie morgen ihren heimtückischen Kampf fortführen.«

Das ist das alte Lied: wie du mir, so ich dir.

Und deshalb habe ich dieser Problematik einige Zeilen gewidmet. Niemand hat nur Rechte.

Jedes Recht bedingt eine Pflicht. Sonst wäre Zusammenleben nicht möglich.

84. Verhör

Manchmal wird es lange vorher angekündigt, ein anderes Mal wirst du mitten in der Nacht aus dem Schlaf gerissen: raus zum Verhör!

Du hast diesen Moment herbeigesehnt, vielleicht aber auch gefürchtet;

jetzt hast du endlich Gelegenheit, einen Schritt weiterzukommen, heraus aus der zermürbenden Ungewißheit.

Bewahre Haltung, solange du kannst. Bockigkeit und durchschaubares Lügen verschlechtern deine Lage. Warst du anfangs ein normaler Fall für die verhörenden Männer, wirst du durch Lügen zum Feind, der ihnen den Erfolg einer gelungenen Vernehmung streitig machen will.

Bleib geduldig, selbst wenn zum zwanzigsten Male dasselbe gefragt wird. Schaue deinen Gegnern in die Augen. Mitunter läßt sich etwas ablesen, das dir weiterhilft, sei es Mitleid, oder Haß oder sonstwas. Diese Feststellung kann deine Taktik beeinflussen. Appelliere auch hier höflich an die »traditionelle Gastfreundschaft«, entschuldige dich für die Mißhelligkeiten, die du den Behörden bereitet hast.

Niemand arbeitet gern. Was für dich von höchster Wichtigkeit ist, nämlich deine Entlassung, deine Freiheit, ist für die Vernehmenden Arbeit, Alltagstrott, langweilig. Erkenne aufmerksam deine Chance, diesen Trott zu ändern. Hab auch mal den Mut, eine Verfehlung offen zuzugeben, dich dafür zu entschuldigen. Lügner verhören diese Männer nämlich täglich. Menschen, die mit dümmsten Methoden versuchen, ihre Unschuld zu beweisen, wo das Gegenteil recht offenkundig ist. Mach mal zu Hause eine Probe aufs Exempel bei dem Polizisten, der dich wegen einer Verkehrsübertretung stoppt. Sag, daß er recht hat und du »ganz in Gedanken« warst und du dir die Übertretung nur so erklären kannst. Sag, daß es dir leid tut, ihm die Mühe der Verwarnung gemacht zu haben. Du wirst sehen, wie verändert plötzlich das Gesprächsklima ist. Du wärest nicht der erste Sünder, den man wegen seiner Einsicht ungeschoren davonläßt.

Von größtem Wert bei allen Gesprächen ist es, den Namen des Gegenübers zu wissen. Das gilt, wie viele dieser Tips, nicht nur im Ernstfall, sondern zeitlebens und allerorts. Der eigene Name ist des Menschen liebstes Wort. Es rangiert mit Abstand an allererster Stelle, ganz gleich, ob der betreffende einen klangvollen, ausgefallenen oder einen Allerweltsnamen hat. Versuche rechtzeitig, die Namen deines Gesprächspartners in Erfahrung zu bringen. Wenn er sich vorgestellt und du den Namen nicht verstanden hast, frage noch einmal nach. Wieviel angenehmer ist es sogar im heimischen Restaurant, wenn die Serviererin ein Namensschildchen trägt und du sie nicht immer mit »Hallo, Frollein« ansprechen mußt.

Von weiterem Vorteil ist es, den Titel des Untersuchungsbeamten zu wissen. »Für viele Mitmenschen ist ihr Titel ihr zweites Geschlechtsteil«, lehrte uns in El Kerak, Jordanien, unser Pflichtverteidiger. Er war ein kluger Mann, wenngleich er kurz vor unserem Prozeß selbst eingelocht wurde wegen »Königsfeindlichkeit«.

Aber von ihm erfuhren wir Details aus dem Leben unseres Richters und des Staatsanwalts: wo sie studiert hatten, ihren Familienstand, ihre Hobbys – wichtiges Wissen, psychologische Vorteile. Respektiere den Drang der meisten Menschen nach Macht. Wenn jemand seine drei Elementarbedürfnisse – Ernährung, Fortpflanzung und Sicherheit – befriedigt hat, strebt er nach Macht. In der Arbeitswelt wird diesem natürlichen Bedürfnis Rechnung getragen durch eine Hierarchie von Ämtern, Posten, Titeln. Jedes höhere verspricht mehr Ansehen, mehr Verdienst, mehr Einfluß, mehr Macht. Sage nie zu einem Beamten der Exekutive, beim Polizisten angefangen: »Was wollen Sie mir schon befehlen!« Dann ist er beleidigt und verärgert. Er wird alles dransetzen, dir seinen Machtbereich zu demonstrieren.

Über die Themen Beruf, Hobby und Sexualität kommst du am ehesten in nähere Gespräche mit deinem Gegenüber. Wenn er Angler ist und du zu diesem Thema einen interessanten Beitrag liefern kannst, umso besser: »Haben Sie schon Erfahrung gesammelt mit dem neugezüchteten »Kirschlachs«? Der Züchter behauptet, das sei ein Lachs ohne Wandertrieb, der in jedem Teich und Bach seßhaft werden soll!« Du wirst staunen, wie dein »Gegner« plötzlich zum Partner wird.

Die Palette der Annäherungs- und Solidarisierungsversuche mit Gesprächspartnern – egal, ob Freund oder Feind – ist natürlich noch viel größer.

Es kann von ausschlaggebender Bedeutung sein, dein Gegenüber blitzschnell zu durchschauen, zu analysieren. Je mehr Menschenkenntnis du hast, desto einfacher wird es sein und desto treffender. Auch Laienpsychologie hat schon geholfen:

Wie ist sein Auftreten? Wie sind Gang, Haltung, Bewegung? Ist er gereizt, nervös, arrogant, rücksichtslos, eitel, unbekümmert?
Wie ist seine Ausdrucksweise? Verrät der Dialekt seine Herkunft? Spricht er gewählt, geschraubt, überlegt, unbeholfen, nachlässig?
All diese Kleinigkeiten ergeben jedenfalls einen Gesamteindruck, der dir die Annäherung erleichtert. Du mußt bestrebt sein, möglichst viele Sinne anzusprechen und seinen Eigenarten Rechnung zu tragen.
Erscheint dir dein Gesprächspartner rechthaberisch, so übe Selbstbescheidenheit und Zurückhaltung. Keinesfalls versuche, ihn zu belehren.
Dem Anmaßenden und Ausfallenden gegenüber bewahre Ruhe und Haltung. Laß ihn ausreden, beschwichtige ihn, aber reiz ihn nicht durch Widerworte.
Dem Mißtrauisch-Kritischen kommst du besser mit Offenheit. Du widersprichst nicht und drängelst nicht.
Dem Eitlen schmeicheln Komplimente, den Launenhaften parierst du mit Vorsicht, Sorgfalt, Geduld und Takt.
Wenn der, der dich verhaftete, erkennt, daß er wirklich einen falschen Griff getan hat, entsteht für ihn eine mehr oder weniger peinliche oder ärgerliche Situation. Da er über alles Berichte schreiben muß, werden das seine Vorgesetzten lesen, und das könnte ihm schaden. Wenn man als Verhafteter eine Wendung in diese Richtung verspürt, so sollte man dem Verhörenden eine Brücke bauen. Zum Beispiel: »Ich kann die Beweggründe für Ihren Verdacht verstehen. Mein Verhalten ließ offensichtlich solche Schlüsse zu.«
Bei totalitären Regimen, die sich immer durch Unfehlbarkeit auszeichnen, muß man möglicherweise noch etwas mehr zugeben. Bestünde man auf seiner völligen Unschuld, so hieße das, die »Unfehlbaren« des Irrtums zu bezichtigen, des Irrtums einer unberechtigten Verhaftung. Eine solche Beschuldigung allein ist schon ein paar Jahre Arbeitslager wert. Denn undemokratische politische Parteien irren sich nie. Sie bilden sich ein, nur sie allein würden die Wahrheit kennen. Das posaunen sie gern und groß hinaus. Bis es ihnen beliebt, sie zu widerrufen.

85. Alibi

Das Alibi ist von größter Bedeutung für alle, die etwas Verbotenes getan haben oder die ein Vorhaben planen, das den Behörden nicht recht ist.
Beispielsweise hast du erfahren, daß dein Freund verhaftet werden soll. Wegen Spionage. Einer sehr dehnbaren und deshalb beliebten Anklage.
Du willst ihn warnen. Wenn man dich dabei ertappt, wirst du unter die gleiche Anklage gestellt.
Also, rufst du ihn auf keinen Fall von deinem Hotel aus an. In diktatorischen Ländern ganz besonders mußt du damit rechnen, daß Telefone überwacht werden. Telefonzellen hingegen kaum. Also begib dich zu einer Telefonzelle. Scheinbar ist dir niemand gefolgt. Du wählst die Nummer deines Freundes, sagst ihm kurz, worum es geht und hängst wieder ein. Deine sprechenden Lippen konnte niemand sehen.
Du wählst erneut. Beispielsweise ein Reisebüro. Dort erkundigst du dich nach irgendeinem Zug. Du notierst dir das und steckst den Zettel ein. Beim Verlassen der Telefonzelle wirst du verhaftet. Irgendwie hat man dich doch beobachtet.
Nun wird man dich fragen, mit wem du gesprochen hast.
»Mit dem Reisebüro.«
»Was wollten Sie da?«
Nun, das kannst du erklären.
»Aber Sie haben zweimal telefoniert. Mit wem haben Sie noch gesprochen?«
»Mit niemandem. Beim ersten Mal war das Reisebüro besetzt.«
»Warum haben Sie nicht vom Hotel aus angerufen?«
»Mein Telefon ist defekt und ich wollte sowieso einen Spaziergang machen.«
Dein Telefon muß nun wirklich defekt sein, denn man wird es nachprüfen. Du hast es vorher geöffnet und einen Kontakt gelöst. Du solltest auch begründen können, warum du dich nach der Abfahrt des Zuges erkundigt hast: weil du Sonntag zum großen Stierkampf wolltest, ins

Theater oder zum Baden. Der Reisebüro-Mitarbeiter wird das bezeugen können. Zuhause besitzt du keinen eigenen Fahrplan.

Für ein Alibi ist es wichtig: Es muß *vorher* ausgearbeitet werden, muß nachprüfbar und bis ins letzte Detail durchdacht sein. Hat es irgendwo Lücken, ist es ein starkes Indiz *gegen* dich.

86. Gefängnis

Die schwere Eisentür klappt zu. Ein Schlüssel dreht sich. Schritte verhallen. Du bist allein. Du »sitzt«.

Für nichtprofessionelle Einsitzer ist das Eingeschlossensein ein Schock. Beim ersten Mal vor allem, weil es so neu und ungewohnt ist. Und bei Wiederholungen, weil man den Trott inzwischen kennt: die Wehrlosigkeit, die Einsamkeit, die Untätigkeit, das Grübeln, die Ungewißheit, vielleicht der Schmutz und das schlechte Essen.

Damit muß man fertig werden. Man darf nicht hoffen, morgen rauszukommen, weil sich der Irrtum aufklären könnte. Denn weil man im allgemeinen nicht rauskommt, wird das psychische Tief um so größer sein.

Natürlich darf und muß man hoffen. Aber mit gesunder Skepsis. Es hat keinen Zweck, sich selbst etwas vorzumachen. Von Anfang an muß man sich Beschäftigung suchen. Melde dich zur Arbeit. Der Tag vergeht schneller, und abends bist du müder. Nebenbei schafft Arbeit Kontakte. Möglicherweise kannst du mit anderen einen Ausbruch planen oder dir Waffen fertigen. Pläne halten einen hoch. Riskiere keinen übereilten Ausbruch, der dir höchstens Haftverschärfung bringt. Plane deine Zukunft meisterhaft, lückenlos, bombensicher.

Führe dich gut, wahre Kameradschaft und suche Kontakt zu den Aufsehern. Nicht alle sind grundsätzlich deine Gegner. Es gibt immer und überall Gute und Sadisten. Und wenn du von den Guten nur ein nettes Wort hörst, eine Nachricht von außen, einen Zigarettenstummel erwischt – das sind Geschenke des Himmels.

Ich spreche ein wenig aus eigener Erfahrung. Ich kenne etwa zehn Gefängnisse mit Aufenthalten von einem Tag bis zu zwei Monaten. Als Kind war ich nach dem Krieg mit meinen Eltern zwei Jahre interniert.
Vertreibe dir die Zeit mit Lernen und Schreiben und Basteln, sofern das erlaubt oder möglich ist. Schon manches bedeutende Werk ist im Knast entstanden. Der indische Ministerpräsident Nehru soll einmal gesagt haben: »Jeder Mensch sollte einmal im Gefängnis gesessen haben.« Daran ist etwas Wahres, wenn auch nichts Erstrebenswertes.
Wenn die Haft nicht zu lange dauert, nutzt man die viele Zeit zum Nachdenken, zu sich selbst zu finden, sich Besserung zu geloben, wenn man sie nötig hat. Erst Haft entwickelt im Menschen ein starkes und dauerhaftes Gefühl für den Wert der Freiheit. Analog dazu bildet sie eine ausgeprägte Bereitschaft, Freiheitsgegnern nötigenfalls mit aller Härte, allen Konsequenzen zu begegnen.
Man hat aber auch Muße, seinen Haß zu schüren, Rache zu schwören, zum Fanatiker zu werden.
Wer keinerlei Bastelmaterial in die Zelle bekommt, kann sich mit Essensresten Spiele anfertigen (Schach) oder mit Insekten und Fantasie Derbys veranstalten (Ameisen-Wettrennen).
Auch, wenn dich von draußen keine Nachrichten erreichen, verzweifle nicht. Wenn du echte Freunde hast, werden die nicht untätig bleiben. Auch in Deutschland dauert Untersuchungshaft oft viele Monate. Der Fremde ist da immer schlechter dran als der Einheimische, denn wenn man ihn freiließe, würde er entwischen in sein Heimatland. Der Einheimische ist im übrigen mit der Mentalität seines Mutterlandes vertraut, die dich vielleicht aufregt, er versteht die Sprache (Sprachenlernen – eine der wertvollsten Zeitvertreibe!) – er nimmt das Ganze eher als normal hin.
Du hingegen wirst immer gereizter, verzweifelter, weil man dich im unklaren läßt, wann es zu einer Vernehmung, vielleicht gar zu einem Prozeß kommt. Aber laß dich nicht provozieren. Nur zu schnell handelt man sich Einzelhaft, Karzer ein: in ständiger Dunkelheit mit absolutem Sprechverbot.

In dem Buch »Der vietnamesische Gulag« (s. Anhang) schreibt der ehemalige Studentenführer Doan Van Toai über seine Haft im Karzer:

»Der Karzer ist ein enges Loch, an dessen Wänden Wasser herunterläuft und das völlig dunkel ist. Meine linke Hand ist an den rechten Fuß gefesselt, die rechte Hand an den linken Fuß. Unmöglich, aufzustehen oder sich hinzulegen.

Nur einmal am Tag werden die Fesseln für fünf Minuten gelöst, und ich kann meine natürlichen Bedürfnisse befriedigen und den einzigen Napf Reis – die Hälfte der gewöhnlichen Ration – hinunterschlingen. Zu trinken bekomme ich nur einen halben Liter Wasser täglich.

Nach etwa 12 Tagen spüre ich Fieber. Bald weiß ich nicht mehr, ob ich schlafe oder wach bin, ich habe Halluzinationen. Später erzählt mir der Gefangene, der mir den Reis brachte, daß der Wärter mich für einen Simulanten hielt. Doch eines Tages fand er neben mir unangerührt den Reis vom Vortag. Ich erinnere mich undeutlich, daß ich hinausgetragen wurde und mir ein fürchterlicher Gestank entgegenschlug.

Zwei Wochen lang pflegten mich meine neuen Zellengefährten mit beispielhafter Hingabe. Natürlich ist »pflegen« ein sehr großes Wort: trotz wiederholter Bitten erhalten sie kein Medikament, und selbstverständlich kommt weder ein Arzt noch ein Sanitäter. Aber sie sorgen für mich, helfen mir beim Waschen, sammeln etwas Reis zur Aufbesserung meiner Ration.

Ist ein Häftling durch den Aufenthalt im Karzer zu kaputt, schicken ihn die Can Bo, um die Verbreitung von Gerüchten zu begrenzen, nie in seine alte Zelle zurück.

Die Zone C, in die ich verlegt worden bin, ist für eine Rekonvaleszenz nicht gerade geeignet. Die Luft in der Zelle 7 ist fürchterlich: die 60 Mann drängen sich in einem Raum, der etwa gleich groß ist wie die Zellen in der Zone A, er ist jedoch nicht 6 Meter, sondern nur 3 Meter hoch. Luft kommt nur durch eine 20 cm lange und 15 cm breite Öffnung. Es ist fast unmöglich, zu atmen. Der Zugang zur Luftöffnung ist streng reglementiert. Jeder darf dort nur eine Minute bleiben.

Außerdem gibt es in den vom kommunistischen Regime erbauten Zellen keinen Wasserhahn. Hier wird nur eine Viertelstunde am Tag Wasser durch einen Gummischlauch verteilt; dabei muß ebenfalls streng auf die Reihenfolge geachtet werden, damit kein Tropfen verlorengeht.«

87. Gefangenschaft

Im Gefängnis bist du in Zellen untergebracht. Wer in Gefangenschaft oder Zwangsarbeitslager gerät, lebt in Zelten, im Freien, in Hallen, meistens wohl in Baracken.
In Arbeitslagern ist es üblich, daß die Häftlinge einen Vertrauensmann aus ihrer Mitte wählen, der als Verbindungsperson zwischen seinen Kameraden und der gegnerischen Lagerverwaltung fungiert.
Dieses Mitverwaltungssystem birgt einige Vorteile, die der Gefangene sich zunutze machen sollte.
Da der Vertrauensmann wiederum in jeder Baracke einen Obmann zur Seite hat, lassen sich schnell und bis in den letzten Winkel Eigeninitiativen, die die Lebenskonditionen der Häftlinge verbessern könnten, entfalten, besprechen und durchführen.
Je mehr Gefangene mit Aufgaben betreut werden können, desto besser. Es lenkt sie von ihrem Los ab. Es läßt sie die Gefangenschaft besser ertragen. So kann man sich darum kümmern, daß Neuankömmlingen Trost während der besonders harten und kritischen ersten Tage gespendet wird.
Wichtig ist, daß die Disziplin und Kameradschaft nicht vor die Hunde gehen. Denunzianten und Kriminelle, asoziale Mitgefangene, die oft als Spitzel eingeschleust werden, sind in Schach zu halten, nötigenfalls mit Gegenterror.
Den Kranken und Schwächsten müssen Extrarationen an Essen gesammelt werden. Man schont sie bestmöglich bei der Arbeit, versorgt sie mit genügend Garderobe und weist ihnen – je nach Jahreszeit – die wärmsten oder kühlsten Plätze der Baracke zu, sofern der Gegner dieser seiner Verpflichtung nicht nachkommt. Wenn man keine Medikamente

und Verbandszeug aus der Krankenstube beiseiteschaffen konnte, so kann man psychologisch und mit einfachen Mitteln Linderung verschaffen. Schon das Umsorgen generell gibt Kranken viel Trost und Kraft. Schwitzkuren, kühle Umschläge, leichte Massagen (s. Kap. 12 Erste bis letzte Hilfe) und Körperpflege sind Hilfen, die jeder leisten kann.

Von großer Bedeutung ist ein gutes Verhältnis zur Wache. Ein Wachtposten mit menschlichen Regungen ist die Hoffnung eines jeden Inhaftierten.

In der Gruppe scheinen alle Wärter brutal, gefühllos, Massenmenschen, Sklaven der Diktatur.

Bei näherer Beobachtung scheiden sie sich – sehr grob betrachtet – aber in zwei Kategorien: die Sadisten und die Guten. Wie in einem kitschigen Wildwestfilm.

Nur unter vier Augen darfst du – in deinem eigenen und des Wachtmannes Interesse – hoffen, in ein persönliches Gespräch mit ihm zu kommen. Sobald eine dritte Person in Hör- oder Sichtweite steht oder Abhorchgeräte zu befürchten sind, ist dein Versuch zum Scheitern verurteilt. Dieser Rat gilt auch für viele andere Lebenssituationen.

Versuche, das Entgegenkommen anständiger Wächter durch vorbildliche Kameradschaft zu rechtfertigen.

Der Mann muß vor dir und den Mitgefangenen Achtung bekommen und erkennen, daß du nicht so bist, wie es seine politische Führung ihm eingetrichtert hat.

88. Folter

Das schlimmste, das Häftlingen blühen kann, ist Folter. Obwohl von Menschenrechtsorganisationen geächtet und von fast allen Ländern abgestritten, wird sie praktiziert: von der einfachen Einzelhaft über das langsame Schlachten bis hin zum Tod. »Amnesty International« informiert dich zuverlässig über den jeweils aktuellen Stand.

Wer in den Verdacht gerät, Spion zu sein oder politischer Gegner, darf keinen Pardon erwarten. Eine Konsequenz, mit der sich auch jeder Berufssoldat auseinandersetzen muß.

Folter ist zugleich die entwürdigenste und wirksamste Art, Geständnisse und Fantasie-Geständnisse zu erlangen. Der Gefolterte gibt alles zu: jedes Stückchen Wahrheit, das er weiß und auch Lügen, wenn die Peiniger sie wissen wollen und dafür seine Qual beenden.

Es gibt überhaupt nichts, vor dem Folterknechte zurückschrecken. Hat die Einzelhaft keine Erfolge gebracht, wird sie verschärft: bei Dunkelheit oder ständiger greller Helligkeit verlierst du jegliches Zeitgefühl und wirst wahnsinnig. Eine weitere Steigerung könnte die Umquartierung in Mini-Zellen sein: 1 Quadratmeter Grundfläche und 150 Zentimeter Höhe. Darin kannst du nicht stehen und nicht liegen, nur hocken.

Das kann Tage, Wochen, Monate und Jahre dauern. Nach wenigen Monaten bist du ein Krüppel: Kälte, Nässe, Hunger, Dunkelheit, Ungewißheit und die eigenen Exkremente zerstören dich seelisch und bewirken, daß du bei etwaiger Entlassung nicht mehr gehen und nicht mehr kriechen kannst.

Im Vietnam-Krieg fand man solche sogenannten »Tiger-Käfige«, die oben vergittert waren. Durch die Gitter bestreute man die Häftlinge mit Kalk und urinierte darauf. Diese Verbindung wirkt ätzend.

Darüber hinaus kannst du jahrelang zermürbt werden mit Greuelnachrichten, wie der deiner eigenen Hinrichtung, die in letzter Sekunde abgeblasen wird, wenn du den Strick schon um den Hals hast.

Vergewaltigung, Elektroschocks an Genitalien, das Durchstoßen empfindlicher Weichteile mit Holzspießen, das Ausreißen von Fingernägeln, Abhacken der Finger, Zerklopfen von Knochen, Zerquetschen von Körperteilen, Ausschlagen von Zähnen, Ausstechen von Augen, das Totquälen geliebter Menschen vor deinen Augen – dem Sadismus des Menschen sind keine Grenzen gesetzt.

Alle Gefolterten sagen aus, daß die Torturen schlimmer waren als alles, was sie sich je vorstellen konnten. Am Schlimmsten sind die Häftlinge dran, die wirklich nichts zu gestehen haben, die unschuldig sitzen, weil man einen Fehlgriff getan hat oder einen Schuldigen braucht. Tatsächliche politische Gegner haben zumindest ihren Glauben an die Sache, den politischen Fanatismus, der ihnen ungeahnte Kraft verleiht.

In Hamburg lebt ein Chilene, dem unter Pinochet sämtliche Zähne rausgefoltert wurden und dessen Körper von Narben entstellt ist. Er mußte seinen Peinigern schwören, nie mit jemandem darüber zu sprechen. Um freizukommen tat er es. Er kam frei und wanderte aus. Er fand in Deutschland Asyl. Er könnte nun darüber sprechen, aber er tut es nicht. Der Schock sitzt zu tief. Überhaupt ist die Entlassung Geschundener ein Problem für sich. Da Folter offiziell verpönt ist, bedeutet jeder Entlassene ein Risiko für die Regierung. Er kann über die Folter reden, schreiben und er kann in den Untergrund gehen. So schlägt man ihn häufig lieber ganz tot. Wen kümmert's schon?! Wer in diesem letzten Moment den Strohhalm zugeworfen bekommt, freizukommen, sofern er schweigt, wird das tun. Der Gegner hat ihn mit seiner Allmacht gebrochen.

Der politischen Polizei geht es bei den Quälereien vor allem um die Preisgabe der Namen von Mittätern. Solche Verhöre beginnen auch gleich nach der Einlieferung. Wer es fertigbringt, wenigstens 24 Stunden zu schweigen, verschafft seinen Kameraden unter Umständen den entscheidenden Vorsprung.

Der Schweizer Major H. von Dach beschreibt in seinem Buch »Der totale Widerstand« die Charakteristica des Folterverhörs wie folgt (Ausschnitte):

> Du wirst über den Verhaftungsgrund im unklaren belassen
>
> Du wirst von der Außenwelt hermetisch abgeschlossen und in völliger Unkenntnis und Unsicherheit belassen
>
> ... wird man Dich oft stundenlang ... warten lassen, Zweck: Du sollst Dir den Kopf zermartern und bereits erschöpft und zerschlagen zum Verhör kommen
>
> Die verhörenden Beamten werden Dich mit grellen Scheinwerfern blenden, während sie selbst im Dunkeln sitzen

Das Verhör beginnt praktisch immer mit einem Überrumpelungsversuch. Wenn dieser mißlingt, wirst du abwechselnd in Furcht und Hoffnung versetzt. Freundlichkeit wechselt mit Drohung und Brutalität

Die Art der Vernehmung ist vom kriminalistischen Standpunkt aus eher stümperhaft: Kommandoton, stundenlanges Anbrüllen und Beschimpfen ...

Es sind immer mindestens zwei, meist aber drei Beamte anwesend. Der eine schreit und droht, der andere beruhigt, bietet Zigaretten an und der dritte appelliert an das »Verantwortungsbewußtsein« und »Pflichtgefühl« ...

Lasse dich durch die Liebenswürdigkeit nicht täuschen

Man stellt dir viele Fragen, die zusammenhanglos sind und die mit der Sache nichts zu tun haben. Man will dich damit verwirren

Man zeigt dir die tatsächlich vorhandene, unbegrenzte Machtfülle und täuscht dir gleichzeitig Allwissenheit vor

Wirst du mit dem »freundlicheren« Verhörenden allein gelassen, denke daran, daß auch er dein Gegner ist, daß ihr möglicherweise über Mikrofone abgehört werdet und keines seiner Versprechen Gültigkeit hat. Sei auch mißtrauisch etwaigen Zellengenossen gegenüber. Gib dir keine Blößen, zeige keine Schwächen, nenne keine Namen. Es könnte ein Spitzel sein, auch dann, wenn er wirklich ein Leidensgenosse ist: man könnte ihm Hafterleichterung in Aussicht gestellt haben.

Ein Yogi kann den Schmerz wegdenken. Wir übrigen müssen ihn erdulden.

Die Ohnmacht des Geschundenen erzeugt solchen Haß gegen die Schinder, daß mancher Schmerz sich ertragen läßt. Gefolterte sagten auch aus, daß »im einfachen Akt des Denkens eine merkwürdige und ungeahnte Kraft liege. Daß man sich bis zu einem gewissen Grade vom geschundenen Körper zu lösen vermag. Daß intensives, konzentriertes Denken Schmerzen löschen und teilweise unempfindlich machen könne« (v. Dach).

Wer religiös veranlagt ist, dem kann das Vertrauen in Gott und das Weiterleben nach dem Tode helfen.
Anderen ist es tröstlich, sich vor Augen zu führen, daß viele schon Schlimmeres durchgemacht haben.
Einige erdulden die Qual, weil sie damit ihre Angehörigen schützen können.
Ein von den Äthiopiern gefolterter Eritreer hatte »die Fähigkeit entwickelt, schneller als normal in Ohnmacht zu fallen«. Ohnmacht ist für kurze Zeit eine gnädige Geste der Natur. Ein paar Sekunden, in denen der Gequälte durch Schock, Schreck, Angst sein Bewußtsein verliert, die Folge ungenügender Blutzufuhr zum Gehirn.
Aber eben nur ein paar Sekunden. Dann geht es weiter. Erst durch äußere Einwirkungen, wie Gehirnerschütterung oder längere Unterbrechung des Kreislaufs (Sauerstoffzufuhr, Schlagader), tritt die Bewußtlosigkeit ein; die nächststärkere Form ist das Koma, und schließlich der Tod.
Bei der Folter führt Weinen wohl nie zu Milde. Im Gegenteil. Das Weinen wird als Trick oder Hysterie gewertet und umso strenger bestraft. Es liefert dem Sadisten den gewünschten Vorwand, den er zu seiner inneren Rehabilitation braucht, um brutaler quälen zu können.
Ein typisches Beispiel berichtet Doan Van Toai aus einem Gefängnis im kommunistischen Vietnam (»Der vietnamesische Gulag«, Verlag Kiepenheuer & Witsch, Köln):
Wegen eines halben Napfes Wassersuppe gerieten zwei Häftlinge in Streit. »Wegen Störens der Gefängnisdisziplin und der revolutionären Ordnung« wurden sie zu je zwei Monaten Karzer verurteilt und zur Kürzung ihrer Essensrationen um die Hälfte. Zwei Monate bei halber Kost in einem Loch dahinzuvegetieren ist schon eine schlimme Strafe.
Der Häftling Tai, weil er die Schlägerei begonnen hatte, erhielt außerdem dreißig Rutenschläge. Wörtlich: ... die dreißig Rutenschläge lassen alle Häftlinge erzittern. Denn diese seltene Strafe wird von einem Spezialisten erteilt.
Tu Cao, ungefähr 55 Jahre alt, ist sehr stark und soll schon in den fran-

zösischen Gefängnissen gewütet haben. Natürlich hat er sein Handwerk auch unter den Regimen Diem und Thieu ausgeübt. Bei der kommunistischen Machtergreifung wurde er festgenommen, arbeitete aber bald wieder als Henker.
Ein Mensch, der seine Behandlung übersteht, ist im besten Fall halbtot. Tu Cao rühmt sich selbst, im Laufe seiner Karriere mehr als 2000 Gefangene ausgepeitscht zu haben, davon seien 500 gestorben.
Unter Bewachung stellen sich die 50 Zelleninsassen im Hof auf. Tai wird aus dem Karzer geholt, ausgezogen; man befiehlt ihm, sich hinzulegen, das Gesicht zum Boden. Tu Cao prüft mit zufriedener Miene die Geschmeidigkeit seines langen Rohrstocks. Er betastet die Schenkel seines Opfers, um deren Widerstand festzustellen und seine Schläge danach einzurichten.
Der Kader hat betont, daß nicht zu Tode geprügelt werden darf. Tais Gesicht drückt schreckliche Furcht aus. Allen Häftlingen ist die Kehle wie zugeschnürt, aber es ist verboten wegzusehen.
Der Can Bo befiehlt: »Anfangen!«
Tu Cao schlägt zu. Einmal, zweimal, dreimal. Zwischen den Schlägen macht er Pausen von fast einer halben Minute. Nach dem fünften Schlag kann Tai es nicht mehr aushalten und schreit; der Kader befiehlt Tu Cao aufzuhören. Meine angespannten Muskeln lösen sich, meine Kameraden atmen laut auf.
Ob sich der Can Bo mit fünf Schlägen begnügt? Doch kaltblütig erklärt er: »Nach der Vorschrift darf der Häftling während der körperlichen Bestrafung nicht schreien. Die fünf ersten Schläge zählen nicht. Wir beginnen von vorn.«
Der Henker schärft seinem Opfer ein: »Nicht schreien. Verstanden?« und fängt wieder an: »Eins!« Dreißig Sekunden. »Zwei!« Dreißig Sekunden. »Drei!« ...
Tai hat die Augen geschlossen, die Zähne zusammengepreßt. Er stöhnt nicht mehr. Alle halbe Minute schlägt der Rohrstock zu. Ein lang erwarteter Schlag schmerzt mehr als rasche Prügel. Der Can Bo ist unbeweglich. Tai scheint bewußtlos.
»Neunundzwanzig! ... Dreißig!«

»Aufstehen!« befiehlt der Kader.
Tai bewegt sich nicht, Blut rinnt aus seinem Mund.
Plötzlich hat sich Tu Cao niedergehockt, ergreift das Handgelenk des reglosen Tai. »Das glaube ich nicht«, stottert er bestürzt. Tu Cao zögert und fühlt noch einmal den Puls seines Opfers.
»Ich glaube, er ist tot«, sagt er schließlich mit entsetztem Blick.
Ich spüre eine gewisse Erleichterung. Für Tai ist die Qual beendet, er beginnt ein anderes Leben. Hätte er überlebt, wäre er gewiß nach tagelangem Leiden im Karzer gestorben.
Tu Cao hat jetzt Angst. Er dreht den Leichnam herum, prüft aufmerksam den Mund, ruft: »Herr Kader! Er hat Selbstmord begangen. Er hat sich die Zunge abgebissen und sie verschluckt, um zu ersticken. Deshalb hat er Blut im Mund.«
Der Kader kommt näher, prüft ebenfalls den Mund des Opfers. Er stellt fest, daß das Herz nicht mehr schlägt, richtet sich auf und hat schon eine Rede fertig für die vor ihm aufgestellten Häftlinge.
»Er ist freiwillig gestorben. Die Revolution will die Menschen nicht töten, sondern umziehen. Die Revolution foltert die Menschen nicht wie einst die Marionettenregierung. Wenn sie straft, dann tut sie es, wie ein Vater seinen Sohn straft, um ihn zu erziehen. Wir tun es öffentlich, wie ihr gesehen habt. Wenn Tien Tai gestorben ist, so hat er es selbst beschlossen, ihr seid Zeugen.«
Aus Vorsicht läßt der Can Bo jedoch sofort einen Bericht anfertigen, den eine vom Vertreter der Gemeinschaftszelle unterzeichnete Erklärung begleitet: Nguyen Hau Nghi, Vertreter von 50 Gefangenen der Zelle Nummer 7, bezeugt, daß der Häftling Tran Tien Tai durch das Verschlucken seiner Zunge Selbstmord beging.«
Soweit Doan Van Toai. Soweit die Darstellung des Vietnamesen. Sie ist ein typisches Beispiel dafür, was Menschen mitunter auszuhalten haben, obwohl Bestrafungen dieser Art nicht gleichzusetzen sind mit Folter, die unter Ausschluß der Öffentlichkeit vollzogen wird und viel länger dauert.
Der Gefolterte ohne Aussicht auf Erlösung sehnt sich nach dem Tod. Er hat jedoch eine geringe Chance, ihn zu beschleunigen: durch Provo-

kation der Peiniger. Er kann sie anspucken, verhöhnen, anspringen oder sie mit einer Parole, die sie hassen, wie »Lang lebe Che Guevara!«, dazu hinreißen, ihn schneller totzuschlagen.

Bei meinem Überlebenstraining habe ich mich natürlich auch mit Folter auseinandergesetzt. Vor allem, nachdem ich mit Gefolterten gesprochen hatte und in El Aqaba/Jordanien 1960 miterlebte, wie ein Häftling von gereizten Beduinen-Soldaten im Affekt zu einem Fleischklumpen zusammengeschlagen wurde, als ich sah, wozu Menschen fähig sind und andererseits, was Mißhandelte ertragen können.

»Kann man das Ertragen der Folter lernen?«, fragte mich mal ein Junge, den ich zum Survival-Training mitgenommen hatte. »Vielleicht. Aber dann müßtest du die Einstellung eines Yogi haben, der auch das vegatative Nervensystem seines Körpers beeinflussen kann. Wir Laien hingegen können uns nur psychisch dagegen wehren. Und das dürfte eine relativ geringe Gegenwehr sein.«

89. Zwangserziehung und Gehirnwäsche

Die Zwangserziehung ist eine der vielen Varianten der Bestrafung in diktatorischen Ländern, Gehirnwäsche ist die letzte vor der Ermordung.

Sie wird gern vollzogen an Menschen, von deren Beeinflussung man sich aufgrund deren Ansehens etwas verspricht oder an labilen Charakteren, die man nimmt, weil man noch einige »umgepolte« Mitstreiter sucht.

Verglichen mit Folter und Gehirnwäsche, ist es noch das relativ kleinere Übel, das dem politischen Gefangenen widerfahren kann. Der Globetrotter kann in diese Situation geraten, wenn er tatsächlich mit den Regierungsgegnern sympathisiert hat, wenn man ihn mit Rebellen zusammen verhaftet hat.

Statt niedergeknüppelt zu werden, wird er in persönliche Gespräche verwickelt, in deren monatelangem Verlauf dem Häftling die andere

Ideologie nähergebracht werden soll. Man offeriert ihm Zigaretten und baut ihm von Tag zu Tag etwas mehr von einem neuen, anderem Geschichtsbild auf.

Häftlinge, die sich innerlich oder äußerlich gegen Zwangserziehung zur Wehr setzen, werden zunächst methodisch erniedrigt und schikaniert. Bei geringstem Anlaß muß nicht er, der »Schuldige«, büßen, sondern die Gemeinschaft, die engeren Mitgefangenen. So entwickeln sich auch unter gleichgesinnten Leidensgenossen schnell Disharmonie und Streit. Das Denunziantentum wird zur Blüte gebracht. Du mußt dich immer wieder vor allen entschuldigen. Dieser Vorgang, der sich über Wochen wiederholt, zermürbt. Er vernichtet das Selbstbewußtsein und den Zusammenhalt unter den Häftlingen. Und das will man erreichen. Dann bist du bereit für die Aufnahme ihrer Thesen.

Man hat viel Zeit und geht Schritt für Schritt vor.

»Als ich alle ihre Thesen wußte, dachte ich, ich sei fit. Ich würde das auf Wunsch immer wieder runterrasseln und hoffte, jetzt entlassen zu werden. Und sobald ich in Freiheit war, wollte ich mich möglichst schnell absetzen«, verriet mir ein ČSSR-Flüchtling.

»Aber ich hatte mir das zu einfach vorgestellt. Die wissen natürlich auch, daß jeder Gefangene alles nachplappert, um rauszukommen. Richtig fit, nach ihrer Beurteilung, bist du erst, wenn du auch im Schlaf die Thesen beherrschst.«

Ihn testete man in der üblichen Form. Er wurde heftig aus tiefstem Schlaf gerissen und dann befragt. Solange er auch nur überlegen mußte, bevor er die Antwort gab, war er noch nicht reif. Nun könnte man sich durch autogenes Training auch auf diese nächtlichen Überraschungen vorbereiten. Man würde seine »Prüfung« bestehen und als Mensch mit gebrochenem »Rückgrat« die Parolen in der wiedergewonnenen Freiheit weiterleiten.

Gegen Abtrünnige schützt sich die politische Polizei mit Drohungen und Erpressungen. Man droht bei Wiedereinfang mit endloser Haft, Folter und erpreßt mit Sippenhaft: »Wenn du untertauchst, halten wir uns an deinen Kindern schadlos.«

Eine Zwangserziehung wirkt möglicherweise nur vorübergehend. Sobald der Umerzogene wieder in seiner alten Umgebung lebt, unter seine alten Einflüsse gerät und persönlich von starker Natur ist, dann wird er seine neue Einstellung allmählich verdrängen können.

Diese Verdrängung ist nicht mehr möglich, wenn er einer Gehirnwäsche unterzogen wurde. Einem Globetrotter dürfte das kaum widerfahren, wohl aber jenem Weltenbummler, der aus politischen Motiven in die Ferne schweift und bei Revolutionsbestrebungen aller Richtungen mitmischen will. Er wird bei Gefangennahme behandelt wie Kriminelle, Spione oder Kriegsgefangene. Und ihm könnte es widerfahren, den »Kopf gewaschen« zu bekommen.

In der »Wäscherei« erwartet ihn ein Team von Spezialisten der Branchen Knochenbrecher, Chemie, Psychologie und Biologie, das ihn seelisch und körperlich zunächst zerstört und dann aufbaut zu einem neuen Wesen, das mit dem alten nur noch die Hülle gemein hat. – Der Rest dieses Wesens ist mit dem alten nicht mehr identisch und zu einer 100%igen Marionette geschrumpft. Gegen die Zwangsbehandlung – vor allem mit Pharmazeutica – gibt es keinen Ausweg, außer dem eines rechtzeitigen Selbstmordes.

90. Behelfswaffen und Ausbruchgeräte im Gefängnis

Der freundlichste Beamte kann Freiheit nicht ersetzen. Er kann der Haft allenfalls einen menschlichen Touch geben. Diejenigen Wachen, die dich mit Bestechung freilassen, sind rar. Wenn die finanzielle Initiative nicht von außen kommt, wird es für den Häftling schwer sein, das nötige Geld aufzutreiben. Es sei denn, er schleppt ein Vermögen im Gesäßstöpsel mit sich herum. Denn es muß schon eine beachtliche Summe sein. Immerhin riskiert der Bewacher, statt deiner in die Zelle zu müssen. Auf jeden Fall ist er hinterher erpreßbar und wird sich das also reiflich überlegen. Aber grundsätzlich gibt es diese Menschen. Die Bestechung hat die meisten Aussichten auf Erfolg, wenn mit deiner Angelegenheit so wenig Leute wie möglich befaßt sind. Je mehr Eingeweihte es gibt, desto mehr sinkt die Chance, bestechen zu können.

So wird der Gedanke in dir aufkommen, ohne fremde Hilfe zu fliehen. Es kann sein, daß nur dieser Gedanke deinen Lebenswillen nährt, dich überhaupt am Leben hält.

Du brauchst Kraft und Gewandtheit, Werkzeug oder Waffen. Möglichst alles. Du erinnerst dich deiner Karatekniffe und hast dich durch heimliches Training fit gehalten. Du hast dich zur Arbeit gemeldet und nach und nach einige Hilfsmittel beiseitegeschafft, die dir beim Ausbruch dienlich sein könnten.

Was in Gefängnissen alles beschaffbar und möglich ist, zeigt ein Bericht im Hamburger Abendblatt vom 4. 2. 1980:

»... Blutige Revolte in Santa Fé ... 25 Tote in Neu-Mexico (USA) ... Wärter fürchten um ihr Leben ... Meuterer beim Trinken selbstgebrannten Schnapses überrascht worden ... für »Zinker« (Verräter) gab es keine Gnade. Einem von ihnen wurde das Gesicht mit einem Schneidbrenner entstellt, ein anderer wurde gehenkt, ein dritter mit einer Schaufel geköpft. Die »Waffen« der Meuterer waren selbstgebastelte Messer, Bleirohre und Schraubenzieher ...«

Man kommt hier und da an überaschend viele Hilfsmittel heran. Mit etwas Geschick lassen sie sich umarbeiten und vielseitig verwenden.

Sehr leicht zu machen sind Dietriche. Den Umgang damit muß man üben. Am besten schon im Rahmen des Survival-Trainings.

Beim Handgemenge ist die Faust im Vorteil, die mit einem Schlagring bewehrt ist. Auch der ist leicht herzustellen. Als Keule dient ein Schraubenschlüssel. Als Messer ein flachgewalzter Nagel, der geschärft wurde. Auch ein Dorn ist eine fürchterliche Waffe.

Bergsteiger werden sich Haken, vielleicht gar Flaschenzüge basteln. Sie können Keile mit Handschlingen (s. Kap. 39,) machen und kleinste Ritzen im Mauerwerk wie Treppenstufen nutzen. Als »Keil« eignet sich schon das einfache Stück Seil mit simplem Knoten.

Der Knoten wird so in eine Ritze geworfen, daß er sich darin verfängt. Die daran hängende Schlinge dient Händen und Füßen als Kletterschlaufe.

Seile sind schwer zu bekommen. Aber mit Geduld lassen sich Schnürsenkel sammeln und zum stabilen Tau verflechten. Zeit hast du sicher genug.

Auch lange Haare haben schon ausreichend kräftige Seile ergeben, mit denen man die Sprunghöhe verringern oder einen Nagel lockern konnte.

Wer doch an Seile kommt, kann sich einen Wurfanker bauen. Man wirft ihn über die Mauer. Mit etwas Glück klemmt er sich in einem Baum, im Stacheldraht oder auf der Mauerkante fest und man kann am Seil hochklettern.

Als Anker eignet sich nicht nur der klassische Ankertyp aus Metall und Widerhaken, sondern zur Not auch ein Stuhlbein, ein Ast.

Wer gut ist im Schnitzen, vermag sich eine täuschend echte Pistole nachzubauen. Er wäre nicht der Erste, der damit entkommt.

Wer an Metalle nicht rankommt, kann sich vielleicht eine Glasscherbe, möglichst von einem Flaschenhals, beschaffen. Sie ist fast so gefährlich wie ein Messer.

Wer sich Flaschen besorgen und gar Benzin ergattern kann, hat die wichtigsten Bestandteile des weltbekannt gewordenen »Molotow-Cocktails«.

Benzin wird randvoll (!! Sonst Explosionsgefahr durch Luft-Benzingemisch) in eine Flasche gefüllt. Sie wird verschlossen und mit einem Lappen umwickelt. Will man diese Brandbombe zum Einsatz bringen, wird der Lappen ebenfalls mit Benzin getränkt, dann angesteckt und sofort geworfen. Beim Aufprall zerschellt die Flasche und das ausspritzende Benzin entzündet sich.

Mit dem Molotow-Cocktail kann man im Gefängnis Panik verursachen. Man hat gut abzuschätzen, ob der Brand einem selbst nicht zur Falle wird oder andere Menschen gefährdet werden.

Wie wirkungsvoll er einzusetzen ist, beweisen Aufstände gegen militärische Übermächte. Bei den Aufständen in Ungarn und der Tschechoslowakei wurden mit Molotow-Cocktails sogar Panzer vernichtet. Major v. Dach rät bei Angriffen auf derartige Großziele, unbedingt mehrere Benzingranaten einzusetzen.

Durch schmalste Ritzen gelangt das Benzin auch in den Panzer hinein und tötet die Gegner durch Verbrennung oder Auslösen von Explosionen.

Wer aus irgendeinem Grund Zündschnüre braucht, kann sich auch dafür Ersatz basteln. Mit einer Benzinspur oder anderen leicht brennbaren Materialien (Lacke, Reinigungsmittel).

91. Gift

Zu den in Frage kommenden Waffen kann auch Gift gehören. Je wirksamer es ist, desto schwieriger ist seine Beschaffung. Trotzdem gibt es allerorts Möglichkeiten, Gift zu erlangen oder herzustellen. Selbst scheinbar harmlose Gase, Flüssigkeiten oder Feststoffe können zu Giften werden, wenn die Menge nur ausreicht. »Dosis venum facit« – »Die Menge macht das Gift«, wußten schon die Römer. Etwas Alkohol kann nützlich sein, zuviel den Tod bedeuten. Das gilt für alles, auch für physikalische Foltern, wie Lärm und Stille. Nach einem bißchen davon kann man sich sehnen. Aber wehe, wenn es überdosiert und zur ungewünschten Zeit verabfolgt wird!

Wasser, normalerweise ein Labsal, hat tödliche Folgen, wenn es versetzt mit Schmutz ins Blut gespritzt wird. Ebenso Luft. Aber wer läßt sich schon ohne Gegenwehr etwas einspritzen?

Die Gifte, die derjenige braucht, der in Gefangenschaft sitzt und aus Notwehr handelt – und davon gehe ich hier aus – müssen lautlos sein. Das Opfer muß sie essen oder trinken, ohne sie zu bemerken. Es muß sofort umfallen oder es müssen Krankheitssymptome entstehen, die keinen Verdacht auf den Täter werfen, damit er sein Vorhaben bei langsam wirkenden Giften unbehelligt zu Ende bringen kann.

Leicht erreichbar und gut verabreichbar sind Schlaftabletten und Beruhigungsmittel. Sie lassen sich relativ bequem auf Krankenstationen sammeln, vor allem wenn man selbst der Patient ist und Schlaflosigkeit simuliert.

Schlaftabletten greifen das Zentralnervensystem an. Sie führen über eine tiefe Bewußtlosigkeit zur Lähmung, in den Tod. Die Beruhigungsmittel greifen außerdem die Leber an. Wer sich für eine Überdosis Tabletten entscheidet, sollte dringend zusätzlich auch ein Mittel gegen Erbrechen geben, weil der Magen das Überquantum sonst wieder von sich gibt.

Eine weitere Quelle sind Tierbekämpfungsmittel. Ob gegen Insekten (Pflanzenschutzmittel) oder Ratten – sie alle sind hochwirksam. Die einen enthalten Arsen, die anderen Strychnin, Blausäure, Thallium, Simazin und anderes. Viele dieser Chemikalien schmecken schon in geringster Menge ekelerregend. Man kann sie nur unter stark gewürzte Speisen mischen oder spurenweise verabfolgen.

Erreichbar ist mitunter auch Kohlenmonoxid, weil es jedem Auspuff entströmt. Da der gesunde Mensch es riecht und sich dagegen schützen wird, kann es als Gift nur in Verbindung mit z. B. Gewalt, Schlaftabletten oder Alkoholrausch angewendet werden.

In manchen Gefängnissen gibt es für Kleiderreinigungszwecke Tetrachlor-Kohlenstoff. Er greift das Zentralnervensystem, die Leber und die Nieren an und führt über Rauschzustände und Bewußtlosigkeit zum Tod.

In einigen Arbeitslagern hat man die Möglichkeit, an giftige Pflanzen zu kommen (s. im Anhang Buch über »Giftpflanzen«): Eisenhut und Fingerhut, aber ganz besonders auch Maiglöckchen, Bilsenkraut, Stechapfel, Tollkirschen, Bittermandeln, der Fliegen- und der Pantherpilz enthalten tödliche Gifte.

Sehr wirksame Toxine sind in faulem Fleisch und Fisch enthalten. Für Hunde, Katzen und Geier geradezu eine Delikatesse, würden Menschen möglicherweise schon nach einem einzigen Bissen sterben: Erbrechen – Durchfall – Kreislaufkollaps – Tod. Der Aasgeruch schreckt uns instinktiv ab. Es gibt nur wenige Gestanksarten, die ekelhafter sind. Dennoch kann man sich Leichengift zunutze machen, weil es immer erreichbar ist. Man streicht oder bindet das Faulfleisch eines Tieres auf seine Pfeile. Mit Widerhaken und einer Sollbruchstelle versehen, verbleibt das Aasstück im Körper und wirkt nun per Blutvergiftung.

Mit Leichengift lassen sich auch alle Stich- und Schneidewaffen präparieren und erhöhen so deren Gefährlichkeit. Wer partout nicht an totes Getier herankommt, muß sich mit seinem eigenen Blut solch Teufelsgebräu bereiten: er muß es nur immer wieder mit Wasser vorm Vertrocknen bewahren, bis es in Fäulnis übergeht.

Ein Legionär, den ich in Marseille traf, brachte mich auf die Idee, auch Tiergifte wirkungsvoll einzusetzen.

Vor einem Zoo-Fachgeschäft waren wir ins Gespräch gekommen, als wir uns beide für eine Boa Caninus, den grünen Hundskopfschlinger aus Südamerika interessierten, der dort ausgestellt war.

Als wir unsere gemeinsamen Interessen entdeckten, setzen wir uns auf ein Stündchen zu einem Espresso in ein Straßencafé. Ich erfuhr, daß er mit einer Französin verheiratet war und in einem Dorf in der Provence wohnte.

»Da habe ich an die fünfzehn Schlangen in meiner Wohnung. Fünfzehn Sandvipern.«

»Haben Sie die auch hier gekauft?«, wollte ich wissen.

»Nein. Sowas kauft man doch nicht. Wer, wie ich, jahrelang in der Sahara war, könnte sie säckeweise mit nach Hause bringen. Aber ich habe nur fünfzehn.«

Auch ich hatte einmal zwei Sandvipern gehabt. Ich mochte sie wegen ihres ausgeprägten Temperaments und der besonderen Genügsamkeit: eine Kiste mit warmen Sand, ein Versteck, ein Tropfen Wasser. Alle vierzehn Tage, vier Wochen, eine Maus. Ihre Anspruchslosigkeit schien mir typisch für alle Wüstenbewohner: ob Beduine, Grashalm oder Eidechse. So waren meine Sandvipern für mich ein Stück Wüste, ein kleiner Flecken Wildnis in meinem Haus, das seine Wildheit und seinen Reiz nie verlor. Denn nie werden Schlangen während der Gefangenschaft zutraulich. Immer bleiben sie eine latente Gefahr. Gegen ihren tödlichen Biß gibt es kein wirksames Serum. Schon kleinste Mengen ihres Giftes haben verheerende Folgen – Blutzersetzung, Gewebezerstörung, Nervenlähmung, Tod.

Als meine Tochter geboren wurde, gab ich die Vipern weg, nachdem mir eine um Haaresbreite entwischt war.

Das hatte ich dem Legionär erzählt. Ich hatte ihm wohl aus dem Herzen gesprochen, denn spontan bestellte er uns zwei Pernod. Dabei mag ich das Zeug überhaupt nicht, weil es mich an Medizin erinnert.

»Genau das ist es«, pflichtete er mir bei. »Sie bleiben immer wild. Meine Legionärskameraden meinten ›unberechenbar‹. Aber wer sich mit Reptilien auskennt, wird das anders ausdrücken: Sie bleiben ›berechenbar‹. Jeder Schlangenliebhaber weiß, wie groß der Bißbereich seiner Schlange ist. Er weiß auch, daß eine Schlange nie zahm wird oder schläft. Und wenn man das weiß, ist sie berechenbar.«

Er prostete mir ob seiner genialen Erkenntnis zu, und ich war gezwungen, einen weiteren Schluck dieses weißen Gebräus in meinen Kopf zu gießen. Was tut man nicht alles, wenn man mal einen Artgenossen, einen Schlangenfreund, trifft!

»Sandvipern sind meine ausgesprochenen Lieblingsschlangen, seit sie mir und meinem Kameraden vor ein paar Jahren im Tschad das Leben gerettet haben.«

Normalerweise hört man eher das Gegenteil – wer alles durch Sandvipern umgekommen ist. Entsprechend skeptisch muß ich ihn wohl angesehen haben, denn er erklärte sofort: »Ja, du hast richtig gehört. Die haben uns das Leben gerettet. Wir waren in die Hände von Aufständischen gefallen. Unser Tod war uns sicher. Wenn sie uns noch am Leben ließen, dann nur, weil sie noch Informationen aus uns herauspressen wollten.

Man hatte uns hinter einem Dornenverhau untergebracht. Tagsüber waren wir unbewacht, weil wir vom nahen Dorf aus gesehen werden konnten. Und nachts hockte ein Mann mit Maschinenpistole auf einem Lager aus Gras vier Meter vorm Verhau.

Unsere einzige Zuflucht vor der Sonne waren überhängende Felsen. Am Tage dösten wir dort vor uns hin. Abends, sobald es kühler wurde, brachte man uns frisches Wasser und Datteln.

So gestärkt, war man wieder voller Lebenswillen und schmiedete Fluchtpläne. Doch dann bezog der MP-Mann seinen Posten und verdammte einen zur Untätigkeit. Doch gerade dabei, beim Dösen, machte ich eine Entdeckung! Unter einem Stein fand ich vier Sandvipern.

Meine erste Reaktion war: Fangen, im Strumpf verstecken und im richtigen Moment den Leuten an den Hals werfen.«
»Ach so, und so seid ihr freigekommen?«, erriet ich den Schluß. Aber so simpel war es nicht. Die beiden Gefangenen rechneten sich aus, daß sie – auch wenn eine der Schlangen beißen sollte – auf jeden Fall noch erschossen werden würden.
Und die Tiere auf den Gegner zuzusteuern, war ebenfalls unmöglich, oder sie so zu verstecken, daß die Gegner mit Sicherheit gebissen würden (Stiefel, Teetasse, Schlafsack...) war auch ausgeschlossen. Schließlich saßen die Legionäre hinter dem Dornenverhau und kamen an diese Dinge nicht ran.
»Not macht erfinderisch: ich zapfte ihnen das Gift ab. Und das ist 'ne ganze Menge, wenn man die Drüsen massiert. Schon das Gift einer einzigen Schlange haut den stärksten Mann aus den Schuhen.«
Nun bekam ich große Ohren. Und den dritten Pernod.
»Wir berieten die ganze Nacht, was wir damit anfangen könnten. Mein Freund, ein Bolivianer, hatte mit den Fingernägeln aus der Rippe eines Palmblatts einen zahnstocherartigen Pfeil gerissen. Den tränkten wir immer wieder mit dem Gift, das in der Sonne sofort auskristallisierte. Das Gift in unserem Wasserbecher trocknete ebenfalls. Mit ein paar Tropfen Wasser konnten wir es aber flüssig halten und so – nach und nach – alles auftragen. Schließlich war der »Zahnstocher« dick beschichtet.
Mit unendlicher Sorgfalt hatte der Bolivianer vorher eine Sollbruchstelle um die Pfeilspitze gelegt und einen Widerhaken angebracht. Dann wickelte er um das Ende des Pfeilchens ein paar Baumwollfäden aus seinem Kopftuch. Das Ganze praktizierte er geradezu andächtig in ein winziges Blasrohr.« Trotz der drei Pernod hatte ich ungläubig gelächelt. Der wollte mich gründlich auf den Arm nehmen! Als ob überall die Blasrohre herumliegen! Wie dem auch sei: ob Wahrheit oder Fantasie, irgendwo wirkte die Geschichte wenigstens machbar.
Denn natürlich war es kein indianisches 3-Meter-Blasrohr, wie ich es erst vermutet hatte, sondern eines aus Papyrus-Schilfhalmen, die über-

all herumlagen. Es war nicht länger als bei uns Holunderröhrchen, mit denen man Erbsen verschießt. Und wer das schon einmal gemacht hat, weiß auch, welch eine Kraft hinter einem guten Schuß steckt.

Die beiden Gefangenen wollen dann abgewartet haben, bis der Wächter in tiefen Schlaf gesunken war.

Dabei kam ihnen das Glück zuhilfe, daß die Rebellen abends irgendeinen Alkohol getrunken und leicht beschwipst waren. Andererseits fror der Posten und er deckte sich mit einer Decke so zu, daß die sonst nackten Beine verhüllt waren. So beschlossen die Männer, ihm in die Augen zu schießen.

Der Bolivianer übte ein paarmal mit Dattelkernen und Steinchen auf ein totes Ziel. Dann legte er den Giftpfeil ein. Der Schuß saß in der Schläfe, denn der Mann hatte sich genau in dem Moment gedreht. Er schrie auf, faßte sich an die Stelle des Schmerzes, muß dabei das Pfeilende abgebrochen oder rausgerissen haben. Mit keiner Zelle seines Hirns vermutete er die Ursache seines Schmerzes bei den Gefangenen. Vielmehr mag er gedacht haben, sich beim Wälzen im Schlaf in einen Akaziendorn gelegt zu haben.

Doch das Gift wirkte schnell. Er faßte sich an den Kopf, vergaß seine MP und torkelte in Richtung Dorf. Seine Rufe wurden von Hundegebell im Dorf übertönt. Nach zwanzig Schritten setzte er sich hin und umklammerte seinen Kopf. Er fiel um und lallte. Aber er schrie nicht.

»Nach etwa fünfzehn Minuten war der Mann tot. Wir gruben uns unter dem Zaun hindurch, nahmen seine MP und sein Wasser und erreichten unsere Truppen. Und seitdem liebe ich Sandvipern.«

Auch heute, da ich mich dieser Erzählung erinnere, erscheint sie mir noch ein wenig fabelhaft. Dennoch ist sie zumindest gut erfunden. Zufälle spielen ebensooft eine Rolle wie das Improvisationstalent von Menschen in Notsituationen. Und oft genug ist die Fantasie ein Kümmerling gegen die Wirklichkeit.

92. Flucht

Mit all diesen Hilfsmitteln willst du nur eines erreichen: deine Freiheit. Sei es prinzipiell oder weil du unschuldig bist oder deine Strafe unangemessen hoch ist.

Es gibt Menschen und Tiere, die in Gefangenschaft binnen Stunden sterben. Ein Massai, länger als drei Tage in Haft, wird sterben. Er, der die Weite der Steppe gewöhnt ist, ist im Gefängnis dem Tode geweiht.

Das erkannte die britische Kolonialmacht in Kenia seinerzeit aufgrund böser Erfahrungen und strafte die Massai dann anders: Prügel oder Beschlagnahme von Rindern.

Sperrt man Huskies, die Eskimo-Hunde, in eine Transportkiste, sterben sie in ein bis zwei Stunden. Sie werden mit der Enge nicht fertig. Vielen Menschen geht es ähnlich.

Grundsätzlich hat jeder Gefangene »das Recht«, auszubrechen. Ob er aus kriminellen oder politischen Gründen einsitzt oder ob er Kriegsgefangener ist. Letztere haben sogar die Pflicht, alles zu versuchen, um sich wieder ihrer Truppen anzuschließen. Solche Flucht ist nicht strafbar.

Es gab im letzten Weltkrieg Engländer, denen die Flucht aus der Kriegsgefangenschaft gelang und die erneut gefangen wurden. Sie wurden dafür in der Regel nicht extra bestraft.

Ein Inhaftierter, der aus deutschem Gefängnis ausbüxt, wird bei erneuter Festnahme wegen seiner Flucht ebenfalls nicht bestraft. Aber man wird ihm seine Sondervergünstigungen streichen: Fernsehen, Urlaub, Arbeit, Besuchsstunde...

Das Problem aller Fluchten ist, daß man zumindest Sachbeschädigungen verursacht. Wenn man den Wärter niedergeschlagen hat oder gar den Tod eines Menschen verschuldet, dann darf man keinen Pardon erwarten.

Kriminelle, die ihre Flucht nicht mutterseelenallein ausführen, sondern Mithäftlinge darin verwickeln, machen sich der Anstiftung zur Meuterei schuldig. Helfer von jenseits der Mauern müssen mit Anklage wegen

Gefangenenbefreiung rechnen. Es gilt also, einiges zu bedenken, einiges gegeneinander abzuwägen.
Wie jedes Bravourstück ist das am besten, was am sorgfältigsten geplant ist. Es darf nichts dem Zufall überlassen werden. Das letzte Detail muß in die Planung einbezogen werden. Denn: eine mißglückte Flucht ist schwer zu wiederholen.
Eine Flucht, bei der niemand zu Schaden kommt, deren Erfolg allein auf der Genialität des »Erfinders« beruht, wird immer »honoriert« werden. Auch vom miesesten Richter.
Zu dieser Art Fluchten gehört auch die eines Mannes, der in der Türkei einsaß. Ich traf ihn in Aleppo (Syrien), von wo aus er Rachepläne gegen einen meineidigen Kaufmann schmiedete. Ihm hatte er wegen angeblicher Unterschlagung eine Verurteilung zu fünf Jahren Gefängnis zu verdanken.
Sein Fluchtplan war so simpel wie wirksam. Er wurde krank. Das heißt, er simulierte. Trotz der Bitternis, die immer noch in ihm nagte, gab er seine Taktik jetzt gern und schmunzelnd zum besten: »Ich fing ganz klein an. Wir hatten uns unter anderem ein Dame-Spiel gebastelt. Die Steine bestanden aus Dattel- und Olivenkernen. Für abends hatte ich mit meinem Mithäftling ein Spiel vereinbart. Als es Abend wurde, vergaß ich es absichtlich. Und als er mich daran erinnerte, bestritt ich, ihm dieses Versprechen gegeben zu haben. Natürlich spielte ich dann trotzdem und gern. Aber an mein Versprechen erinnerte ich mich scheinbar nicht.«
Ich hatte wohl irgendwie mehr erwartet und mußte ihn enttäuscht angesehen haben. Damit er es nicht merkte, nuckelte ich verbissen an meinem schwarzen Tee mit frischen Pfefferminzblättern. Er machte ebenfalls eine Pause. Wie ich bald feststellte, eine Kunstpause. Denn, wie gesagt, dies war ja nur der Anfang seiner »Krankheit«: nachlassende Konzentrationsfähigkeit. Der nächste Schritt waren simulierte Alpträume.
»Zitternd und wimmernd saß ich nachts auf meinem Strohlager. Wenn ich mich »unbemerkt« wähnte, griff ich mit den Händen in die Hüftgegend, als habe ich dort sporadisch Schmerzen. Dann bekam ich Anfälle.

Ich zitterte am ganzen Leib, griff mir alle Decken, um mich zu wärmen, weil mir kalt war. Das machte ich nicht etwa vor Zeugen, sondern wenn ich allein war.«

»Und was wollten Sie damit erreichen?« warf ich dazwischen. Ich sah noch keinen Sinn in seiner Geschichte.

»Warte nur. Eine gute Flucht braucht Zeit. Die Anfälle, die ich allein praktizierte, waren eine gute Übung. Irgendwann sah mich doch jemand. Oder ich richtete es so ein. Er fragte mich besorgt, ob er mir helfen könne. Und ich beschwor ihn, nichts zu melden, gleich wäre es vorüber. Ich wüßte auch nicht, was das sei. Früher hätte ich das nie gehabt und nun schon wiederholt. Der Umstand, daß man nicht gleich nach dem Arzt ruft, war ein sehr wesentlicher Bestandteil meines Planes. Ich bekam die Anfälle dann öfter. Durch Training hatte ich gelernt, Blut zu spucken. Das war überhaupt kein Problem: bei geschlossenem Mund übte ich einen starken Saugdruck auf mein Zahnfleisch aus. Das hatte zur Folge, daß es blutete. Mit Speichel vermischt, ließ ich dieses Blut aus den Mundwinkeln fließen. Eine tolle Wirkung!« Der Türke klopfte sich vor Begeisterung auf die Schenkel.

Seine Zellengenossen machten irgendwann doch Meldung bei der Gefängnisleitung und so wies man ihn ins Gefängnishospital ein.

»Was soll ich hier? Ich bin nicht krank«, beschwerte er sich noch. Aber nun war er dort gelandet. Jetzt wurde er mit Besessenheit untersucht. Jemand, der aufgrund von Zeugenaussagen offensichtlich krank war, die Krankheitssymptome aber bestritt oder verniedlichte, war bestimmt krank, vielleicht Epileptiker oder gar geistesverwirrt oder sonstwas. Er geriet vor allem nicht in den Kreis derjenigen Verdächtigen, die beim geringsten Wehwehchen ausdrücklich verlangten, ins Hospital verlegt zu werden. Mein Türke war über solchen Verdacht erhaben und – entkam. Weil Hospitäler meist nicht so bewacht sind wie die Gefängnisse selbst. Und weil sein Plan den Umständen entsprechend gut durchdacht war.

Aber es gibt auch jene Fluchten, auf denen man gejagt wird. Deine Flucht wird entdeckt und nun sind sie alle hinter dir her. Wie eine Meute gieriger Hunde. Du läufst um dein Leben. Die Zunge hängt dir sonstwo. Die Lunge will nicht mehr. Deine Luftröhre schmerzt von der durchgestoßenen Luft. Deine Beine flattern und wollen wegklappen. Dein Herz rotiert. Du bist klatschnaß. Du glaubst, daß du ihnen nicht entkommen kannst. Sie sind zuviele. Sie kennen das Gelände. Sie haben Waffen. Du selbst hast nur deine Beine und die Angst.

Und damit beginnen schon deine Chancen. Damit bist du ihnen mit etwas Glück bereits überlegen. Sie hetzen dich nur aus Rache, aus Habgier, aus Jagdeifer, aus Wut oder im Auftrag von Berufs wegen. Das alles sind Jagdmotive, aber die zusammen sind nicht ein annähernd so starker Motor wie deine Angst ums nackte Leben: dir dröhnt der Schädel, du meinst, die Sinne zu verlieren, dein Darm und die Blase entleeren sich ohne deinen Willen, ohne daß du es verhindern könntest. Du rennst. Und du hast Chancen.

Sobald du es für richtig hältst, drossele deinen Lauf und spare Kraft. Versuche, dich in die Nacht hineinzuretten, in den Regen, ins Gewitter, den Sturm. Fliehe durchs Wasser oder über Felsen. Vermeide so Spuren, erschwere es den Häschern zumindest, dir zu folgen. Häng die Hunde ab. Viele Hunde sind nicht nur des Hasen Tod. Gegen einen oder zwei kommst du an. Aber sie rauben dir Zeit. Häng sie lieber rechtzeitig ab. Erschlag sie mit dem Stock oder Steinen. Mit der Hand kannst du sie nicht greifen. Sie verbeißen sich. Stell dich dabei vor einen schützenden Hintergrund. Sonst umkreisen sie dich. Einer packt dich am Gelenk. Du stürzt. Das wäre dein Ende. Wenn du doch einen zu fassen kriegst und ihn nicht so schnell töten kannst, dann brich ihm ein Bein. Das geht schneller, als ihn ohne Hilfsmittel zu töten und erspart dir wertvolle Sekunden. Wenn einer der Jäger dich erreicht, erinnere dich der Kunst des Karate.

Karate lernt man daheim in Karate-Clubs oder mit einem Partner nach einem Buch. Das rein theoretische Selbststudium ohne Partner nur mit Fantasie ist unzureichend.

Der Karatekämpfer ist bestrebt, den Blutkreislauf des Gegners zu unterbrechen. Das gelingt ihm mittels der Handkantenschläge, Fingerstiche, des Daumenstachels und der Fußspitzen. Dazu muß man die schmerzempfindlichen Stellen des Körpers kennen (Abb. S. 312).

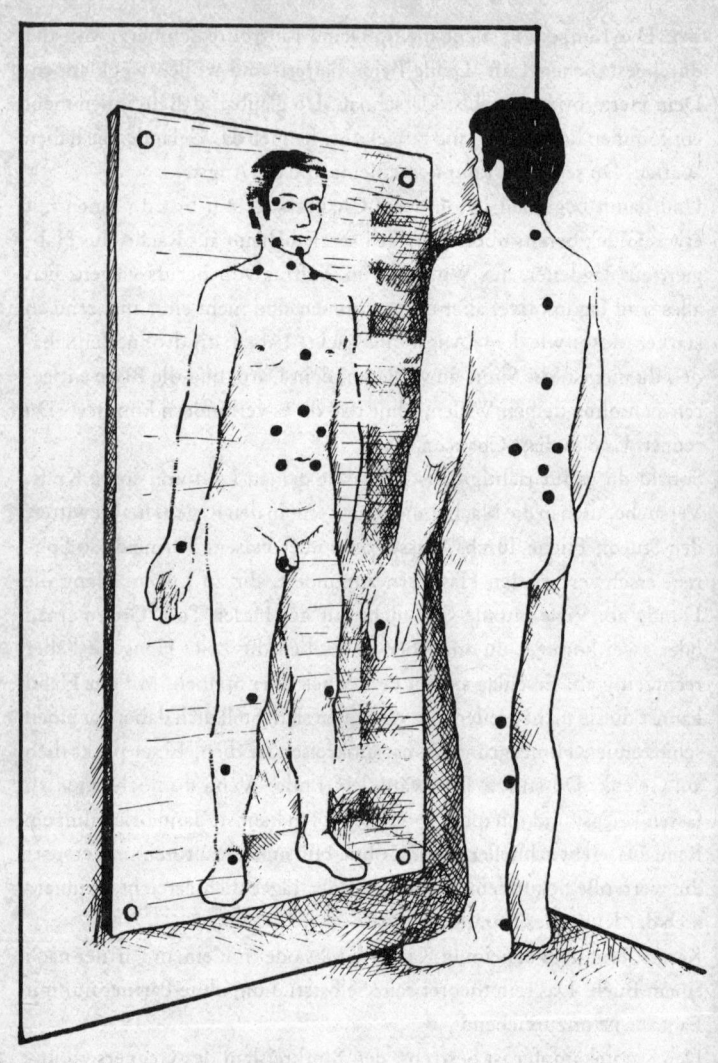

Karate ist ein schneller Kampf. Man ist bestrebt, den Gegner nicht an sich heranzulassen. Man vermeidet das langwierige Gerangel wie zum Beispiel beim Ringen, das wertvolle Sekunden raubt. Man erledigt den Gegner blitzschnell auf Kurzdistanz: per Hand und Fuß. Und das brauchst du in diesem Falle.

Die Wirkungsweise des Karateschlages beschreibt

Alfred Hasemeier

einleuchtend in seinem Lehrbüchlein

»Karate-Spitzenklasse«:

»Aus einem großen Weinfaß, welches hochsteht, ragt ein Schlauch heraus. Der Schlauch wird angesaugt, und der Wein fließt aus dem Faß durch den Schlauch. Lege ich hinter den Schlauch eine ausgestreckte Hand und schlage mit der Handkante kräftig, jedoch federnd auf den Schlauch, so hört der Lauf des Weines durch die Leitung auf.

So arbeitet auch der Blutkreislauf beim Menschen. Wird dieser unterbrochen, tritt eine Blutleere im Gehirn ein. Bewußtlosigkeit ist die Folge.«

Der, dessen Fäuste zu schwach sind, muß zum Stein, zum Knüppel greifen. Er soll auch daran denken, welche Kraft sein Gebiß hat und versuchen, die Halsschlagadern zu erreichen. Um jemanden schnell und lautlos zu erledigen, gibt es zwei Punkte. Sie muß man mit aller Wucht treffen: die Stelle zwischen Kreuz und Lende oder zwischen den Schulterblättern unterhalb des Nackens. Das sind Stellen, die sich auch in der Dunkelheit gut ausmachen lassen.

Wer keinerlei Schlaggegenstände hat und nur die Kraft, die ihm aus Angst und Verzweiflung erwachsen ist, der muß sein Opfer durch Unterbrechung des Gehirn-Blutkreislaufs unschädlich machen: Ein starker Handkantenschlag auf eine Halsschlagader hat zumindest den Erfolg einer kurzen Ohnmacht. Ein Schlag vor den Kehlkopf dürfte meist tödlich sein. Das Abdrücken der Halsarterien – wo sie liegen, lernt man im Erste-Hilfe-Kursus – braucht man nur drei Sekunden durchzuhalten. Dann ist der Gegner vorübergehend ausgeschaltet. Das ist eine unvergleichlich schnellere Methode als das Würgen.

Springt dein Gegner dich dennoch an und gelingt es ihm, dich zu umklammern, aber du bist in Karate nicht so bewandert, dann erinnere dich zumindest der Tricks, die man beim Rettungsschwimmen gelehrt bekommt.

Umklammerung von vorn: Kopf des Angreifers nach hinten biegen. Schaffst du es nicht, stich ihm mit den Fingern in die Augen, schlag ihm vor den Kehlkopf (das wird natürlich nicht beim Rettungsschwimmen gelehrt).

Klammer von hinten:

Finger aufbrechen. Ein einziger genügt. Sind deine Arme gefesselt, so tritt gegen Schienbein, Hoden oder ramm dem Angreifer deinen Kopf gegen den seinen. Gleichzeitig entschlüpfst du seiner Klammer, indem du sie mit den Armen hochdrückst.

Das alles erzählt sich langsam. In Wirklichkeit muß die Abwehr des Angreifers blitzschnell erledigt sein. Eine Frage der Übung. Aber du bist frei und läufst weiter. Wenn's geht, halt manchmal inne und verschnauf. Atme tief durch. Das klärt die Sinne. Sie sind sich sicher, daß du schnurgerade zur Grenze willst, zum rettenden Fluß, zu dem Sympathisanten oder ins versteckreiche Gebirge. Vielleicht liegen sie dort schon auf der Lauer. Lauf also dahin, wo sie dich nie vermuten würden. Flieh in ihre Hochburgen und nicht dorthin, wo sich jeder Flüchtling verkriechen würde: auf den Baum, ins Gebüsch, in die Mulde, einen kleinen Wald. Buddel dich im Sand ein, tauch ins Wasser und atme durchs Schilf. Tauch dorthin, wo sie sich fürchten oder ekeln: zu den Krokodilen.

Oder in die Grube eines Plumps-Klosetts. Der Vater eines Freundes entkam so den Russen und ihren Spürhunden aus der Gefangenschaft. Dorthinein zu springen war gar keine Frage. Der Überlebenswille kennt keinen Ekel, keine Hemmungen. Der Gestank des Kots überdeckte bei weitem seinen Körperduft. Die Hunde witterten ihn nicht. Die Verfolger suchten woanders, gaben schließlich auf. Erst als die Gefahr vorüber war, der Versteckte aber noch nicht herauszutauchen wagte, setzte das Bewußtsein wieder ein, der Ekel. Der Mann rettete sein Leben und gewann die Freiheit, aber er verlor für den Rest seines Lebens das Riechvermögen.

Bei all deinen Handlungen: unterschätze deinen Gegner nicht. Lieber überschätze ihn. In deiner mißlichen Situation ist jetzt ein einziger Fehler genau einer zuviel.
Versetz dich immer wieder in die Lage der Häscher: wo würdest du hier einen Gejagten am ehesten suchen? Genau dorthin darfst du unter keinen Umständen. Das hinter einem Bild versteckte Geld findet jeder Einbrecher. Aber das, was mitten auf dem Tisch liegt, übersieht er.
Nach diesem Prinzip mußt du dich verstecken. So kannst du vielleicht entkommen.

Ganz anders kann eine Flucht in der Stadt aussehen. Du kennst dich in der fremden Stadt nicht aus. Wo soll man sich hier verstecken? Die Häscher sind schon hinter dir her, und du weißt nicht, wohin du dich verkriechen sollst.
Dann bietet die Kanalisation einen Ausweg. Jede halbwegs kultivierte Stadt hat, zumindest unter den Hauptstraßen, ein Kanalisationsnetz.
Es besteht – wie die Flüsse eines Landes – aus Haupt- und Nebenströmen. Mit Hoch- und Niedrigwasser. Je nachdem, ob du bei Tage untertauchst oder bei Nacht.
Kanalröhren können über mannshoch sein oder so eng, daß man sie nur kriechend durchrobben kann. Aber man kommt voran, sofern man die Orientierung nicht verliert. Manche Kanäle sind beschriftet wie Straßen. Natürlich braucht man dann Licht, um das lesen zu können. Man darf überdies nicht geruchsempfindlich sein. Hier unten wabert die Kloake der Oberwelt.
Als Orientierungshilfe gilt grob das, was bei Flüssen im Urwald gilt: jedes Rinnsal fließt in ein anderes, zwangsläufig müssen die Rohre in Strömungsrichtung größer werden. Das heißt, man kommt schneller voran. Man muß sich nicht mehr bücken.
Um Entfernungen bemessen zu können, müssen die Schritte gezählt werden.
In Kanalschächten ist es immer angenehm warm. Am leersten sind sie nachts, wenn die Menschen schlafen und nicht WC-, Bade- und Industriewasser die Rohre füllt.

So angenehm die Wärme ist, so gefährlich können die Verwesungsgase sein, die sich in dieser Wärme bilden. Aber auch andere Gase können für Überraschungen sorgen. In Hamburg wären 1979 beinahe zwei Sielarbeiter in einer Chlorwolke erstickt. Sie breitete sich urplötzlich aus, als ein großes Hallenbad sein Wasser abließ.

Besonders wenn der Wasserfluß ruhig ist, sollte der Flüchtling leise sein, weil Geräusche durch das Gefüge der Rohre sehr weit geleitet werden.

Die Schwierigkeit der Flucht im Kanal sind Einstieg und Ausstieg. Und zwar deshalb, weil die Kanaldeckel sehr schwer sind. Wer zu schwach ist, kann es mit einem Hebel versuchen. Besser ist ein Wagenheber, oft läßt er sich aus einem Auto entwenden. Wer diese Thematik von vornherein in irgendwelche Pläne einbeziehen will, der möge zu »Friedenszeiten« an einer Kanalbesichtigung teilnehmen. Fast in jeder Stadt kann man über die zuständige Behörde einen solchen Ausflug arrangieren.

»ich fühlte mich wie neugeboren. Diese reine Luft, das Licht, die Weite. Ich glaube, da unten wäre ich erstickt.«

Wir hatten in Hamburg Gelegenheit, uns einer Abwasser-Kanalbesichtigung anzuschließen. Man gönnt den Kanalarbeitern von Herzen ihre Schmutzgeld-Zulage. Denn es ist kein einfaches Arbeiten.

Dabei waren wir noch eine Gruppe von zehn Personen gewesen und für nur dreißig Minuten untergetaucht. Wie muß einem zumute sein, der da allein umherirrt, dem die Ratten vor den Füßen davonhuschen? Aber ich glaube, die Frage stellt sich nicht für einen Flüchtling.

Sein Problem ist das Auftauchen und das Kontakten etwaiger Freunde.

Ein Reporter des Hamburger Abendblattes schrieb am 19. 1. 1980 über seinen Ausflug in die Unterwelt u. a.:

»... eine akustische Fata Morgana. Sie klingt wie das Knirschen und Kauen, das Mahlen und Brechen, das Ätzen und Zersetzen von Milliarden Amöben, Spaltpilzen und Bakterien. Eine Sinfonie der Verwesung. Noch drei Stufen, zwei, eine. Endlich: Lärm und frische Luft. Unten spielt das Orchester. Immer wieder das gleiche Stück.«

Wer nach seiner Flucht keine Freunde hat in einer wildfremden Stadt, ist arm dran. Er muß andere Helfer finden. Es gibt sie überall. Unter dem katastrophalsten Regime. Dabei meine ich nicht die bezahlten, die einen verpfeifen, sobald sie irgendwo ein paar Pfennige mehr geboten bekommen.

Such dir andere Helfer. Eine Faustregel sagt, daß gerade jeder noch so Mächtige seine Rivalen, seine Gegner, seine schwachen Punkte hat. Die herauszufinden, hattest du während der langen Haft viel Zeit.

Aber vielleicht hattest du sogar das große Glück, über Mithäftlinge Namen und Adressen von Regimegegnern, Oppositionellen zu erfahren, die sich in Freiheit befinden, die hier in der großen Stadt leben. Du weißt das alles ebenso genau, wie du den Stadtplan auswendig kennst, den deine Zellenkameraden dir immer wieder aufgezeichnet haben.

Natürlich darfst du solche Helfer nicht direkt ansteuern. Sie sind der Polizei bestimmt als verdächtig bekannt. Sie werden überwacht und du wirst dort vermutet und erwartet.

Diese Helfer zu kontakten, ist dein Problem. Aber ein lösbares. Denn überall gibt es Telefone. Und Telefone sind die sicherste Möglichkeit, Verbindungen anzuknüpfen.

Nie ruft man an von Privattelefonen. Man benutzt Zellentelefone und wechselt sie bei jedem Gespräch. Alle Gespräche können ermittelt werden. Sowohl woher sie kommen, als auch wohin sie gehen. Da Anschlüsse verdächtiger Personen ständig auf Band gezeichnet oder gar direkt mitgehört werden, darf nie etwas Belastendes gesagt werden. Codeworte müssen denkbar unverfänglich und einfach gewählt werden.

Wird jemand garantiert überwacht, soll man besonders lange, langatmige, langweilige Gespräche führen, weil es die Horcher ermüdet. Das Wichtige wird dann zum Schluß und verschlüsselt gesagt. Oder aber man macht kurze Mitteilungen ohne Umschweife. Vor allem, wenn man selbst von der Polizei gesucht wird. Ein solcher Anruf darf zwei Minuten nicht überschreiten. Hat man mehr zu sagen, ruft man von woanders erneut an. Wieder nur zwei Minuten. Nach unregelmäßigen Pausen, aus völlig anderem Gebiet.

Viel riskanter als Telefonate können Briefe sein, schriftliche Mitteilungen, die man weiterreichen muß. Sie sind die besten Beweise.
Wenn schriftliche Mitteilungen wirklich unumgänglich sind, dürfen sie nie auf identifizierbarem Papier stehen. Also nichts mit Wasserzeichen, deinen Initialen oder Teilen aus deiner Zeitung, solange der Rest noch auffindbar ist. Schriftliches wird nicht in Handschrift notiert und nicht mit der Schreibmaschine, sondern in sauberer Blockschrift. Der Text muß überdies unverfänglich wirken. Er darf dem unbefugten Leser nichts verraten. Aus diesen einleuchtenden Gründen lernt man Geheimnisse auswendig. Aber wie transportiert man die mündliche Nachricht, den Brief weiter?
Der sicherste Weg ist der von Mensch zu Mensch. Aber schon dabei ist Wichtiges zu beachten. Abhöranlagen, sensible Richtmikrofone, aber auch die großen Ohren der Nachbarn, Untermieter, des Hotelpersonals: sie alle können dich verraten. Deshalb meidet man Außenwände und Wände zu Fluren und Nachbarn. Darüber hinaus übertönt man wichtige Gespräche mit dem Lärm z. B. des Radios, Fernsehers oder dem laufenden Motor des Autos. Das Wesentliche spricht man leise, Banales in normaler Lautstärke.
Für Treffs aller Art gilt es, Sicherheitszeichen zu vereinbaren. Steht der Blumentopf links am Fenster oder ist die Gardine zurückgezogen, brennt auf dem WC Licht, heißt das: Gefahr! Nicht raufkommen! Diese Zeichen müssen von weitem erkennbar sein. Der Herankommende hat dann reichlich Gelegenheit einen anderen Weg zu wählen.
Trifft man sich in der Öffentlichkeit, wählt man natürliche Menschenansammlungen: Restaurants, Märkte, Bahnhöfe. Entweder man kennt sich oder man benutzt Codeworte, um sich zu erkennen zu geben. Als allererstes wird der nächste Treffpunkt vereinbart, für den Fall einer unerwarteten plötzlichen Trennung. In Ländern, wo alles und jeder überwacht wird, ist es wichtig, den Kontakt zu den Freunden nie abreißen zu lassen. Vermeide es, dich zweimal am selben Ort zu treffen, zweimal denselben Weg zu gehen. Hat man geschriebene Nachrichten zu übergeben, setzt man sich zu seinem Mittelsmann an den Tisch.

Dann konstruiert man ein natürliches gemeinsames Gespräch. Unverfänglich sowohl für Zuhörer als auch für Betrachter ist die »hübsche Frau da vorn«, »darf ich mal den Zucker haben?«, »hätten Sie mal Feuer?«, »wissen Sie, ob es hier Espresso gibt?«. Das alles sind typische Redewendungen, die niemanden auffallen und die sich endlos weiterspinnen lassen.

»Ja, aber die wartet hier auf ihren Freund.«
»Kaffee trinkt man doch ohne Zucker.«
»Ist Ihnen die XY-Zigarette nicht zu stark?«
»Trinken Sie auch so gern Espresso? Ich finde es interessant, daß sich diese italienische Spezialität jetzt endlich bei uns durchgesetzt hat...«

Im Verlaufe dieser unverbindlichen Plaudereien läßt man die Streichholzschachtel mit doppeltem Boden oder hohlem Etikett liegen, die Zigarettenpackung, die Zeitung...

Der einfachste Weg, sich eine Notiz per Zeitung zuzuschmuggeln, ist, die Nachricht mit Bleistift in die dicken schwarzen Buchstaben von Überschriften zu schreiben. Hält man sie dann später im bestimmten Winkel gegen das Licht, läßt sich die Mitteilung lesen.

Oder man schneidet ein Inserat aus und klebt es haargenau über dieselbe Anzeige in einem zweiten Exemplar derselben Zeitung. So hat man eine Tasche, in die man Nachrichten stecken kann. Benötigt man zur Weitergabe Mittelsmänner, erhöht das gleichzeitig die Gefahr der Entdeckung. Nie darf ein Nachrichtenträger den Absender und den Endempfänger kennen. Er empfängt von einer Kontaktperson und überreicht an eine Kontaktperson.

Eine weitere, sehr viel praktizierte Art der Nachrichtenübermittlung ist der sogenannte »Tote Briefkasten«.

Das sind kleine Verstecke in unproblematischen Örtlichkeiten, wie Telefonzellen, Toiletten, Treppenfluren. Schon weit vor dem Toten Briefkasten passiert der Empfänger das »Sicherheitszeichen«. Das ist die besagte zurückgezogene Gardine, das an einer bestimmten Stelle parkende Auto, der Besen neben der Tür. Sie alle sagen ihm: die Luft ist rein, das Versteck existiert noch.

Direkt am Versteck befindet sich ein weiteres Zeichen: das »Bedienungszeichen«.

Hierbei handelt es sich um ein winziges Signal. Zum Beispiel eine Heftzwecke. Es muß jedenfalls etwas sein, das nicht per Zufall oder beim Reinigen der Telefonzelle weggenommen wird. Das Bedienungszeichen sagt dem Empfänger, ob das Versteck überhaupt eine Nachricht enthält oder ob er sich die Mühe des Nachsehens ersparen kann.

Wichtig ist bei allen Toten Briefkästen, daß man die Briefe entnehmen kann, ohne die geringste auffällige Bewegung. Man darf also nicht erst klettern oder sich bücken müssen.

Ferner muß man ein Alibi für das Betreten der Telefonkabine, der Toilette haben. Man muß irgendein Telefongespräch führen, man muß die Toilette tatsächlich benutzen. Ob jemand zuschaut oder nicht.

Da manche Nachrichten mitunter wochenlang im Versteck liegen, sollten sie wetterfest verpackt sein.

Spielende Kinder dürfen sie nicht per Zufall entdecken.

Auch Nachrichtenübermittlung sollte man im Rahmen seines Trainings üben. Für Kinder und Jugendliche ist es ein aufregendes Spiel. Man wird feststellen, wie schwer es ist, sich natürlich zu bewegen, wenn man etwas zu verbergen hat.

Das gilt ganz besonders auch fürs endgültige Untertauchen, fürs Verschwinden in die Freiheit, die Sicherheit.

Du spürst, daß tausend Augen dich beobachten und trotzdem sollst du mit selbstverständlicher Lässigkeit, mit größter Natürlichkeit verschwinden. Du darfst dich nicht umschauen, obwohl du schon ganz nervös bist, weil der Typ mit dem blauen Pulli dir seit zehn Minuten folgt. Du kannst dir nicht sein Gesicht merken. Das ist im Moment auch Nebensache. Leichter läßt sich seine Garderobe merken.

Stelle dich lieber vor die Auslage eines Schaufensters und versuche, im Spiegelbild der Scheibe etwaige Verfolger ausfindig zu machen. Du kannst dich auch schon mal umdrehen. Doch dann muß es einen Grund haben, es darf nicht Unruhe sein. Die schöne Frau, die eben an dir vorbeiging, wäre ein verständlicher Grund. Oder ein Auto, das besonders auffallend ist.

Du solltest nicht ständig die Straßenseite wechseln, um nach links und rechts sehen zu können. Das fällt auf. Auch wenn du bei Regenwetter betont langsam gehst, ist das unnatürlich.
Schleiche nicht wie die Katze um den heißen Brei. Wer Umwege macht, weil er Verdacht geschöpft hat, muß sie so durchführen, daß sie verständlich werden. Er muß sich eine Zeitung kaufen oder eine Auskunft einholen. Das Verlassen von Geschäften eignet sich recht gut, die Straße kurz genauer zu betrachten. Bekanntlich kann man sehr gut hinausschauen und nur schwer hinein. Sprich deine Freunde nie an, wenn Fremde dabeistehen. Sei unter allen Bedingungen toppünktlich. Das Äußerste, das du warten darfst, sind zwei Minuten. Genaue Uhren sind dafür Voraussetzung.
Hat man sich seines Auftrags entledigt, geht der Wichtigere von beiden zuerst. Das ist eine wesentliche Regel. Tagsüber wird man sich mehr an der Hausseite der Gehwege bewegen, damit man von vorbeifahrenden Autos weniger gut erkannt wird. Und nachts wird man die Gehwegkante bevorzugen, um Überraschungen aus Häusernischen vorzubeugen. So müßte das Verschwinden eigentlich gelingen.

Andere Länder, andere Sitten

93. Andere Länder, andere Sitten

Wer all die tausend Tips und Tricks gelesen hat, der mag zu der Konsequenz neigen:
Nun weiß ich, wo ich meinen Urlaub verbringe: Ich bleibe zu Hause.
Dabei war es keinesfalls das Anliegen dieses Buches, Stubenhocker zu züchten. Ganz im Gegenteil. Es soll reiselustige Mitmenschen anspornen, sich öfter und länger einen Urlaub zu gönnen. Nie darf man vergessen, daß die hier aufgezeigten Unfälle Einzelfälle bleiben, gemessen an den Massen von Touristen, die ständig durch die Welt wogen.
So betrachtet denkst du jetzt vielleicht: »Genau! Das Risiko ist so gering. Wie soll da gerade mir was passieren?!«
Dabei geht das blitzschnell. Andere Länder haben andere Sitten. Ehe du dich versiehst, kommst du damit in Konflikt. Und dann schützt dich deine Unwissenheit nicht vor Strafe. Das ist in der BRD genauso. Dieses Buch mag deine Mißhelligkeiten reduzieren. Gänzlich ausschließen kann es sie nicht. Dafür ist die Welt zu groß, zu verschieden, zu kurios.
Du kannst nicht mehr einfach Papier auf die Straße werfen. In Singapur kostet das 200 Singapur-Dollar Strafe!
Respektiere die Lebensgewohnheiten und die Mentalität der Bevölkerung deines Gastlandes. Bade nicht nackt, wo man prüde ist.
Was für dich in Deutschland selbstverständlich war, kann hier strafbar sein. Oder wußtest du, daß es bereits strafbar ist, wenn man Briefmarken aus der Tschechoslowakei mitnimmt?
Und du erinnerst dich: Wenn du in Saudi-Arabien einen Verkehrsunfall verursachst, hast du allein schuld, obwohl du die Vorfahrt beachtet hast. Denn: wärst du nicht ins Land gekommen, hätte sich der Unfall nicht ereignet. Oder ist das so unlogisch?
Im Verlaufe der einzelnen Kapitel hast du auch schon von vielen anderen Möglichkeiten des Mißverständnisses gehört. Denke an die Frauen, die man in islamischen Ländern nicht ansprechen sollte, denke daran, bei den Moslems nicht mit der linken, unreinen Hand zu essen oder deinen Hund zu tätscheln. Bei den Beduinen kannst du rülpsen – aber mach das mal zu Hause.

In sehr vielen Ländern ist es nicht der Staat, der dir die Schuld nachweisen muß. Du wirst verdächtigt, aus welchem Grunde auch immer und sei es auch nur, um der Öffentlichkeit einen Täter präsentieren zu können. Und deine Aufgabe ist es nun, deine Unschuld zu beweisen! Und das tu mal vom Gefängnis aus, der Sprache nicht mächtig.

Man muß nicht erst nach Fernost reisen, um Ärger zu bekommen. In Holland gelten Stilette als Waffe. In Italien genügen bereits gefährliche Werkzeuge.

Das Auswärtige Amt warnt in einem Ratgeber »Urlaub '79« auch ausdrücklich vor der Gefahr des Spionageverdachts bei Nichtbeachtung der Fotografierverbote. Fotografiere keine Brücken, wenn du im Zweifel bist. Frage vorher! Jedes Gebäude, jeder Gebirgszug kann ein militärisches Objekt sein.

Wenn du als Tramper nicht das empfehlenswerte Interrail-Ticket dem Autostop vorziehst, kann es dir in der Türkei zum Beispiel passieren, daß das Auto, das dich feundlicherweise mitgenommen hat, an der Grenze in deinem Paß vermerkt wird.

Genauso fatal kann es sein, wenn du im Gedränge des Grenzübertritts gar keinen Einreise-Stempel kriegst. Der Ärger kann dich ein Vermögen kosten!

Sehr vorsichtig sollte man beim illegalen Devisentausch sein. Je günstiger der Schwarzmarkt-Kurs, desto höher in der Regel die Strafe für unerlaubtes Tauschen, bei dem du außerdem leicht mit Falschgeld reingelegt werden kannst. Deswegen tauscht man Schwarzgeld nur auf Empfehlung sicherer Bekannter in eigenen Räumen mit Zeugen, nie in finsteren Gassen. Erst wenn du in Ruhe nachgezählt hast und sicher bist, daß das Geld noch gültig ist, kann der Wechsler gehen.

Wenn du als Mann in Australien an einen Baum pinkelst und ein Polizist das sieht, wirst du viel Pinke-Pinke los: hohe Geldstrafe wegen Erregung öffentlichen Ärgernisses.

Beim Bezahlen einer Cola im Königreich Sikkim (Ostasien) fiel einem Touristen die Banknote hin. Der Wind drohte sie fortzuwehen. Deshalb trat er geistesgegenwärtig mit dem Fuß drauf. Unglücklicherweise trat er dabei auf das Konterfei des Königs, das jeden Geldschein ziert. Majestätsbeleidigung: Anderthalb Jahre Gefängnis.

Dieses Buch mit seiner ganzen Vielfalt – vom Alltagsmißverständnis bis hin zum seltenen Extremfall – soll dein Selbstvertrauen steigern. Es soll dir den letzten kleinen Schubs geben, den du brauchst, um abzureisen. Es soll dich lehren zu überleben, um wirklich zu leben: damit du teilhaben kannst an den kleinen und großen Freuden einer Reise. Du sollst den Reiz erfahren, Freunde in aller Welt zu finden, sie näher kennenzulernen, ihre Andersartigkeit zu tolerieren, dich anzupassen. Jeder kleine Schritt – deiner, meiner – auf den Fremden zu, bedeutet Annäherung, Verständigung. Und die tut bitter not. Hilf mit, daß wir alle ein wenig zusammenrücken.

Reiß dich los vom Alltagstrott und fahr einfach los. Wer lange zaudert, wird den Absprung nie schaffen. Er wird von Tag zu Tag mehr gefangen werden von seinen wachsenden Verpflichtungen als Mieter, Arbeitnehmer, Ehepartner oder Elternteil. Dabei ahnt er nicht, was ihm alles entgeht: welcher Reichtum an Entdeckungen mannigfaltigster Art selbst im letzten Winkel dieser Welt, welche Bereicherung an Eindrücken, von denen er noch im hohen Alter zehren kann, die ihn geistig mobil halten, die seinem Leben erst Inhalt geben!

Zu Hause bleiben, nur, weil es dort »sicherer« ist und »ruhiger«, empfand ich auf lange Sicht immer wie das Tier den Käfig, der Häftling die Einzelhaft. Wenn ich nicht reisen dürfte, würde ich verkümmern an innerer Verblödung, Verarmung.

Unsere Generationen haben das Glück, sich fast uneingeschränkt in der Welt umsehen zu dürfen. Unseren Ahnen war nicht so viel Freiheit beschieden. Diese Freiheit sollten wir einerseits nutzen und andererseits mit allen Mitteln erhalten.

Reisen sind ein solches Mittel.

Also: Fahr los und komm gesund wieder.

Anhang

94. Bibliographie

1. *ABC des Tauchsports*, Walter Mattes, Neptun-Bücherei, 1964
2. *Abenteuer unter freiem Himmel*, Andrea Mercanti, Mosaik Verlag, 1976
3. *Allein über den Ozean*, Dr. Hannes Lindemann, Edition Maritim, 1979
4. *Auf Wunder ist kein Verlaß*, Cord Christian Troebst, Econ Verlag, 1970
5. *Bergsteigen heute*, Hermann Huber, Bruckmann München, 1975
6. *Danakil*, Rüdiger Nehberg, Ernst Kabel Verlag, 1979
7. *Desert Survival*, Dick + Sharon Nelson, POB 217, Glenwood, New Mexico 88039, 1977
8. *Drei Mann, ein Boot, der Blaue Nil*, Rüdiger Nehberg, Mundus-Verlag, 1974
9. *Drei Mann, ein Boot, zum Rudolfsee*, Rüdiger Nehberg, Mundus-Verlag, 1978
10. *Erste-Hilfe-Fibel*, DRK, Friedrich-Ebert-Allee 71, 5300 Bonn
11. *Gefechtstaktik II*, Major v. Dach, SUOV, Mühlebrücke 14, CH-2500–Biel, 1969
12. *Genfer Abkommen*, Bundesministerium für Verteidigung, 5300 Bonn, 1958
13. *Gesundheitsbüchlein für die Tropen*, Dr. E. v. Haller, Georg-Thieme-Verlag, 1951
14. *Giftpflanzen-Gifttiere*, Horst Altmann, BLV Naturführer, 1979
15. *Grzimeks Tierleben, Band 13*, Kindler-Verlag, 1968
16. *Haie*, Dr. Irenäus Eibl-Eibesfeldt, Neptun-Bücherei, 1965
17. *Handbuch für Abenteuerreisen*, Max Schäfer, Arena, 1979
18. *Jägerprüfung, Die*, Dr. Richard Blase, Verlag J. Neumann-Neudamm, 1968
19. *Kämpfen und Durchkommen*, Ebeling-Engelbrecht, Verlag Wehr + Wissen, 1967
20. *Karate Spitzenklasse*, Alfred Hasemeier, Franckh, 1968
21. *Kuatsu, Kunst der Wiederbelebung*, Alfred Hasemeier, Franckh, 1968
22. *Land-, Luft- und Seekriegsrecht*, Bundesministerium für Verteidigung, 5300 Bonn, 1960
23. *Leben wie Robinson*, Brian Hildreth, Schneider, 1976
24. *Die letzten Könige von Thule*, Jean Malaurie, Krüger
25. *Liebe und Haß*, Dr. Irenäus Eibl-Eibesfeldt, Piper, 1970
26. *Schmerzfrei durch Fingerdruck*, Lutz Bernau, Goldmann Medizin, 1975
27. *Sicher wohnen*, Kriminalpolizeiliche Beratungsstelle, Beim Strohhause 31, 2000 Hamburg 1
28. *Survival, Search and Rescue*, US Air Force Manual, US Government Printing Office, Washington, DC 20402, 1969

29. *Totale Widerstand, Der* (nicht mehr erhältlich), Major v. Dach, SUOV, Mühlebrücke 14, CH-2502-Biel
30. *Tips & Tricks für Tramps und Travellers*, Michael Cannain, Gisela Himmelseher, Rowohlt Taschenbuch Verlag, Reinbek bei Hamburg, 1980
31. *Tropenkrankheiten*, W. Granz – K. Ziegler, Johann Ambrosius Barth, Leipzig, 1976
32. *Überleben*, Oberst Heinz Volz, Walhalla und Pretoria Verlag, 1974
33. *Überleben im Streß*, Dr. Hannes Lindemann, Heyne, 1979
34. *Überlistete Wildnis, Die*, Hans-Otto Meissner, Bertelsmann, 1967
35. *Urlaub'79*, Auswärtiges Amt, 5300 Bonn, 1979

95. Ausrüster

1. Autoflug
   Industriestraße 10
   2084 Rellingen

2. Därr
   Expeditons-Service
   Hauptstraße 26
   8011 Heimstetten

3. Denart und Lechhart
   Globetrotter-Ausrüstungen
   Wandsbeker Chaussee 41
   2000 Hamburg 76

4. Frankonia
   (Jagdbedarf)
   Postfach 6780
   8700 Würzburg 1

5. Globetrott-Zentrale Tesch
   Korneliusmarkt 56
   5100 Aachen-Kornelimünster

6. Kettner
   (Jagdbedarf)
   Postfach 101 165
   5000 Köln

7. Volker Lapp
   Am Albanusweinberg 2
   6450 Hanau 7

8. Horst Pritz
   Globetrotter-Ausrüstungen
   Schmiedegasse 17–19
   8390 Passau

9. Salewa-Katalog
   (in den Ausrüstungsgeschäften)

10. Versandhaus Süd-West
    Postfach 3680
    7900 Ulm

11. Zauber-Bartl
    Wandsbeker Chaussee 41
    2000 Hamburg 76

Rüdiger Nehberg

Drei Mann, ein Boot, der Blaue Nil

Geschichte der Erstbefahrung

Ullstein Buch 34105

Ullstein Sachbuch

Rüdiger Nehberg, bekannt geworden als Überlebenskünstler in fremden Ländern und auf deutschen Straßen, erzählt in diesem ersten großen Expeditionsbericht über seine abenteuerliche Fahrt auf dem Blauen Nil. Beim ersten Versuch, die tausend Kilometer lange Strecke zu bewältigen, kommt einer der drei Abenteurer ums Leben. Aber Nehberg und ein Freund geben nicht auf. Mit einem selbst konstruierten Kunststoffboot fahren sie durch reißende Stromschnellen, haben Begegnungen mit feindseligen Eingeborenen, mit Löwen, Krokodilen, Nilpferden, Schlangen. Alle lebensgefährlichen Situationen überstehen die beiden Männer mit beispielhafter Zähigkeit. Nehberg demonstriert in diesem Buch, wie man als durch die Zivilisation geprägter Mensch auch in schwieriger Lage bestehen kann.

Abenteuer

DANAKIL
Zu Fuß durchs Höllenloch der Schöpfung

Rüdiger Nehberg

Der spannende und abenteuerliche Bericht einer Expedition in die heißeste Wüste der Erde, in die Danakil-Wüste in Äthiopien/Eritrea. Mit 33 faszinierenden Farbfotos.

256 S., 33 Abb., geb., DM 29,80

Yanonámi
Überleben im Urwald

Rüdiger Nehberg

Nehberg hat sich allein und nur mit einer Miniausrüstung durch den brasilianischen Urwald zu den Yanonámi-Indianern geschlagen. Was er in den drei Monaten des Jahres 1982 erlebte, und wie er lebte, ist ohnegleichen und von atemberaubender Faszination.

280 S., 30 Abb., geb., DM 29,80

ERNST **KABEL** VERLAG